Richard Wagnerin musiikkidraamat

Carl Dahlhaus

Richard Wagnerin musiikkidraamat

Suomentanut
Matti Lehtonen

Esipuhe
Tomi Mäkelä

FAROS
Turku 2016

Alkuteos: *Richard Wagners Musikdramen* (1971, toinen korjattu ja täydennetty laitos 1985).

Suomen Wagner-seura ry on tukenut teoksen suomennostyötä ja julkaisua. Vuonna 1991 perustettu Suomen Wagner-seura täyttää 25 vuotta, ja teos juhlistaa merkkipäivää. Seura on aiemmin julkaissut teokset:

Peter Bassett, *Uuden vuosituhannen Ring. Opas Wagnerin Nibelungin sormukseen.* ISBN 952-91-1526-1, 1999.
Barry Millington, *Richard Wagner. Elämä ja teokset.* ISBN 952-99184-0-2, 2003.

Faros-kustannus on aiemmin julkaissut teoksen:

Richard Wagner, *Elämäni.* Suom. Saila Luoma. Ensimmäinen painos ISBN 951-98968-0-5, 2002. Toinen painos ISBN 978-952-5710-36-6, 2016.

Kiitokset Seppo Aspelundille ja Pekka Pitkälälle huolellisesta oikoluvusta ja kaikesta avusta teoksen viimeistelyssä.

Lukujen ”Teokset näyttämöllä” ja ”Aikajana: elämä ja tuotanto” suomennos: Hannu Salmi

ISBN 978-952-5710-35-9 (painettu kirja), ISBN 978-952-5710-71-7 (e-kirja)

Faros-kustannus Oy
www.faroskustannus.fi

Suomen Wagner-seura ry
www.suomenwagnerseura.org

Sisällys

Carl Dahlhaus – valistaja, tutkija ja oopperatulkki, *Tomi Mäkelä* 7

Johdanto 13
Lentävä hollantilainen 20
Tannhäuser 38
Lohengrin 57
Tristan ja Isolde 75
Nürnbergin mestarilaulajat 93
Nibelungin sormus 113
Reininkulta 151
Valkyyria 163
Siegfried 173
Jumalten tuho 184
Parsifal 194

Teokset näyttämöllä 213
Aikajana: elämä ja tuotanto 222

Carl Dahlhaus – valistaja, tutkija ja oopperatulkki

Tomi Mäkelä

Carl Dahlhausilla, yhdellä maailman tunnetuimmista musiikintutkijoista, on ollut suuri vaikutus myös suomalaiseen humanismiin. Hän kuului Erik Tawaststjernan ystäväpiiriin ja hänen opissaan kävivät mm. Mikko Heiniö ja Ilkka Oramo. Dahlhaus syntyi Hannoverissa kesäkuussa 1928 ja kuoli Länsi-Berliinissä maaliskuussa 1989. Hän ehti siis kokea toisen maailmansodan, mutta hän oli hiukan liian nuori osallistuakseen siihen verisimmillä rintamilla. Saksan kirjallisuusakatemialle 1982 laatimassaan omaelämäkerrassa hän sivuaa tätä aihetta kiinnostavasti minä-muotoa vältellen, kohtaloaan yleistäen ja romantisoiden:

> Kun syntyi 1928 ja kun joutui sotilaaksi vielä 1945, ja kun varttui sellaisen isän ankaran valvonnan alaisena, joka vuodesta 1933 alkaen kielsi kaiken puheen politiikasta, tarvitsi pakopaikan meitä päivittäin ympäröineen poliittisen melun ja kotona vallinneen tiukan vaikenemisen keskellä. Ns. nuoruus kului lukiessa ja pianoa soittaessa, koulunkäynti ja Hitlerjugend vain häiritsivät.

Dahlhaus ei ehtinyt nähdä Saksojen yhteensulautumista eikä edes Berliinin muurin murtumista. Hän edusti ns. vanhan Saksan liittotasavallan nousua myös henkitieteiden alalla uuteen kansainväliseen kukoistukseen, eikä hän halunnut muuttaa pois Berliinistä sinne 1967 kotiuduttuaan. Lähes meditatiivinen paikallaan pysyminen oli vihje epämodernista, ulkoisesti vaatimattomasta luonteesta, jolle yliopisto ei ollut kilparata tai vallankäytön foorumi. Hänelle riitti mainiosti kirjojen tuoma maine ja arvostetun kouluttajan asema. Hänellä oli paljon opiskelijoita, viikoittain täpötäysi vastanotto – hän vertasikin itseään suosittuun lääkäriin – ja lukemattomia tutkijakokelaita eri maista. Hän ei keimaillut kiireillä, vaan vastasi saamaansa postiin heti. Kun allekirjoittanut sitä ihmetteli, Dahlhaus sanoi: "Jos ei vastaa nopeasti, kirjeet hautautuvat toinen toistensa alle." Pitkät tutkijaseminaari-istunnot hän järjesti aina kotonaan 1920-luvun omakotitalossa kaukana keskustasta. Hänen kootut teoksensa, *Gesammelte Schriften*, ilmestyivät nuorempien kollegoiden toimittamina ja kommentoimina 2000-luvun alkuvuosina.

Jo ennen väittelyään tohtoriksi Josquin des Présin messusävellyksistä 1953 Dahlhaus aloitti kahdeksan vuoden työuran Göttingenin teatterin dramaturgina. Tieteelle hän omistautui oltuaan pari vuotta toimittajana stuttgartilaisessa päivälehdessä. Vuonna 1966 hän habilitoitui tonaliteetin kehitykseen liittyvällä tutkimuksella. Seuraavana vuonna hänet kutsuttiin Länsi-Berliinin Teknilliseen yliopistoon, jonne oli perustettu humanistinen tiedekunta pitämään huolta insinöörien etiikasta. Jo 1967 ilmestyi myös musiikin estetiikan käsikirja, jonka Ilkka Oramo käänsi suomeksi 1980. Dahlhausin kirjat perustuivat useimmiten luentosarjoihin. Assistentit, uskollinen sihteeri ja kustannustoimittajat muokkasivat niitä vanhan ajan tyyliin ennen julkaisua, mutta opiskelijat saivat kuulla ensimmäiset versiot Berliinin leveän Straße des 17. Junin varrella varsin kolkon modernilta tuntuvassa salissa, joka oli otettu käyttöön 1965 yliopiston päärakennuksen valmistuttua vanhan Teknillisen korkeakoulun raunioiden päälle. Dahlhausin kirjat analyysin ja makuarvioiden välisestä saumasta (1970), Wagnerin musiikkidraamoista (1971), musiikinhistorian tutkimuksen perusteista (1977) ja absoluuttisen musiikin ideasta (1978) ovat alan klassikoita. Uraauurtavassa 1800-luvun musiikin "käsikirjassa" (1980) vilahtaa Sibeliuksenkin nimi. Erittäin arvostettuja ovat myös ns. aspektimonografia Beethovenista (1987) ja laajat esseekokoelmat, joista tunnetuin on *Vom Musikdrama zur Literaturoper. Aufsätze zur neueren Operngeschichte* (1983). Viimeisin käsitteli klassisromanttisen aikakauden estetiikkaa (1988). Niin vaikeaa kuin se Dahlhausin idiomaattisen saksan vuoksi onkin, hänen teoksiaan on käännetty paljon mm. italiaksi – *Fondamenti di storiografia musicale* jo alkuteoksen ilmestymisvuonna 1977 ja sittemmin paljon muuta – englanniksi Wagner-kirjakin alkuperäisessä muodossa jo 1979, puolaksi *Idea muzyki absolutnej* (1988), ruotsiksi *Analys och värdeomdöme* (1992) ja ranskaksi ainakin *Essais sur la Nouvelle Musique* (2005) ja *L'Esthétique de la musique* (2015).

*

Dahlhausin tuotteliaisuutta ja innovatiivisuutta on vaikea uskoa todeksi, kun ottaa huomioon, miten suurta osaa sairaus näytteli hänen elämässään. Viimeiset elinvuotensa hän oli dialyysipotilas, mutta hän opetti siitä huolimatta täyttä päätä. Kuolema 60-vuotiaana ei tullut kovin suurena yllätyksenä – paitsi siinä mielessä että viimeisinä vuosinaan hän tuntui virkistyneen taitavien lääkäreiden käsissä. Joutsenlaulukaudellaan hän otti vastaan suuria kirjahankkeita, muun muassa länsimaisen musiikinhistorian yleisesityksen uusista lähtökohdista. Se jäi kesken. Terveytensä hän oli turmellut jo 1960-luvulla nukkumalla vähän, polttamalla paljon tupakkaa ja juomalla vuorotellen vahvoja alkoholijuomia (giniä) ja kahvia. Kaikki tämä palveli nuoren Dahlhausin näkökulmasta ajattelu- ja kirjoitustyötä sodan jälkeisessä luovan modernismin ja luonnottomuuden huumassa. Mutta sen seurauksena, niin voidaan ajatella, Saksa menetti liian aikaisin merkittävän älymystön edustajan, josta olisi ollut apua jopa Saksojen yhdistymisprojektissa. Dahlhausilla oli ollut hyvät suhteet Itä-Berliiniin, vaikkei hän stalinismia arvostanutkaan.

Dahlhaus oli suvaitsevainen tutkija. Hän puolusti pluralismia ja kokonaisvaltaisuutta. Musiikinhistorian tutkimuksessa hän suosi ns. kompleksia tilanneanalyysia (*Zustand*) – lähtökohtanaan J. G. Droysen (1808–1884) – pikemmin kuin uudempia rakenne- (*Strukturgeschichte*) ja mikrohistoriallisia malleja. Elämäkertakirjallisuuteen hän suhtautui epäluuloisesti ja Beethoven-kirjassaan hän etsii sille vaihtoehtoja. Hän ohjasi 1970-luvulla musiikintutkimusta sinne, mihin nuorempi tutkijapolvi 1980-luvulta alkaen halusi mennä: New Musicology, Cultural Musicology, Critical Musicology yms. reformien ketju alkoi Dahlhausista. Hän rakensi myös siltoja sotien välisen kauden progressiiviseen kulttuuritutkimukseen ja oli kiinnostunut filosofiasta ja taidehistoriasta. Jälkimmäiseen paneutumista hän suositteli, koska häntä kiinnostaneet estetiikan teoriat ja tulkintamenetelmät olivat kehittyneet mielenkiintoisella tavalla juuri taidehistorian piirissä, onhan paikallaan pysyvistä teoksista helppo keskustella. Sävellystä, joka virtaa ajassa ja hahmottuu muistissa, on mahdotonta tulkita samalla tavalla kokonaisvaltaisen analyyttisesti kuin jos seisomme keskustellen vaikkapa Pekka Halosen työn edessä.

Dahlhausia on arvosteltu häilyvästä rajasta tutkivaan journalismiin ja ohjelmakirjatyyliin – varsinkin jos ajatellaan niitä esseepainotteisia ohjelmakirjoja, joita saksalaisyleisö ihmeen mielellään oopperan aulassa ostaa. Dahlhaus tulkitsi sitä elämäntodellisuutta, jonka hän oli oppinut tuntemaan lukemalla paljon ja paneutumalla alkuperäisaineistoon. Kokonaisvaltaisen ja osallistuvan tutkimuksen tarpeen hän oivalsi teini-ikäisenä natsi-Saksassa. Häkellyttävästi antiikkinen on hänen tapansa viitata vain väljästi siihen kirjallisuuteen, jota hän on käyttänyt inspiraation ja tiedon lähteenä. Koottujen teosten toimittajat lisäsivät kirjoihin tuhansia viitteitä. Opiskelijoitaan hän kannusti lukemaan kirjoittamiaan kirjoja kriittisesti. Liehittelijöitä hän ei kaivannut.

Dahlhausin tapa lähestyä musiikkia on teoskeskeistä joskaan se ei rajoitu taideteoksiin. Taideteoksen käsitettä hän puolustaa intohimoisesti. Sosiaalihistoriallinen ja filosofinen kokonaisvaltaisuus esti häntä kehittymästä pilkkujenlaskijaksi. Theodor W. Adornon (1903–1969) tavoin hän pyrki jatkamaan siitä, mihin valistuksen aikakausi päättyi. Dahlhaus kuului 1970-luvulla Funkkolleg-opintoradiosarjan tekijöihin. Seminaareissaan hän koulutti maineikkaita journalisteja ja hyväksyi tutkielmia myös oman aikamme musiikista. Se oli 1970-luvulla vielä poikkeuksellista.

Wagner-tutkijana hän oli innovatiivinen esikuva nuorelle sukupolvelle. Wagner oli hänelle kulttuurihistoriaa, modernin taiteen majakka ja oman aikamme vaikuttaja muttei ikoni tai idoli. Kuuluisan Wagner-kirjan muokattu painos vuodelta 1985 ottaa myötätuntoisesti kantaa 1970-luvun Bayreuthin ohjaajakeskeisiin tulkintoihin ja siihen, että myös oopperan esitysajankohta, ei vain kuvattujen tapahtumien ajankohta ja teoksen valmistumisaika, on ”merkittävä rakenteellinen tekijä teoksessa”, mikä vielä 1980-luvulla tuntui aika vieraalta ajatukselta. Dahlhaus on yksi niistä ihmiskunnan suurista ajattelijoista, joiden tulkinta kestää vuosikymmeniä ellei peräti vuosisatoja.

Johdanto

Wagneria käsittelevän kirjallisuuden määrä ylittää käsityskyvyn, mutta alussa sen keskeiset kirjoittajanimet olivat taustaltaan muita kuin muusikkoja: Nietzsche, säveltäjän alistuva ja pedanttinen biografi Carl Friedrich Glasenapp ja Hans von Wolzogen, joka keksi termin *Leitmotiv*, johtoaihe, puhumattakaan Houston Stewart Chamberlainista. Vuosikymmenten ajan Wagnerista kirjoittaminen oli sekoitus laaja-alaista, historiallis-filosofista spekulaatiota, hänen elämänsä kaukaa haettujen ja epäolennaisten pikkuasioiden kyltymätöntä penkomista sekä kummallista itsetyytyväisyyttä mitä hänen musiikkinsa tutkimiseen tuli, eikä sekään pyrkinyt mihinkään sen syvällisempään kuin johtoaiheiden nimeämiseen. Mielipiteitä esitettiin lähinnä jommallakummalla äänensävyllä, innostuksella tai raivolla. Ja yhä tänäänkin, sata vuotta* Bayreuthin teatterin perustamisen jälkeen, Wagnerista kirjoittavat kääntyvät jommankumman ääripään suuntaan, poleemiseen tai anteeksi pyytävään. (Theodor W. Adornon kirjat yhtäällä ja Curt von Westernhagenin toisaalla kuvaavat tilannetta.) Ja lopuksi fasistien Wagneriin kohdistaman

* Suom. huom. kirja on julkaistu vuonna 1971.

valheellisen ja kohtalokkaan ylistämisen romahduksen jälkeen näyttää leviävän sellainen käsitys, että samalla, kun Wagnerin teosten merkitys ja arvo ovat 1900-luvun loppupuolella vähenemättömät, hänen toimintansa filosofinen ja poliittinen merkitys on nyt osa historiaa ja sitä voi pitää historioitsijan sivupolkuna. Voimme tarkastella Wagneria objektiivisesti vähentämättä ihailuamme hänen musiikkiaan kohtaan. Vaikka Wagneriin liittyvä ristiriitaisuus onkin aivan liian sotkuinen kokonaan selvitettäväksi – se voidaan vain purkaa osiin ja unohtaa – se alkoi loitontua taustalle, kun vihamielisyys Richardia kohtaan alkoi kääntyä pois ja kohdistua Wieland Wagnerin ja Patrice Chéreaun uudistuksellisiin ohjauksiin.

Ei ole mikään sattuma, että ylivoimaisesti suurin osa Wagner--kirjallisuudesta on biografista. Wagnerin valtasi usein pakkomielle kirjoittaa omaelämäkerta, joko hahmotelmana tai laajana, täysimittaisena kirjana. Siltä osin kuin jokaista häntä käsittelevää kirjaa eivät ole inspiroineet niinkään faktat vaan faktoja käsittelevät aiemmat kirjat, tuskin on yllättävää, että myös historioitsijoille ja julkaisijoille Wagnerin oman autobiografisen tekstin jatkaminen on ollut haastavaa. Heidän pyrkimyksenään on ollut täydentää ja parannella hänen elämänsä kertomusta, mutta ennen kaikkea – toistaa sitä väsymättä. Wagnerin elämäntarina on kerrottu niin moneen kertaan, ettei sitä voi kertoa enää uudelleen.

Ei ole syytä, miksi pitäisikään. Tuskin mikään olisi suurempi virhe kuin pitää Wagnerin tuotantoa autobiografisena. Vaikka hän kantoikin huolta oman elämänsä kuvailemisen autenttisuudesta, Wagner itse esseessään Beethovenista 1870 pahoitteli yleistä käytäntöä jäljittää musiikkiteosten biografisia juuria. Hän torjui päätelmän, että Napoleoniin liittyvillä *Eroican* assosiaatioilla olisi minkäänlaista merkitystä sinfonian musiikille. 1800-luvun naiivit hermeneutikot, joille musiikki oli säveltäjän tunteiden ja kokemusten ilmaisua (näkemyksen mukaan perehtyminen säveltäjän elämään oli olennaista teosten ymmärtämiseksi) eivät saaneet mitään tukea Wagnerin esteettisessä teoriassa. Paul Bekker ei todellakaan ollut ilman oikeutusta yrittäessään kirjassaan *Richard Wagner* (1924) täsmälleen päinvastaisesti valottaa elämää teoksesta käsin: musiikkidraama, toteuttamista kohti pyrkivä suunnitelma, kokosi yhteen elämäkerralliset tapahtumat, joita tarvittiin antamaan luonnokselle, teoksen ennakkokäsitykselle tai epämääräiselle idealle elämä ja väri. *Tristan ja Isolde* ei ole tulos ja ilmaus Wagnerin Mathilde Wesendonckia kohtaan tuntemasta rakkaudesta; pikemminkin rakkaus Mathildeen oli keino, jolla draamakonsepti sai musiikillisen ja näyttämöllisen hahmon. Bekkerin teesin tueksi on myönnettävä, että Wagnerille mikään muu ei merkinnyt mitään paitsi työ. Hän oli yhtä armoton itselleen kuin toisillekin, ja hänen elämänsä oli pelkästään kasvualusta hänen työlleen.

Varhaisimmissa teoksissaan Wagner tunnusteli tietään, eikä mikään niissä erota niitä muista tuon ajan säveltävistä kapellimestareista, jotka toivoivat voivansa vakiinnuttaa asemansa paikallisissa mittasuhteissa. Varhaiset oopperat paljastavat tyylillisen epävarmuuden, hämillisen eklektismin, joka leimaa 1830-lukua. Erääseen Gozzin satuun perustuva *Die Feen* oli "romanttinen ooppera" E. T. A. Hoffmannin, Weberin ja Marschnerin tyyliin mutta myös italialaisin vaikuttein. Romantiikka sellaisena, kuin tämä teos sitä edusti, tuskin oli mikään ajan henkeen juurtunut tyyli vaan enemmänkin yksi teatraalinen tyyli muiden joukossa, mielivaltaisesti omaksuttu asenne. On myös pikemmin luonteenomaista kuin yllättävää, että seuraavassa oopperassaan, Shakespearen näytelmään *Mitta mitasta* perustuvassa teoksessa *Das Liebesverbot,* Wagner päätyi imitoimaan Donizettia ja Auberia: Schumann käytti tällaisesta nimitystä musiikillinen *juste milieu*, kultainen keskitie. Wagner ei luonnollisestikaan jättänyt käyttämättä hyväkseen mahdollisuutta selittää tyylillinen muutoksensa suuremmilla periaatteellisilla muutoksilla.

Vasta *Rienzissä* Wagner nousi esiin pikkukaupunkien kapellimestarien rivistöstä; se olikin kunnianhimoisin Wagnerin suunnitelmista ennen *Sormusta*. Meyerbeerin ja Halévyn tyylisenä grand operana Rienzi oli tarkoitettu Pariisia varten: Wagner oli vakuuttunut, että ainoa tie saavuttaa jokainen teatteri Saksassa – sen sijaan että jumiutuu yhteen ainoaan – kulki Pariisin, "1800-luvun pääkaupungin" kautta. (Franz Lachner, Münchenin oopperakapellimestari, hankki ainakin libreton oopperaansa *Catharina Cornaro* nimenomaan Pariisista.) Juuri Wagnerin halveksunta omaa paikallista asemaansa ja sen mukanaan tuomaa huolta kohtaan Riiassa *Rienzin* kirjoittamisen aikoihin oli edesauttamassa hänen katastrofiaan siellä; hänen vastauksensa oli pako kohti Pariisia. Mutta Grand Opéra kieltäytyi avaamasta oviaan hänelle. *Rienzi* otettiin myrskyisästi vastaan Dresdenissä, ei Pariisissa, eivätkä tuon menestyksen laineet edenneet kauas. Wagnerin maine sai lopulta perustansa *Tannhäuserissa* ja *Lohengrinissa*, jotka esitettiin lähes jokaisessa teatterissa Saksassa 1850-luvulla (mukaan lukien hoviteatterit siitäkin huolimatta, että Wagner eli poliittisessa maanpaossa). Siltikin ne tuottivat hänelle vain vähän taloudellista hyötyä, sillä tekijänoikeudet olivat olemassa ainoastaan kaikkein alkeellisimmassa muodossaan – huomattava argumentti, jonka pitäisi lieventää niiden oikeamielisten suuttumusta, joita harmittaa Wagnerin siipeily.

Wagnerin maineen kasvamisen historiaa ei ole vielä kirjoitettu, mutta 1850-luvulla ratkaiseva tekijä oli *Tannhäuserin* ja *Lohengrinin* – hitaasti alkaneen mutta nopeasti levinneen – menestyksen sattuminen samaan aikaan Wagnerin teoreettisten kirjoitusten, *Tulevaisuuden taideteos* ja *Ooppera ja draama* tarjoaman älyllisen haasteen kanssa. (Musiikin elämä ei ole niin riippumatonta musiikista kirjoittamisesta kuin teoretisointia halveksivat muusikot haluaisivat ajatella.) Oopperan uudistamista ennen Wagneria käsittelevistä tutkielmista ei todellakaan ole pulaa, päinvastoin: heikkous ja suunnan puute saksalaisessa oopperassa olivat alati kannustimena juoniin, joilla sivuutettiin ankea todellisuus ja korvattiin se pikemminkin kirjoittajan omalla ideaalilla. Wagnerissa oli uutta se, että hänen energiansa ja kunnianhimonsa eivät tyydyttyneet pelkällä oopperauudistuksen teoretisoinnilla, vaan johtivat yleisön hyväksynnän ja menestyksen osakseen saaneisiin teoksiin. Etäämmäs totuudesta ei pääse kuin toteamalla Wagnerin olleen (Schubertin ja Brahmsin tavoin) väärin ymmärretty. On totta, että hän kohtasi kyllikseen vastustusta, usein rumaakin, mutta hänen ei koskaan täytynyt taistella pahantahtoista hiljaisuutta ja välinpitämättömyyttä vastaan.

Hänen asemansa vuoden 1860 tienoilla oli kaikesta huolimatta epävarma. Varhaisemmat teokset *Tannhäuser* ja *Lohengrin* alkoivat vähitellen menettää vaikutustaan, ja *Sormus* oli olemassa fragmentteina – teoksen loppuun saattamisesta toivonsa menettäneenä Wagner oli hylännyt sen sävellettyään *Siegfriedin* toisen näytöksen; *Tannhäuserin* produktio Pariisissa päättyi katastrofiin – joskin niin vaikuttavaan, että se pikemminkin lisäsi Wagnerin mainetta kuin vähensi sitä; ja *Tristan*, josta hän oli suunnitellut suosittua rahasampoa, olikin muuttunut esoteeriseksi musiikkidraamaksi. Vasta vuoden 1868 *Mestarilaulajien* menestyksen – joka voitti puolelleen tähänastiset vastustajatkin – ja Bayreuthin perustamisen myötä vuonna 1870 Wagnerista tuli saksalaisen musiikin kruunaamaton kuningas, jota saattoi solvata mutta jonka merkitystä ei voinut kiistää. Hänen rinnallaan oli tuolloin muitakin saksalaisia oopperasäveltäjiä: Heinrich Dorn (*Die Nibelungen*) ja Carl Goldmark (*Die Königin von Saba*), Peter Cornelius (*Der Cid*) ja Hermann Goetz (*Der Widerspenstigen Zähmung*), mutta se usein unohdetaan, eikä suotta. 1800-luvun viimeisenä kolmena vuosikymmenenä termi "saksalainen musiikki" oli synonyymi Wagnerin musiikille. Jopa Pariisi, kaupunki johon Wagnerin ajatukset aina vain palasivat hänen arvioidessaan omaa mainettaan, antautui lopulta.

Wagner hylkäsi termin "musiikkidraama", jonka hän tulkitsi tarkoittavan "draamaa musiikille" . Se on kuitenkin juurtunut, koska hänen omat terminsä – "tulevaisuuden taideteos", "sana-sävel -draama" (tai "sanojen ja musiikin draama"), "toiminta", "juhladraama" – ovat epäkäytännöllisiä genren nimikkeitä. (Wagner oli kyennyt estämään musiikkidraamaa, jonka piti "syrjäyttää" ooppera, päätymästä oopperan rinnalle tunnistetavaksi genreksi.) Mutta mitä on musiikkidraama?

Ooppera ja draama sisältää haastavan toteamuksen, jonka mukaan "tulevaisuuden taideteoksessa" (rappiolla olevan oopperan vastakohta ja korvaava ilmaus) draama oli "tarkoitus" tai "tulos" ja musiikki "ilmaisun keino"; tämä on usein ymmärretty pahasti väärin. Usein on ajateltu draaman tarkoittavan ensisijaisesti tekstiä – on riittävää analysoida sanojen ja musiikin suhdetta, musiikin riippuvuutta sanoista, voidakseen ymmärtää musiikki draaman "välineenä". Mutta musiikkidraamassa teksti on vain yksi toiminnan elementti, ei sen koko sisältö, ja Wagner hahmotteli mielessään suurempaa, kokonaisvaltaista päämäärää, "ihmisluonteen ehdotonta, välitöntä esittelyä". Modernissa, proosallisessa yhteiskunnassa lähes tunnistamattomaksi vääristynyt ihmisluonto on korjattavissa musiikilla, jolla Wagnerin mukaan on voima palauttaa se juurilleen. Ihmisluonnon esittely musiikin keinoin on kuitenkin näyttämötoiminnan kannalta sivuasemassa, ei draama.

Jos draaman ja tekstin samastaminen viittaakin käsitteiden sekoittamiseen, on myös hämmentävää, että Wagner itse esitti musiikin ja draaman yhteyden ristiriitaisesti. Toteamus musiikista "ilmaisun välineenä" *Oopperassa ja draamassa* (1851) näyttää kääntyvän päälaelleen 19 vuotta myöhemmin Beethoven-esseessä (1870), jota inspiroivat Schopenhauerin ajatukset musiikin metafysiikasta. "Musiikki joka ei edusta maailman ilmiöiden luontaisia ideoita" – puhumattakaan ilmiöistä sinänsä – "vaan sitä vastoin on itsessään idea maailmasta, kokonaisvaltainen, joka" – toisin sanoen, soonisen metafysiikan elementti – "pitää sisällään draaman, sillä draama puolestaan ilmaisee ainoan musiikille sopivan idean." Karkeasti yksinkertaistettuna musiikki ei ilmaise draamaa vaan draama musiikkia. Ja vuonna 1872 esseessä *Musiikkidraamasta* Wagner jopa viittaa draamoihin "näkyväksi tulleina musiikillisina tekoina".

Ilmeisesti Wagner joutui *Oopperassa ja draamassa* hahmottelemansa esteettisen teorian suhteen hämmennyksiin toisaalta luettuaan Schopenhaueria vuodesta 1854, toisaalta *Ringin* ja *Tristanin* säveltämisestä saamiensa kokemusten vuoksi. Lähtökohta menetti tarkan määritelmänsä, ja ristiriitaisuudet vaikuttivat jopa yksittäisiin teksteihin. Beethoven-essee alkaa ylistämällä musiikkia "itsessään täydellisenä, draaman sisäänsä sulkevana", mutta muutamaa sivua myöhemmin draama "määrittääkin" musiikkia. Ristiriitaa kuitenkin lieventää se, että Wagner ilmeisestikin käytti sanaa "musiikki" kahdessa merkityksessä, metafyysisessä, josta hän oli velkaa Schopenhauerille, ja arkipäiväisessä, empiirisessä merkityksessä. Vaikka musiikki onkin metafyysisesti draaman lähde, se ei silti mitenkään estä sitä "elämän manifestaationa" (kuten Wagner kuvaili esseessään Lisztin sinfonisista runoista 1857) olemasta draaman "määrittämää": draama on "muotoa luova motiivi", jonka musiikki tarvitsee toteuttaakseen itsensä.

Lentävä hollantilainen

1.

Lentävän hollantilaisen tarina, aihe teokseen, jonka myötä Wagner omien sanojensa mukaan hylkäsi uransa "libretonrustaajana" ja aloitti "runoilijana", on säilynyt erilaisina versioina. Wagnerille ratkaiseva toisinto löytyy Heinrich Heinen teoksesta *Herra von Schnabelewopskin muistelmat* (1834), jota Wagner ylisti "aidosti dramaattiseksi" ja jossa lähes kaikki hänen librettoonsa sisällyttämät ainekset olivat jo koossa.

> Tarina Lentävästä hollantilaisesta on teille varmasti tuttu. Se on kertomus lumotusta laivasta, joka ei onnistu milloinkaan pääsemään satamaan ja joka on kierrellyt meriä nyt jo käsittämättömän kauan. (...) Tuo puinen kummitus, tuo kauhistuttava laiva johtaa nimensä kapteenistaan, eräästä hollantilaisesta, joka vannoi kerran kaikkien paholaisten kautta aikovansa kiertää laivallaan juuri tuolloin riehuneesta mitä ankarimmasta rajuilmasta huolimatta jonkin etuvuoriston, jonka nimen olen unohtanut, vaikka joutuisi sitten purjehtimaan tuomiopäivään asti. Paholainen tarttui kapteenin sanoihin, ja tämän täytyy harhailla merillä tuomiopäivään asti, ellei sitten naisen uskollisuus häntä vapauta. Paholainen, tyhmä kun on, ei usko naisten uskollisuuteen ja sallii siksi lumotun kapteenin astua kerran seitsemässä vuodessa

maihin, mennä naimisiin ja yrittää tuolloin saavuttaa vapautuksensa. Hollantilaisparka! Hän on usein huojentunut jo päästessään eroon itse avioliitosta ja vapauttajattarestaan ja suuntaa sitten jälleen laivalleen.

Tähän tarinaan perustui näytös, jonka näin Amsterdamin teatterissa. On kulunut jälleen seitsemän vuotta, hollantilaisparka on loputtomasta harhailusta väsyneempi kuin koskaan, hän astuu maihin, ystävystyy kohtaamansa skotlantilaisen kauppiaan kanssa, myy tälle timantteja pilkkahintaan ja kuultuaan, että tämän asiakkaalla on kaunis tytär, hän vaatii tytön vaimokseen. Myös tämä kauppa solmitaan. Nyt me näemme skotlantilaisen talon, tyttö odottaa sulhasta empivin sydämin. Hän katsahtaa usein haikeana suureen, hapertuneeseen maalaukseen, joka roikkuu tuvassa ja esittää komeaa miestä espanjalais-hollantilaisessa kansallispuvussa; taulu on vanha perintökalleus, ja isoäidin kertoman mukaan se on tarkka muotokuva Lentävästä hollantilaisesta, sellaisena kuin hänet on nähty sata vuotta sitten Skotlannissa kuningas Vilhelm Oranialaisen aikaan. Maalaukseen liittyy myös sukupolvelta toiselle siirtynyt varoitus, jonka mukaan perheen naisten tuli varoa alkuperäiskappaletta. Juuri tästä syystä oli tyttö painanut mieleensä vaarallisen miehen piirteet jo lapsesta pitäen. Kun sisään astuu nyt oikea Lentävä hollantilainen ilmielävänä, tyttö kavahtaa; mutta ei pelosta. (...) Morsian tarkastelee häntä vakavana ja vilkaisee toisinaan syrjäkarein miehen muotokuvaa. Tuntuu kuin morsian olisi arvannut tämän salaisuuden, ja kun mies jälkeenpäin kysyy: "Katharina, haluatko olla minulle uskollinen?", vastaa Katharina päättäväisesti: "Uskollinen kuolemaan asti."*

Heinen kertoja keskeyttää näytelmän kuvauksen tässä kohtaa kertoakseen tarinan seikkailusta "hollantilaisen Messalinan" kanssa, joka "toisinaan lähti kauniista linnastaan Zuiderzeen rannalla ja livahti tuntemattomana Amsterdamiin teatteriin, jossa hän nakkeli appelsiininkuoria kenen hyvänsä miehen päälle, joka häntä miellytti, ja joskus hän jopa vietti villin yön merimiesten kapakassa". Heine ei

* Heinrich Heine: *Herra von Schnabelewopskin muistelmat.* Suomennos Amira Al Bayaty. Faros, Turku 2006, 64–67.

kertonut *Lentävän hollantilaisen* tarinaa sen itsensä takia vaan ironisen kontrastin vuoksi, ja kertomuksen kahden osan erottaminen toisistaan onkin esteettinen vääryys.

> Palattuani vielä kerran teatteriin saavuin juuri näytöksen viimeiseen kohtaukseen, jossa Lentävän hollantilaisen vaimo, rouva Lentävä hollantilainen, vääntelee epätoivoisena käsiään korkealla luodolla seisten, samalla kun merellä, kammottavan laivansa kannella, näkyy hänen onneton miehensä. Mies rakastaa vaimoaan ja tahtoisi jättää hänet, jottei vetäisi häntä turmelukseen, ja mies tunnustaa hänelle kauhistuttavan kohtalonsa ja taakkanaan lepäävän kauhean kirouksen. Mutta nainen huutaakin kovaan ääneen: "Minä olin sinulle uskollinen tähän hetkeen asti, ja minä tiedän varman keinon, miten säilytän uskollisuuteni kuolemaan asti!"
>
> Nämä sanat lausuessaan tuo uskollinen nainen syöksyy mereen, ja näin on myös Lentävän hollantilaisen kirous loppu, hän on vapautunut, ja me näemme, kuinka aavelaiva vajoaa merten syvyyksiin.*

Tarina aavelaivasta, joka on tuomittu kyntämään meriä tuomiopäivään saakka, oli jo ikivanha, ehkä vuosisatojen takainen, kun Heine käytti sitä vuonna 1834. Kirjallisena se oli julkaistu 1821. Heinen version uusi elementti – Wagnerin kannalta ratkaiseva – oli kuitenkin Hollantilaisen pelastava naisen uskollisuuden motiivi. Wagner sivuutti Heinen esiin nostaman tarinan ironisen sivujuonteen, millä ei kuitenkaan ole suurta merkitystä. Sturm und Drangin ja romantiikan aikakausilla, 1700- ja 1800-luvuilla, ei ollut mitenkään epätavallista jalostaa vanhoja, latteiksi kauhutarinoiksi vajonneita kertomuksia kirjoittamalla niistä uusia, ylevämmän runollisia versioita. Toisinaan traagisia aiheita parodioitiin, mutta vastavuoroisesti parodioita muunnettiin tragedioiksi.

* Heinrich Heine: *Herra von Schnabelewopskin muistelmat,* 70–71.

Ei ole selvää, viittasiko Heine – herra von Schnabelewopskin valepuvussa – todelliseen vai keksittyyn hollantilaiseen näytelmään, toisin sanoen oliko Wagnerin kohdalla näytelmän ytimeksi muodostunut vapautuksen motiivi Heinen keksimä vai tämän omasta lähteestään omaksuma. Wagner itse ei tätä tiennyt. Ensimmäisessä, vuonna 1843 *Zeitung für die elegante Welt* -lehdessä julkaistussa *Omaelämäkerrallisessa luonnoksessa* Wagner kirjoitti:

> Heinen keksimä, aidosti dramaattinen valtameren Ahasveruksen vapahduksen teeman kehittely antoi minulle kaiken tarvitsemani käyttääkseni legendaa oopperan aiheena. Pääsin asiasta sopimukseen Heinen itsensä kanssa.

Myöhemmin Wagner kuitenkin vähätteli Heinen osuutta toteamalla:

> Erityisesti Heinen hollantilaisesta, samannimisestä näytelmästä ottama valtameren Ahasveruksen vapahduksen teeman kehittely antoi minulle kaiken tarvitsemani käyttääkseni legendaa oopperan aiheena. Pääsin asiasta sopimukseen Heinen itsensä kanssa.

Wagnerin biografi Ernest Newman oli vakuuttunut, että ”sopimus” Heinen kanssa oli luonteeltaan rahallinen ja että Heine vaati jonkinlaista ”tekijänoikeutta”, jota Wagner myöhemmin piti perusteettomana. Mitään dokumenttia heidän sopimuksestaan ei kuitenkaan koskaan ole tullut julkisuuteen, ja pelkkä Heinen tekstin pintapuolinenkin tarkastelu paljastaa, ettei mitään hollantilaista näytelmää ole koskaan ollutkaan.

Heinen tarinassa olennaista on keskeneräisyyden ja kokonaisuuden samanaikaisuus: Hollantilaisen päätös jättää Katharina, ”jottei syöksisi tätä kadotukseen”, seuraa tytön särkymättömän uskollisuuden lupauksista. Välissä olevien tapahtumien vääjäämätön jatkumo, joka Schnabelewopskilta jää huomaamatta, on teeskentelyä. Se ei sisällä muuta kuin esittelyn ja äkillisen katastrofin, ja se on sellaisena soveltuvampi balladiksi kuin dramaattiseen toteutukseen: tarina on täydellinen sellaisenaan, mutta siinä olisi niukasti eväitä sellaiseksi näytelmäksi, jona Heine sen esittää. Tämä quid pro quo, jonka myötä se on täydellinen mutta silti epätäydellinen, juontuu *Lentävän hollantilaisen* tarun eeppisestä merkityksestä – se kerrotaan *Herra von Schnabelewopskin muistelmissa* vain, jotta se tulisi keskeytetyksi "Kreivitär Messalinan" kertomuksen vuoksi. Heinen vaatimat esteettiset reunaehdot sen täyttymiselle ovat monimutkaiset ja ristiriitaiset: toisaalta, näytelmän aiheena sen täytyy olla satunnainen, mutta toisaalta, kertomuksena, sen pitää olla täydellinen ja tuottaa ironinen vastakohta toiselle anekdootille, ja ainoastaan toistensa yhteydessä nämä kaksi tarinaa muodostavat eeppisen kokonaisuuden. Kun tämä on ymmärretty, kerronnan taiteellinen luonne ja sen vaatima taito ovat niin ilmeisiä, että on vaikea uskoa minkään hollantilaisen näytelmän olemassaoloon. Teatteri, jossa Herra von Schnabelewopski vieraili, on pelkkää tarinoinnin vaatimaa rekvisiittaa.

2.

Toinen kansanomaiseen nyyhkytarinaan sopimaton seikka on kertomuksen sydäntäsärkevä ironia, joka on osoitettava Heinen kontolle. Herra Schnabelewopskin sanoin Hollantilainen jättää "rouva Lentävän Hollantilaisen", "jottei saattaisi tätä kadotukseen". Mutta kadotus, josta mies haluaa tämän pelastaa rakkautensa tähden, on yksinomaan uskottomuus, joka on väistämätön, sillä nainen voi torjua sen vain syöksymällä kuolemaansa.

Parodian torjuneelle Wagnerille oli välttämätöntä luoda toisenlainen lähtökohta kehittelemällä tarinaa edelleen muokatakseen draaman halpahintaisesta tarinasta. Vitsin sijasta – joka Heinella ei ole vain ilmaisukeino vaan koko kertomuksen perusolemus – Wagner tarvitsi draaman kolmannen näytöksen perustelemaan toimintaa. Siinä missä *Herra von Schnabelewopskin muistelmissa* uskottomuus on vääjäämätön päähenkilöiden irvokas kohtalo, Wagnerilla aiempien kokemusten epäluuloiseksi muokkaama Hollantilainen lankeaa traagisen harhaluulon uhriksi. Maanläheisen henkilön, Erikin, ainoa tehtävä on petoksen virittäminen. Erik, jonka rakkauden Senta hyväksyy, mutta johon hän ei vastaa, yrittää kiristää häntä onnettomuudellaan sen jälkeen, kun hän on vannonut valan Hollantilaisen kanssa. Sattumalta Hollantilainen kuulee Erikin moittivan Sentaa, mikä riittää nostamaan hänessä epäluulon, joka on yhtä perusteeton mutta yhtä ymmärrettävä kuin Otellon tapauksessa.

Kuitenkaan tämä näennäisesti katastrofiin johtava väärinymmärrys ei todellisuudessa ole merkittävä draaman motiivi vaan keino kätkeä toiminnan ydin, joka on itse asiassa epädramaattinen, ja tuoda esiin odottamaton, sanaton tapahtumain kulku, jonka sanat vain konkretisoivat. Wagnerilla oli hyvä syy kutsua *Lentävää hollantilaista* "dramaattiseksi balladiksi"; Erikin mukanaan tuoman sivujuonen synnyttämä traaginen konflikti on pelkkä illuusio.

Aivan alusta asti Sentan ja Hollantilaisen välillä vallitsee ymmärrys, joka ei kaipaa sanoja ja johon kieli ei yllä, ainakaan mikään rationaalinen kieli. Teoksen keskeinen osa, suuri duetto toisessa näytöksessä, ei itse asiassa riko paria ympäröivää hiljaisuutta vaan saa sen puhkeamaan säveliin. Täsmälleen samassa määrin kuin *Lentävän hollantilaisen* taru on epäkelpo draamaksi, se on kuin luotu oopperaksi, minkä Wagner vaistomaisesti huomasi. Erikin väliintulon aiheuttama väärinkäsitys ei onnistu vähimmässäkään määrin aiheuttamaan Sentaa ja Hollantilaista vieraannuttavaa konfliktia, mutta se tuo mukanaan ainaisen kaipuun kohteen:

> Er sucht mich auf! Ich muss ihn sehn!
> Mit ihm muss ich zugrunde gehn!
>
> "Hän etsii minua! Minun on tavattava hänet! Hänen kanssaan minun on tuhouduttava!"

Sentan vannoma uskollisuus kuolemaan saakka on uskollisuutta, joka saa täyttymyksensä kuolemassa: kuolema ei pelkästään anna vahvistuksen leimaa hänen uskollisuudelleen vaan se on sen sisin, jopa ainoa aines. Hollantilainen tarvitsee Sentan uskollisuutta voidakseen kuolla; hän kieltää itseltään rakkaudesta puhumisen ylellisyyden.

> Die düstre Glut, die hier ich fühle brennen,
> sollt' ich Unseliger sie Liebe nennen?
> Ach nein! Die Sehnsucht ist es nach dem Heil:
> würd' es durch solchen Engel mir zuteil!
>
> "Tunnen synkän liekin palavan sisälläni: tulisiko minun, onnettoman kutsua sitä rakkaudeksi? Voi ei, se on pelastuksen kaipuu: tulisiko se kohdalleni sellaisen enkelin kautta!"

Ja Senta, joka ei etsi maallista avioelämää Hollantilaisen kanssa, tietää vannomansa uskollisuuden olevan uhrilahja. *Lentävä hollantilainen* ei kuulu tragedioiden vaan sellaiset polut rakentavien marttyyrinäytelmien traditioon, joita pitkin niiden itsensä uhraavat sankarit kulkevat kohtaamaan loppunsa.

Toisaalta on tuskin liioittelua katsoa *Lentävän hollantilaisen* ennakoivan *Tristania.* Aivan Tristanin ja Isolden tavoin Senta ja Hollantilainen luovat itselleen oman maailmansa vihamielisessä todellisuudessa, joka on sulkenut Hollantilaisen ulkopuolelleen ja josta Senta vetäytyy vapaaehtoisesti. Edelleen kuten *Tristanissa*, yön ja raa'an, banaalin päivänvalon välisessä kontrastissa toiminta saa johdonmukaisen allegorisen muodon. Hollantilaisen etsimä vapahdus ei merkitse lupaa palata Sentan kautta takaisin päivän maailmaan, josta kirous on hänet karkottanut. Päinvastoin Sentan päätös laskeutua miehen yölliseen maailmaan toteuttaa vapahduksen.

Päätöksellä, jonka Wagner kirjoitti alkusoitolle vuonna 1860, *Tristanin* säveltämisen aikoihin ja sen tyyliin, on symbolinen, paljastava merkitys:

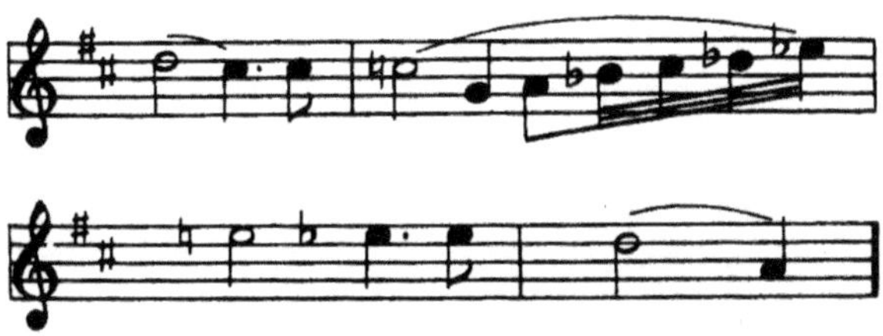

Motiivi, jolle jakso rakentuu, on peräisin Sentan balladin lopusta. Se ilmaisee ratkaisua, johon balladi on hänet johtanut: "Ich sei's, die dich durch ihre Treu' erlöse" ("Anna minun olla se nainen, joka pelastaa sinut uskollisuudellaan").

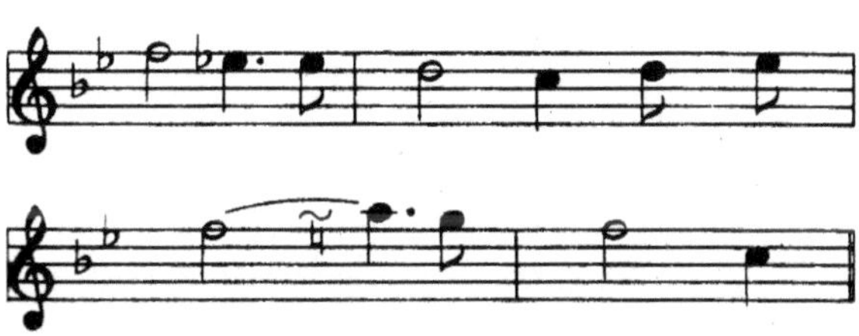

Mutta *Tristanin* tyylinen kromatiikka, jonka kautta motiivia muunnetaan ja samalla muokataan tunnistettavaksi, ilmaisee sen, mikä aina oli piilevänä Sentan halussa olla Hollantilaisen pelastuksen väline: kuoleman kaipuu.

3.

Vaikka Wagner uskoi *Lentävän hollantilaisen* myötä jättäneensä "uran librettojen rustaajana" taakseen, hänen "romanttiseksi oopperaksi" kutsumansa teoksen ulkoasussa on useitakin piirteitä muistuttamassa käytännöistä, joita teoreetikko-Wagner halveksi mutta jotka käytännön teatterimies havaitsi hyväksyttäviksi. Kaikkien kolmen näytöksen avauskohtaukset tarjoavat hyvän esimerkin. Kukin on jaettu kolmeen samalla tavoin: koko kohtauksen pohjana tai taustana toimiva kuoro, tilanteen paljastava ensemble-jakso sekä aaria, jonka espressivo on erityisen tehokas muodostaessaan kontrastin yhtyejakson parlandon kanssa. Tämä on ryhmittely, joka vakiintui 1800-luvun oopperassa, eikä käy kieltäminen, että *Lentävän hollantilaisen* kaksi ensimmäistä näytöstä noudattavat tätä käytäntöä joskin ehkä tiedostamatta – käytäntöä, joka oli kaikessa hienovaraisuudessaan ja ilmeisessä luonnollisuudessaan sangen tehokas. Kun oopperalibreton tekemiseen oli ryhdytty, kaavaan luonnostaan sopiva aihe näytti suorastaan vaativan sitä.

Yhtä kaikki *Lentävä hollantilainen* ei ole mikään "numero-ooppera" vaan "kohtausooppera". Erillisten aarioiden, duettojen, yhtyeiden ja kuorojen nivominen yhteen kokonaisuuksiksi sen sijaan, että ne esitettäisiin erillisinä yksikköinä – 1700- ja 1800-luvun oopperoiden näytösten päätöksissä omaksuttu menettely – laajentui *Lentävässä hollantilaisessa* koko teokseen, mutta kuitenkin siten ettei sitä voi pitää läpisävellettynä musiikkidraamana. Käytettävissä ei ole sopivaa ilmaisua, joka määrittelisi teoksen sävellystekniset ratkaisut ja kuvaisi sen esteettistä merkitystä: "kohtausooppera" on epätavallinen ja saattaa oudoksuttaa ihmisiä. Wagner itse näyttää olleen täysin tietoinen terminologisesta hankaluudesta ja yritti ratkaista sen käyttämällä yhä uudelleen ilmaisuja kuten "laulu, kohtaus, balladi ja kuoro", mutta nämä vain kuvaavat ongelmaa sen sijaan, että ratkaisisivat sen. Termin puuttuminen ei ole merkityksetöntä, sillä sen puuttuessa ilmiö, jonka kuvaamiseen sitä tarvitaan, on joko puutteellisesti tunnistettu tai kokonaan väärin ymmärretty. Väärä käsitys, jonka mukaan oopperat ovat joko numero-oopperoita tai läpisävellettyjä musiikkidraamoja, on lujasti juurtunut yleisön mieleen. Kun tämä mielle saa tietää "kohtausoopperan" olemassaolosta, sen reaktio on väheksyä sitä pelkkänä siirtymävaiheen muotona, koskapa ei tiedä miten luokitella se. Mutta "kohtausooppera" on muoto omilla ansioillaan, ja 1800-luvun oopperassa se on sääntö enemmän kuin poikkeus.

Numeroiden yhdistäminen suuremmiksi kokonaisuuksiksi voi tapahtua eri tavoin ja ulottua yksinkertaisista sarjoista orgaaniseen yhtenäisyyteen, mutta kaikissa tapauksissa se aiheuttaa muutoksen yksittäisten elementtien hahmotuksessa. Kun niiden ei enää tarvitse puolustaa paikkaansa sellaisenaan, ne voivat olla muodoltaan avoimia; kun säkeiden tai säkeistöjen, suljettujen muotojen rakennelmien (joko laulumuoto A B A tai Bar-muoto A A B) toistumista voidaan säädellä vapaammin, sitä läheisemmin elementit linkittyvät toisiinsa kokonaisuudessa. Melodian kirjoittaminen ei ole enää aariakaavojen sitomaa vaan saa vapauden noudattaa sanoja ja eleitä millä kohdin hyvänsä draaman tilanteessa. Ekspressiivisen, deklamoivan arioson kehittyminen voidaan määritellä tyylihistoriallisesta näkökulmasta kompromissiksi resitatiivin ja aarian välillä, mutta mitä sävellystekniikan evoluutioon tulee, läpimurto oli "numeron" korvaaminen "kohtauksella": kun muodon koheesio saavutettiin kokoamalla kohtaukseksi karakteriltaan erilaisia, toisiaan tukevia ja täydentäviä elementtejä, yksittäiset osaset sellaisenaan vapautuivat aarian konventioiden ikeestä ja muodostamasta suljettuja muotoja, ja samoin melodian kirjoittaminen vapautui ilman että se näytti tulleen jaetuksi heterogeenisiin fragmentteihin. Mahdollisuus antaa sopivaa dramaattista muotoa yksityiskohdille muuttui suurempien muotojen ongelmaksi, ristiriitaista kyllä.

Samalla kun *Lentävän hollantilaisen* "numerot" on yhdistetty niin onnistuneesti "kohtauksiksi", että riski niiden repeämiseen erillisiksi musiikillis-dramaattisiksi tuokioiksi on eliminoitu, on toisaalta meneillään kaksi erillistä toimintaa, "sisäinen" ja "ulkoinen", jotka määritellään niin draaman kuin musiikinkin keinoin. Aivan kuten katastrofi, joka saattaa "dramaattisen balladin" päätökseensä – ulkoisesti Erikin luoman sivujuonen kautta, sisäisesti Sentan kuoleman kaipuun kautta – niin myös koko teos on samanlaisen lähtökohdan kaksinaisuuden läpitunkema. Musiikissa tämä kaksinaisuus on niin suorasukaista, että sen muodollisen yhtenäisyyden, jonka Wagner on saavuttanut yhdistelemällä "numeroita" "kohtauksiksi", vaarantaa taipumus tyylilliseen heterogeenisuuteen. Dalandin mutkaton, buffoon vivahtava naiivius (kuten Rocco *Fideliossa*), ja sentimentaalinen romanssisävy, johon Erik vaipuu yhä uudelleen, piirtävät "ulkoisen" toiminnan musiikillisen signeerauksen jyrkkänä erotuksena "sisäisestä" toiminnasta, jonka musiikillisena ilmauksena ovat Hollantilaisen monologi, Sentan balladi ja heidän duettonsa. On tuskin kuviteltavissa, että Wagner olisi asettanut tehtäväkseen luoda kontrastia kirjoittamalla varta vasten banaalit aariat Erikille ja Dalandille, mutta vaikka ne eivät ole olleetkaan kuluneita ja sovinnaisia sävellysajankohtanaan vuoden 1840 tienoilla, niistä on runsaassa sadassa vuodessa tullut sellaisia. Ja juuri sen vuoksi, että ne ovat vajonneet triviaalisuuteen, niistä on tullut dramaattisesti tehokkaampia oman aikansa maailman ilmauksia kuin ne alun perin olivat. Dalandin aaria, jossa hän touhukkaasti kehuu Hollantilaista ja Sentaa toisilleen, tuntuu meistä tungettelevalta – ei vain draaman vaan myös musiikin kannalta – ja se saa hiljaisuuden, jonka vallitessa he katselevat toisiaan, tuntumaan niin paljon puhuvalta.

Kontrasti sisäisen ja ulkoisen toiminnan välillä, niin erilaisen muodon kuin se ottaakin tässä, juontuu yhä oopperan perinteestä: ero juonen kulkua edistävän resitatiivin ja toisaalta toiminnan pysäyttävän, lyyriselle pohdiskelulle tilaa antavan aarian välillä. Mutta tyylillisin termein kontrasti on käännetty päälaelleen: "ulkoisen" toiminnan päähenkilöt, konventionaalisessa mielessä juonen kuljettajat, kuuluvat aarian kaavamaisuuden piiriin, kun taas "sisäisen" toiminnan, Sentan ja Hollantilaisen, musiikin kieli on kehittynyt säestetyn resitatiivin ekspressiivisestä deklamoinnista. Sisäänpäin kääntyneen ilmaisun muoto on latistettu ja siten ulkoistettu, kun taas ulkoinen muoto on jalostettu palvelemaan sisäistä.

4.

Lentävää hollantilaista luonnehtivat nimenomaan "sisäisen" toiminnan keskeisissä kohtauksissa elementit, jotka ovat lähempänä taikuutta ja satuja kuin mitään muuta. Sehän on näyttämöballadi ja poikkeaa tällä tavoin draamasta sanan modernissa mielessä. Sentan toisen näytöksen balladi, koko teoksen ydin, ei ole vain kertomus Lentävästä Hollantilaisesta vaan loitsu, joka tuo tämän paikalle – melkein täsmälleen samalla tavalla kuin Elsan kertomus unestaan, joka kutsuu esiin Lohengrinin. Laulaessaan balladin Senta myöskin itse muuttuu osaksi kertomusta; hänestä tulee niin sanotusti hahmo maalaukseen, jota hän itse maalaa. Lopultakin hetki, jolloin Hollantilainen ilmestyy oviaukkoon vastauksena Sentan kutsulle, kuuluu taikuuden hämärään maailmaan: kuin Sentan kaipauksen täyttämiä kuvitelmia ruokkinut muotokuva olisi herännyt eloon. Kaukaiset seudut ja menneet ajat, takan äärellä kerrotut tarinat muuttuvat yhdellä iskulla käsillä olevaan tilanteeseen ja vastavuoroisesti nykyhetki – tai aika, jossa Senta ja Hollantilainen ovat olemassa – näyttää siirretyn etäisille satumaailman seuduille ja saavan menneisyyden värisävyt.

Renessanssista saakka modernin draaman ilmaisutapa ja ainoa muotoperiaate on ollut dialogi: verbaalisen esittämisen ja argumentoinnin tapa, jonka kautta päähenkilöt määrittelevät ja ymmärtävät itsensä sekä tilanteen, joka hallitsee ja rajoittaa heitä. Draamallisen dialogin päämäärä on se päätöksen tekemisen hetki, kun roolihenkilö tajuaa moraalisen autonomiansa ja toimii sisäisen motivaationsa mukaisesti. Mutta vaikka Wagner itse mielsi *Lentävän hollantilaisen* "draamaksi" erotuksena "oopperasta", nimenomaan draaman keskeiset osatekijät haalistuvat siinä merkityksettömiin. Henkilöt eivät siinä tee ja toimi päättäväisesti eikä dialogi ole heidän välineensä itsensä ymmärtämiseen. Kohtalon voima jättää syrjään moraaliseen autonomiaan perustuvan päätöksenteon ja hallitsee henkilöitä heidän ulkopuoleltaan; tähän nämä alistuvat vastustelematta niin, että se täyttää heidän olemassaolonsa täydelleen. Siten dialogi on korvattu Sentan ja Hollantilaisen duetossa kaksinkertaisella monologilla, joka verhoaa hiljaisuuden.

> Hollantilainen:
> Wie aus der Ferne längst vergang'ner Zeiten
> spricht dieses Mädchens Bild zu mir:
> wie ich's geträumt seit bangen Ewigkeiten,
> vor meinen Augen seh' ich's hier...
>
> "Tämän tytön näkeminen tuntuu puhuvan minulle muinaisten aikojen takaa; mitä olen uneksinut kauhistuttavien ikuisuuksien ajan, sen näen nyt silmieni edessä."
>
> Senta:
> Versank ich jetzt in wunderbares Träumen,
> was ich erblicke, ist es Wahn?
> Weilt' ich bisher in trügerischen Räumen,

brach des Erwachens Tag heut an?

"Olenko vajonnut ihanaan uneen? Onko näkemäni kuvitelmaa? Olenko elänyt tähän asti harhakuvien maailmassa? Onko tämä heräämisen päivän aamunkoitto?"

Muotoa ajatellen henkilöiden passivisuuden seuraus on, että Lentävää hollantilaista näyttämöballadina pitäisi sanoa pikemminkin eeppiseksi kuin dramaattiseksi.

Hollantilaisen monologi ensimmäisessä näytöksessä poikkeaa jyrkästi klassisen draaman monologista, sillä se ei ole dialektinen: se ei ole sisäinen, päätöksentekoon johtava dialogi vaan (etenkin ensimmäisen taitteen osalta) menneisyyttä valottava kertomus. (Toinen ja kolmas taite – rukous ja epätoivon purkaus – vaikka ovatkin ekspressiivisiä, eivät liity tuohon draaman erityiseen momenttiin vaan julistavat eräänlaisen omakuvan, joka luonnostelee Hollantilaisen paikasta ja ajankohdasta riippumattomana hahmona.) Tietenkin monologi ilmaisee Hollantilaisen mielentilan, mutta kaikkitietävän kertojan tapaan:

Wie oft in Meeres tiefsten Schlund
stürzt' ich voll Sehnsucht mich hinab:
doch ach! den Tod, ich fand ihn nicht!

"Miten usein olenkaan sukeltanut valtameren syvimpään syöveriin kuolemaa kaivaten – enkä ole sitä löytänyt!"

Siinä missä Hollantilaisen monologi luo perusteet draaman eeppiselle luonteelle, Sentan balladi on näytösnumero vaikkakin integroitu toimintaan, johon se kuuluu. Laulettuna kertomuksena sillä on lisänumeron luonne: se on laulu laulettuna oopperassa, jonka kieli on kokonaisuudessaan laulaminen. Toisaalta juuri se sytyttää Sentan päättäväisyyden ryhtyä uhriksi, jota Hollantilainen kaipaa. Kuitenkaan sitä ei voi kutsua päättäväisyydeksi, johon päädytään moraalisen autonomian tiedostamisen prosessissa. Senta vain kertakaikkisesti käsittää itselleen asetetun kohtalon, jota hän noudattaa sokeasti, kuin noiduttuna. Voisi melkein sanoa, että hänen juuri laulamansa balladi ottaa hänet valtaansa.

Toinenkin kertomus tulisi mainita tässä: Erikin kertoessa unestaan lumoukseen vajonnut Senta näkee samaa unta. Henkilöt ovat itsensä sisältä tulevan voiman alaisia, joka kuitenkin on heille vieras – ikään kuin puhuja ei olisikaan Erik tai Senta vaan, Thomas Mannin sanoin, "kerronnan henki", joka käyttää henkilöitä vain välittäjinä.

5.

Kymmenen vuotta *Lentävän hollantilaisen* säveltämisen jälkeen *Tiedonannossaan ystävilleen* (Mitteilung an meine Freunde), omaelämäkerrallisessa esseessä vuodelta 1851, Wagner kirjoitti johtoaihetekniikan kehityksestä kuitenkaan itse asiassa käyttämättä tuota sanaa, jonka keksi Hans von Wolzogen vuosia myöhemmin. (Wagnerin ensimmäiset, varovaiset kokeilut voidaan johtaa niinkin kauas kuin hänen ensimmäiseen oopperaansa *Die Feen.*)

> Muistan, kuinka jo tyystin ennen etenemistä *Lentävän hollantilaisen* säveltämiseen ensin luonnostelin Sentan toisen näytöksen balladin kirjoittaen sekä tekstin että melodian; tässä kappaleessa tietämättäni istutin koko oopperan musiikin temaattisen materiaalin: se oli poeettisesti tiivistetty kuva koko draamasta sellaisena, kuin sen näin mieleni silmin; ja kun minun piti keksiä nimi koko valmiille teokselle, minua houkutti kovasti kutsua sitä "dramaattiseksi balladiksi". Kun lopulta pääsin säveltämiseen asti, temaattinen kuva jonka olin jo aivan tahtomattani kehitellyt, levitti yli koko draaman rikkomattoman verkon; minulle ei jäänyt tehtäväksi muuta kuin sallia balladin sisältämien,

> erilaisten temaattisten itujen kehittyä täydellisyyteen, kunkin omaan suuntaansa, ja kaikki tekstin pääasialliset piirteet järjestyivät eteeni oman luonteensa mukaisessa, erityisessä temaattisessa hahmossaan.

Itse asiassa on melkoista liioittelua tai jopa virhe puhua Sentan balladin "temaattisen kuvan" leviämisestä "yli koko draaman" – ellei sitten "temaattista kuvaa" ja "temaattista itua" ole syytä tulkita erityiseksi, selkeästi hahmotetuksi musiikillisten motiivien kompleksiksi. Pikemminkin oli kyse suurpiirteisestä, joskin laaja-alaisesta, poeettis-musiikillisesta ilmapiiristä, jota teoksen edetessä jäljitellään alati muuntuvin melodisin hahmoin, joiden sisäisen suhteen voi aistia, vaikka se ei välttämättä olekaan selvästi havaittavissa kirjoitetuista nuoteista. Kaikella todennäköisyydellä kun Wagner kirjoitti *Tiedonantoa* ja muisteli varhaisia teoksiaan, musiikilliset faktat nivoutuivat hänen mielessään johtoaihetekniikan ideaan, jonka kimpussa hänen mielensä askaroi hänen valmistautuessaan *Sormuksen* säveltämiseen. (Melkein aina hänen kirjoituksissaan on jotain apologian kaltaista; hän kuului niihin vallankumouksellisiin, jotka kapinoivat pelon vallassa vavisten melkein omaa tahtoaan vastaan ja siksi yrittävät rakentaa jotain edeltävää omille uudistuksilleen.)

Oopperassa on vain muutamia jaksoja, joita eivät väritä balladiin nivotut motiivit – elleivät ne suorastaan ole hallitsevassa asemassa; tosin ne ovat "sisäisen" toiminnan avainjaksoja: Hollantilaisen monologi, Erikin uni, jotkin taitteet Hollantilaisen ja Sentan duetossa sekä koko teoksen finaalissa. Toisin sanoen motiivitekniikka on vähäistä ja alkeellista verrattuna *Sormukseen*, minkä lisäksi motiivit kaikesta merkittävyydestään huolimatta ovat vain lisäkeinoja eivätkä niinkään oleellisia musiikilliselle rakenteelle. Siinä missä *Sormuksen* motiivit sekä pitävät yllä että määrittelevät musiikillista kehittelyä, *Lentävässä hollantilaisessa* niillä on lähinnä muistuman luonne ja lisäyksen funktio. Esimerkiksi Hollantilaisen motiivin tarkan säännöllinen toistuminen Erikin kertomuksessa unestaan asettaa merkin tekstin repliikkien loppuun, mutta se ei muodosta musiikin kehystä tai selkärankaa. Ja motiivit, jotka symbolisesti esittelevät Hollantilaisen ja Sentan dueton, pelastuksen sekä itsensä Hollantilaisen, nousevat esiin musiikillisesta kontekstista kuin sitaatit tai muistumat sen sijaan, että ne rakentaisivat sen muotoa.

Lentävän hollantilaisen musiikillinen koherenssi ei riipu sellaisesta ratkaisevan uudesta melodisten motiivien verkosta kuin Wagner kuvitteli muistellessaan vaan läpikotaisin konventionaalisesta musiikillisen syntaksin kehyksestä. Jopa jaksoissa, joissa melodian kirjoitus on vapaata aarian perinteistä, kuten Erikin kertomuksessa unestaan sekä Hollantilaisen ja Sentan duetossa, se pysyy lähes pedanttisesti vakiintuneen periodisen rakenteen lakien puitteissa, jonka tahdit ryhmittyvät 2 + 2, 4 + 4 ja 8 + 8. Myöhemmin päästyään irti niiden keinunnasta Wagner asetti tämän kaltaisen hahmotuksen naurunalaiseksi ”sävellysrakenteen neliöimisenä”. Itse asiassa aina *Lohengriniin* saakka ja se mukaan lukien Wagner poikkeaa tästä ”nelivaiheisesta rakenteesta” harvemmin kuin Beethoven, jota hän muutoin piti esikuvanaan. Olisi kuitenkin virhe kuvitella, että tämä säännöllisen jaksollisen rakenteen käyttö olisi jonkinlaisen teknisen heikkouden tulos (johtuen ehkä Wagnerin alkeiskoulutuksesta, joka ei lopultakaan ollut laisinkaan alkeellista.) Järjestelmällinen rytminen hahmottaminen on pikemminkin melodisen kirjoittamisen vastapaino, kääntökuva: *Lentävän hollantilaisen* edistyksellisemmissä jaksoissa, joissa ainakin tavoite ”oopperan” palauttamiseksi takaisin ”draamaksi” toteutuu, Wagner hylkää perinteiset keinot luoda musiikillista koherenssia melodisten solujen toistumisella; musiikillisen muodon tavanomaiset tyypit, jotka nojaavat sellaisiin aakkosrakennelmiin kuin A B A tai A A B, katoavat kokonaan. Jokainen tekstin säe lauletaan ainutkertaiseen, toistumattomaan melodiaan, joka ilmaisee sanojen merkityksen tai sävyn. Estääkseen musiikin hajoamisen irrallisiksi fragmenteiksi jokaisen säkeen ja fraasin yksilöllisyyden seurauksena Wagner takertuu itsepäisesti ja näkyvästi säännölliseen jaksolliseen rakenteeseen. Syntaksin järjestelmällisyys kompensoi melodisen "anarkian".

Tavanomaisesti melodioiden muodot oopperassa samoin kuin muussakin laulumusiikissa määrittyvät kahdella tavalla, "nelivaiheisella" muodonnalla ja samojen säkeiden säännöllisellä toistumisella, jotka luovat helposti erottuvia, plastisia hahmoja. Tällainen tavanomaisuus sokaisee helposti huomaamasta, että näiden kahden elementin ei välttämättä tarvitse kulkea yhdessä vaan ne voivat olla vaihtoehtoja. Kuitenkin tunnistettavuus on olennaista, ellei haluta jäädä vangiksi melodioiden pinnalliseen ymmärtämiseen, joka suosii hittikappaleita oopperassa – ja jopa musiikkidraamassa. Jos "nelivaiheinen" rakenne onkin määräävä *Lentävässä hollantilaisessa*, erityisesti puolideklamoivissa jaksoissa kuten Hollantilaisen ja Sentan dueton ensimmäisessä taitteessa, *Sormuksessa* säännöllinen syntaksi on revitty palasiksi ja sulatettu "musiikilliseksi proosaksi", erimittaisiksi ja epäsäännöllisiksi fraaseiksi, jotka seuraavat toisiaan muodostamatta jakson aloittavia tai päättäviä lausekkeita. Mutta *Sormuksessa* tämä vers libreä muistuttava syntaktinen epäsäännöllisyys kompensoidaan samojen motiivien toistumisella, johtoaihetekniikalla, joka hallitsee koko draamaa ja palauttaa melodian kautta rytmiikan ja syntaksin hajottaman musiikillisen koherenssin. Toisaalta *Lentävässä hollantilaisessa* motiivien toistuminen on kuten sanottu toisarvoinen; ainakaan sävellyksellisessä mielessä se ei ole eikä sen tarvitse olla rakenteelle olennaista, koska "nelivaiheinen" syntaksi takaa musiikillisen muodon. Kuitenkin tämä melodisen muodon vakaus, jolle teos on velkaa melkoisen osan suosiostaan, on vaatinut hinnan: rytminen säännönmukaisuus rajoittaa vakavasti musiikillisten fraasien yksilöllistä, deklamatorista ilmaisuvoimaa eli sitä, millä Wagner erotti "draaman" "oopperasta".

Tannhäuser

1.

Tapa käyttää näytelmällä vaihtoehtoista, tarinan tai juonen ytimen kokoavaa nimeä oli muodikas 1700- ja 1800-luvuilla. Mutta Wagnerin *Tannhäuserin*, täydeltä nimeltään *Tannhäuser und der Sängerkrieg auf Wartburg* (Tannhäuser ja Wartburgin laulukilpailu) kaksoisnimi juontuu teoksen alkuperästä, ja se paljastaa Wagnerin tekstiä kirjoittaessaan koonneen yhteen materiaalia kahdesta tarusta, joilla ei ole keskenään yhteyttä kirjallisessa perinteessä.

> Sankarini Tannhäuserin nimeen lisäsin sen tarun otsikon, jonka olin liittänyt hänen myyttiinsä, vaikka niillä ei alun perin ollutkaan mitään tekemistä keskenään. Ikäväkseni Simrock, jota arvostin suuresti hänen vanhojen germaanisten tarinoiden tutkimustensa ja niiden elvyttämisen takia, myöhemmin poikkesi tästä.

Wagner ei maininnut, että teoksen koherenssin kannalta olennainen Tannhäuserin ja Elisabethin välinen suhde oli hänen oma keksintönsä. Runoilijana epärunollisena aikana hän piti parempana esiintyä kadonneen aarteen löytäjänä kuin uuden keksijänä – uudistava ja moderni olivat näet alttiita epäilyille proosallisuudesta.

Des Knaben Wunderhorn (Pojan ihmetorvi) -kokoelmaan sisältyvä legenda Tannhäuserista on kaksiosainen. Pitkässä, johdannon kaltaisessa dialogissa Tannhäuser riuhtoo itsensä irti Dame Venuksesta ja tämän lumotusta vuoresta, Venusbergistä, joka itse asiassa on paratiisiksi naamioitunut helvetti. Siellä Tannhäuser on viettänyt vuoden demoneiksi naamioituneiden, muinaisen maailman jumalien pauloissa. (Niitä ei ollut unohdettu, vaan ne miellettiin nykyään infernaalisiksi voimiksi, ei suinkaan taivaallisiksi.) Tannhäuserin jäähyväiset Venukselle ovat ylenpalttisen retoriset – jyrkkä kontrasti itse tarussa kerrottuun karuun, töksähtävään eroon. Tannhäuserin "surun ja katumuksen vallassa" paavi Urbanukselta pyytämä synninpäästö evätään:

> Paavilla on valkoinen, kuivasta oksasta tehty sauva: "Kun tämä sauva kantaa lehviä, sinun syntisi ovat anteeksi annetut.'

"Surun ja kärsimyksen vallassa" Tannhäuser palaa Venusvuoreen.

> Mutta kun kolmantena päivänä sauva alkoi viheriöidä, sanansaattajia lähetettiin kaikkialle etsimään Tannhäuseria. Mutta hän oli jälleen Vuoressa, missä hänen tulee pysyä tuomiopäivään saakka, kun Jumala hänet tuomitsee.

Tämä on oopperan ensimmäisen näytöksen alun ja kolmannen näytöksen päätöksen materiaali, ja sitä käytetään runon määrittelemin muodoin: alussa Tannhäuserin ja Venuksen välisenä dialogina tai duettona sekä päätöksenä kertomuksessa pyhiinvaelluksesta Roomaan. Vanha kansanperinne ei kuitenkaan ollut Wagnerin ainoa lähde, vaan hän otti tarvitsemansa ainekset mistä sattui löytämään. (Filologit wagneriaanien joukossa ovat etsineet vanhimpia

Wagnerin tutkimia lähteitä, mutta heidän yrityksensä ovat pikemminkin osoituksia omistautumisesta saksalaiselle muinaisuudelle kuin draaman rakentamisen ymmärtämisestä.) Heinen runoelma *Tannhäuser* on parodia, mutta se ei kuitenkaan estänyt Wagneria soveltamasta muutamia sen piirteistä. Heinen Tannhäuser hylkää Venuksen, koska hän tympiintyy valeparatiisin nautintoihin: ”Ich schmachte nach Bitternissen” (”Kaipasin katkeruuden makua”). Wagnerin Tannhäuser puolestaan toteaa ”Aus Freuden sehn ich mich nach Schmerzen” (”Iloista kaipaan kärsimyksiin”). Ja siinä missä Heinen Tannhäuserin ripittäytyminen paaville itsesyytöksineen onkin surkeasti peiteltyä ylistystä Venukselle, jonka pauloista hän ei kykene irroittautumaan, Wagnerin Tannhäuser ennakoi Amfortasta puhuessaan ”Sehnen, das kein Büssen noch gekühlt” (”Himosta jota mikään katumus ei hillitse”).

Taru laulajien kilpailusta tai ”sodasta” Wartburgin linnassa sisältyy kokonaan toiseen traditioon, mutta se sisältää joitakin, melkein huomaamattomia motiiveja, jotka tekivät kytkemisen Tannhäuserin tarinaan mahdolliseksi. Jälkimmäisen kansansatuversiossa *Des Knaben Wunderhornissa* Venuksen jäähyväissanat, puoliksi kirousta, puoliksi siunausta, kuuluvat: ”Missä ikinä maan päällä vaellat, sinun laulusi tulee kaikumaan minun ylistykseksi.” Oopperassa nimenomaan Venusta ylistävä laulu saa aikaan katastrofin laulukilpailussa. Sen sijaan legendassa laulajien sodasta yllättävää ja hätkähdyttävää, demonien inspiroimaa laulutaidetta kuullaan Tannhäuserin sijasta Heinrich von Ofterdingenin esittämänä. E. T. A. Hoffmann kertoi tämän tarinan uudelleen kokoelmassaan *Die Serapionsbrüder* ja jopa mainitsi Venuksen ja Venusvuoren. Demoni Nasias ja Heinrich von Ofterdingen laulavat vuorollaan ”Venusvuoren hekumallisia iloja” ylistäen: ”Ikään kuin Nasiaksen liepeillä leiskuvat liekit olisivat muuttuneet eroottisia tuoksuja henkiviksi himon ja nautinnon aalloiksi, joissa ihanat sävelet keinuivat kuin cupidot." Hoffmannin sanat ennakoivat Wagnerin Venusvuoren näkyjä.

Juuri legenda Venusvuoresta luo draamallisen, visuaalisen pohjan demoniselle sekasorrolle, jonka Tannhäuserin laulu aiheuttaa Wartburgin Laulajasalissa: sekasorrolle, jossa kauhistus ja inho sekoittuvat ihastukseen. Hoffmannin sepittämä mutkikas kummitustarina, jonka Heinrich von Ofterdingen varustaa maagisin voimin, alkaa näyttää tarpeettoman ylenpalttiselta, kun Wagner keksii käyttää Tannhäuser-legendaa taustana Wartburg-legendalle. Kahden erillisen perinteen yhdistelmä antoi hahmon draamalle, joka Hoffmannin tarinassa jäi horroksiin.

Toisaalta mitä funktioon tai merkitykseen tulee, aluksi näyttää siltä, ettei Wartburgin tarulla ole mitään lisättävää Tannhäuser-legendaan. Venusvuoren kadottua kuin taikaiskusta Tannhäuserin huudettua "Mein Heil ruht in Maria" ("Minun autuuteni on Mariassa") mikään ei estä häntä liittymästä pyhiinvaeltajien joukkoon heidän kulkiessaan hänen ohitseen matkalla Roomaan. Kun hän paljastuu syntiseksi laulukilvassa ja Maakreivi tuomitsee hänet tekemään katumusharjoitukseksi pyhiinvaelluksen, se on ulkoinen motivaatio eikä lisää mitään hänen sisäiseen motiiviinsa, synninpäästön kaipaukseen, mutta sen sijaan tuottaa näyttävän kuvaelman toisen näytöksen päätökseksi.

Kahden legendan linkittämisen tuottama hyöty paljastuu vasta, kun havaitsemme että toisen näytöksen teatraalisilla paraateilla ja meluisilla väittelyillä täyttävä kilpailu on pelkkä fasadi, jonka takana Tannhäuserin ja Elisabethin välinen suhde kehittyy miltei sanattomasti. Meidän pitää kuulla Tannhäuserin Venusta ylistävä laulu Elisabethin tavoin, sydämeen asti satutettuna miehen pakanajumalattaren helvetille omistautumisen tähden. Jos nykyään, reilusti yli sata vuotta sen kirjoittamisen jälkeen, laulu onkin saanut triviaalin ja liiallisen tarmokkuuden vivahteen, se pikemminkin vahvistaa kuin vähentää traagista, teatraalista vaikutusta. Kun ritarit käyvät kohti Tannhäuseria miekat paljastettuina ja sinkoilevat raivonpurkauksia, Elisabethin äänetön murtuminen on olennainen tapahtuma. Hän estää muita jakamasta miekoin oikeutta Tannhäuserille – ei sen vuoksi, että hänen hurskautensa olisi liian pyhä sellaiseen maalliseen mekkalaan, vaan koska ritarien, jopa Wolframin, emotionaalinen kapasiteetti on liian rajoittunut kyetäkseen käsittämään, mitä hänen ja Tannhäuserin välillä tapahtuu.

Tannhäuser on kuin Lentävä Hollantilainen, joka kantaa kirousta. Hänet voi vapauttaa vain uhrikuolema – Elisabethin:

> Nimm hin, o nimm mein Leben:
> nicht nenn' ich es mehr mein.
>
> "Oi ota minulta elämäni: en kutsu sitä enää omakseni."

Paavin sauvan viheriöinti, Tannhäuserin legendan ihme on Wagnerin oopperassa toisin kuin runoelmassa pelkkä Elisabethin kuoleman kautta toteutuneen Tannhäuserin synninpäästön visuaalinen metafora. Kun hänet on pelastettu, hän voi kuolla: ensimmäisessä näytöksessä Venuksen yrittäessä estää häntä lähtemästä hän vastustelee:

> O Göttin, woll' es fassen,
> mich drängt es hin zum Tod.
>
> "Oi jumalatar, koettakaa ymmärtää, että minua vetää puoleensa kuolema."

Mutta toisin kuin *Lentävässä hollantilaisessa, Tannhäuserissa* kuolema edustaa loppua emotionaaliselle harhalle ja hämmennykselle, joista ei ollut pakotietä: Tannhäuser ja Elisabeth kuolevat pelkästään traagisen tilanteensa takia ilman mitään ilmeistä empiiristä syytä. Lentävää Hollantilaista johdattaa pelkästään kuolemankaipuu, ja vapahduksen välineenä toimii Senta, oman marttyyridraamansa sankaritar. Mutta *Tannhäuserissa* sitä vastoin vapahdusdraaman säikeet sotkeutuvat. Tannhäuserin rakkaus Elisabethia kohtaan on kaksijakoinen, lähtökohdista alkaen rikkinäinen tunne, toisaalta sekoitus intohimoa, pakkomiellettä ja yhä jatkuvaa, peitettyä Venuksen muistelua, toisaalta vapahduksen kaipausta sen pyhyyden kautta, jota Elisabeth hänelle edustaa ja johon hän tiedostamatta jo viittaa irrottautuessaan Venuksesta sanoilla ”Mein Heil ruht in Maria”. Venuksen ”valeparatiisissa” hän kaipaa tähtien valoa ja kevään tuoretta, vihreää ruohoa, mutta yksinkertaiset maalliset ilot on häneltä kielletty jopa hänen rakkaudessaan Elisabethia kohtaan, joka ei ole todellisesti inhimillistä, olipa se sitten demonisen riivattua tai hurskasta pelastuksen kaipausta. Ylistyslaulu Venukselle, joka antaa kuolettavan iskun Elisabethin sydämeen, ilmaisee avoimesti ja julkisesti sen, mikä kuultaa jo Tannhäuserin sanojen takana hänen puhuessaan Elisabethille aikaisemmin toisessa näytöksessä:

> Den Gott der Liebe sollst du preisen,
> er hat die Saiten mir berührt,
> er sprach zu dir aus meinen Weisen,
> zu dir hat er mich hergeführt.
>
> ”Rakkauden jumalaa sinun tulisi ylistää, hän näppäili harppuni kieliä, hän puhui sinulle lauluissani, hän johti minut sinun luoksesi.”

Venus-laulu paljastaa hänen tarkoittamansa ”jumalan” todellisen nimen. Kun hän tunnustaa Roomassa syyllistyneensä himoon, jota katumus ei voinut hillitä (”Sehnen, das kein Büssen noch gekühlt”), Venuksen muisto luo yhä varjon Elisabethin muiston ylle. Wagner itse tunnusti, että tunteiden monisyisyys ja sekamelska antoi teokselle sen erityisluonteen, kuten voimme lukea kirjeestä Ernst Benedikt Kietzille 6. syyskuuta 1842, kun *Tannhäuser* oli vasta suunnitteluvaiheessa:

> He veivät minut katsomaan Carlo Dolcin Madonnaa Aussigin kaupunginkirkkoon: maalaus ihastutti minua erityisen suuresti, ja jos Tannhäuser olisi nähnyt sen, olisin ymmärtänyt vallan mainiosti, että hän kääntyi Venuksen huomasta Marian puoleen ilman sen kummempaa hurskauden vaikutusta asiaan. – Joka tapauksessa pyhän Elisabethin hahmosta minulla on vakaa käsitys.

2.

Tannhäuserin tunteita ja toimia leimaa impulsiivisuus ja omituinen muistin puute samoin kuin Siegfriediä *Sormus*-tetralogiassa. Vaikuttaa kuin hän ei olisi täysin tietoisesti oma itsensä vaan kulloisenkin hetken ja häneen kulloinkin vaikuttavan tunteen vanki. Häntä kohtaavat tapaukset vaihtelevat äärimmäisyydestä toiseen. ”Ylimenon taide’, jolla Wagner saattoi myöhemmin kerskua viitaten *Tristanin ja Isolden* toisen näytöksen duettoon, ei ole vielä täysin kehittynyt *Tannhäuserissa.*

Kun Wolfram ensimmäisen näytöksen viimeisessä kohtauksessa ”suurella äänellä’, kuin manaten, nostaa esiin Elisabethin nimen, se näyttää saavan äkisti Tannhäuserin kauan sisimpäänsä haudattuna olleen ”väkevän ilon valtaan’. Mutta yhtä äkillisesti ja täydellisesti menneisyys pyyhkiytyy hänen mielestään. Elisabethin kysyessä missä Tannhäuser oli ollut niin pitkään tämä vastaa (olisi virhe ja typerää pitää vastausta pelkkänä kiertelynä):

> Fern von hier in weiten, weiten Landen.
> Dichtes Vergessen

hat zwischen heut' und gestern sich gesenkt.

"Kaukana täältä etäisillä seuduilla. Tiheä unohduksen verho on laskeutunut tämän päivän ja eilisen väliin."

Ja taas kolmannessa näytöksessä hänen pyrkiessään kohti Venusvuorta hän vaikuttaa unohtaneen täydellisesti Elisabethin, joten Wolframin taas mainitessa hänen nimensä muiston paluu lyö häneen kuin sähköisku: "Hän seisoo jähmettyneenä paikoilleen, kuin voimakkaan iskun salpaamana." Muisti muuttuu unohtamiseksi ja unohdus muistamiseksi silmänräpäyksessä, ilman mitään siirtymää.

Taipumus katkoksiin ja liitosten puuttuminen äärimmäisyyksien väliltä saavat *Tannhäuserissa* vastineen tapahtumisen motivoinnin satunnaisuudessa, joka on sitäkin silmiinpistävämpi, kun sitä vertaa Wagnerin miltei pedanttiseen vaatimukseen tapahtumien syiden selittämiseen ja perusteiden jäljittämiseen aina hamaan syntyyn saakka *Sormuksessa*. Miten Tannhäuser alun alkaen joutui Venusvuoreen, on epäselvää ja jää vaille selitystä samoin kuin hänen rakkautensa Elisabethia kohtaan; on vaikea nähdä yhteyttä näiden kahden välillä menneisyydessä, ja olisi ajan haaskausta edes yrittää. Pohjimmiltaan Wagnerin draamallista rakennetta ohjaa muodon laki, johon sisällön, juonen, on sopeuduttava; tämä sama laki koskee niin *Tannhäuseria* kuin *Lentävää hollantilaista, Sormusta* ja *Tristaniakin*. Toisaalta näyttää aina siltä – riippumatta perusteluista tai niiden puutteesta yksittäisissä teoksissa – että kullakin rakastavalla osapuolella on aina ollut tiedostamatta kuva toisesta sydämessään; toisaalta taas rakkaus, joka kaappaa valtaansa Sentan ja Hollantilaisen, Tannhäuserin ja Elisabethin, Siegfriedin ja Brünnhilden tai Tristanin ja Isolden, on ehdotonta ja välitöntä: menneisyys, jos sellaista on olemassa, katoaa merkityksettömiin. Mutta tapahtumia hallitseva dramaturgisen muodon laki on se, joka määrää Wagnerin oopperoita ja, *Sormuksesta* alkaen, musiikkidraamoja.

Yleisesti ottaen oopperamusiikki on luonteeltaan kulloistakin tilannetta ja hetkeä vahvistavaa. Se ei selitä tai luo konteksteja vaan toteaa ja vahvistaa – ja onnistuu saamaan perusteettoman vaikuttamaan välttämättömältä ja antamaan absurdille ja epäjohdonmukaiselle uskottavuutta. Töksähtävien kontrastien ja käännösten perustelu musiikin sanattomien argumenttien kautta, musiikin hyväksi käyttäminen draamallisen koherenssin puuttumisen kompensoimisessa – ne ovat oopperan ydinainesta. Ylimenon taide, siirtymien rakentaminen, on sille vierasta. Sitä vastoin musiikkidraamassa, jonka olennainen rakennusaine on johtoaihetekniikka, säikeet on tiukasti solmittu yhteen ja linkit vahvistettu. Kaikki tapahtuva muistuttaa jostain aiemmasta, johon se yhdistyy joko seuraussuhteen tai analogian kautta. Koko teosta pitää koossa tiheä perusteluiden verkosto: musiikilliset motiivit ovat samanaikaisesti dramaturgisia ja päinvastoin. Oopperan eri osat erottautuvat toisistaan, joten yksi selkeä segmentti nykyhetkeä seuraa edellistä, ja se ruokkii kontrastia, musiikillisen dramatiikan kontrastia. Ooppera korostaa teoksen plastisuutta, musiikkidraama loogisuutta.

3.

Tannhäuserin musiikki syntyi Dresdenissä 1843–1845, mutta se ei kuitenkaan koskaan täysin valmistunut. Wagner teki ensimmäiset muutokset jo ennen kuin hän edes lähti Dresdenistä: siinä missä kantaesityksessä Venuksen ilmestyminen ja Elisabethin kuolema kuvailtiin vain musiikissa, vuoden 1847 uudessa versiossa loppukohtauksen näyttämöllepanoa elävöitettiin sekä Venuksen ja hänen saattueensa että Elisabethin kuolinsaattueen ilmestymisellä. Pariisinproduktiota varten 1861 – katastrofi ensi hätään mutta riemuvoitto lopulta – Wagner kirjoitti uudelleen osia Venusvuori-kohtaukseen ja vähensi drastisesti osia laulajien kilvasta. Lopulta 1883 muutamaa viikkoa ennen kuolemaansa hän sanoi Cosimalle, että oli yhä maailmalle velkaa *Tannhäuserin*.

Sävellysteknisten ja -esteettisten probleemien vyyhtiä sellaisena, kuin Wagner sen koki, ei voinut purkaa pelkin uudistuksin. Jälkimmäisessä Dresdenin-versiossa Venusvuori-kohtauksen musiikki ei itse asiassa ole motiiviselta sisällöltään lainkaan liian heikkoa, mutta se ei ole tarpeeksi kehittynyttä tuottamaan riittävää vastapainoa koraalien, laulusävelmien ja marssien hallitsemille kohtauksille, jotka ovat omiaan jäämään mieleen ja joiden varassa teoksen suosio lepää: sellainen musiikillinen karakteri, josta edes Tannhäuserin laulu Venuksen ylistykseksi laulukilvassa ei ole vapaa. (Edes Pariisin-versiossa Wagner ei kaikesta huolimatta niinkään jättänyt muokkaamatta tätä laulua vaan niitä Venusvuoresta muistuttavia, läikähteleviä muistumia orkesterissa, jotka ilmaisevat musiikin keinoin Tannhäuserin vieraantumisen ja sisäisen etäisyyden muista hahmoista.)

Toisaalta uusi, vuosien 1860–1861 versio sai aikaan Venusvuori-kohtauksessa joiltakin osin karkean vanhan ja uuden osuuden välisen vastakkainasettelun, joka on tyylillisen epäjohdonmukaisuuden takia suorastaan ilmeinen. Ennen kaikkea taidokkaamman puupuhallinten käsittelyn ansiosta orkesterin sointimaailma on huikeasti hienosyisempi uudessa versiossa. Lopultakin ajatus siitä, että huolimatta Pariisin-version kiistattomasta musiikillisesta ylivertaisuudesta tietyissä yksityiskohdissa, sen tyylillinen hajanaisuus tekee siitä kokonaisuutena Dresdenin-versiota heikomman, on arveluttava, sillä se tulkitsee Wagneria jokseenkin soveltumattomin mittarein. Tyylillisen yhtenäisyyden ja johdonmukaisuuden vaatimus on pohjimmiltaan klassinen kuten perinteisen estetiikan kategoriat ja opinkappaleet kaikkineen, mutta Wagnerhan oli lyhyesti määriteltynä tyylittelijä ja käytännön teatterimies. Tyylilliset epäjohdonmukaisuudet saattavat jättää abstraktien musiikillisten periaatteiden puitteissa jotain huomauttamisen varaa esteettisesti, mutta musiikkidramaattisesti ajatellen niiden voi katsoa tulkitsevan konfliktia Tannhäuserin kaipaaman arkisen, luonnollisen maailman ja sen valeparatiisin välillä, jonne Venus haluaa hänen jäävän: ei ole sattumaa, että Wagner kirjoitti uudelleen nimenomaan Venuksen eikä Tannhäuserin osan. Tietenkin estetiikan teoreetikkona Wagner tunsi klassismin reunaehdot kuten tyylillisen yhtenäisyyden, ja hänen mieltään luonnollisesti painoivat Pariisin-version epäjohdonmukaisuudet.

Tekniset ja esteettiset ristiriidat (tekniset seikat ovat aina myös esteettisiä kuten esteettiset mielipiteetkin tarvitsevat tekniset perusteet) tulevat hyvin esiin Venuksen aariassa ”Geliebter! Komm”. Sen nimittäminen aariaksi saattaa hämmästyttää ja sitä saatetaan pitää Bayreuthin dogmeihin kohdistuvana pyhäinhäväistyksenä – nämä kun tunnustavat vain ”kohtausten” olemassaolon. Sanaa ei kuitenkaan ole valittu oikotieksi ulos terminologisesta hämmennyksestä, vaan perusteluksi todettakoon, että kyseessä oleva taite – toisin kuin voisi odottaa – osoittaa tiukempaa muodonnan yhtenäisyyttä musiikkidraamojen aikakaudelta peräisin olevassa Pariisin-versiossa kuin Dresdenin-versiossa, joka periytyy oopperoiden aikakaudelta. Yli sata tahtia laveassa tempossa (Andante) käsittävä aaria voidaan karkeasti jakaa kahteen osaan, ”Geliebter! Komm” ja ”Aus holder Ferne”. Ensimmäinen sisältyi ulkolinjoiltaan jo Dresdenin-versioon, ja se sisällytettiin Pariisin-versioon uuden orkesteriosuuden kera transponoituna Fis-duurista F-duuriin ja $^3/_4$-tahtilajissa alkuperäisen $^4/_4$:n asemesta; jälkimmäinen osa oli uusi. Pariisin-versiolle on tyypillistä, että ensimmäisen osan alku on identtinen toisen osan päätöksen kanssa (α merkitsee johdattelevaa motiivia, β pääasiallista laulumotiivia):

I II

$\alpha^1\ \beta^1\ \beta^2 \ldots \beta^3 \ldots \alpha^2 \ldots \beta^4\beta^5\ \alpha^3$

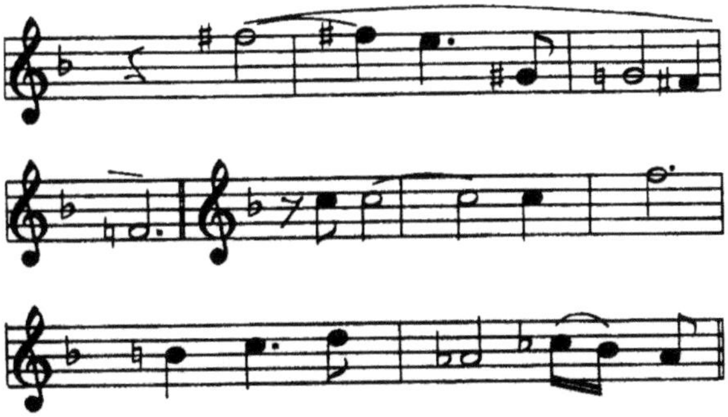

Pariisin-versio on siis viimeistelty kertauksen kera poikkeuksena Dresdenin-versiosta, jossa Wagner läpisävelsi tekstin kertaamatta aiempaa materiaalia. (Toistuva orkesterimotiivi, jolla oli rakenteellista merkitystä, on typistetty vähäiseksi alluusioksi Pariisin-version johdannossa.)

Etäisesti da capo -aariaan viittaava kertaus ei ole ainoa kahta osaa toisiinsa linkittävä elementti. Ensimmäiseen osaan tehdyt lisäykset paljastavat Wagnerin pyrkivän kohti muodon integraatiota: päämotiivin toistuminen ensimmäisen osan lopussa (β^3), johdattava motiivi (α^1), jota käytetään uudelleen toisen osan (α^2) alussa ja jälleen, tällä kertaa laulustemmassa, sen lopussa (α^3).

Esteettiset periaatteet lähtökohdakseen ottava analysoija – peitellysti eikä niinkään suorasanaisesti – edellyttää, että perinteisen musiikin teoriaopin mukaan olisi sopivaa olettaa muodollisen yhteyden olevan Venuksen aarian "nelivaiheisen" rytmisen rakenteen seurausta, jatke säännöllisten neljän tahdin ryhmille, joka puolestaan johtuu tekstin säerakenteesta. Se merkitsisi Wagnerin olleen tietoisempi rytmisestä ja muotoon liittyvästä säännönmukaisuudesta taikka kaavamaisuudesta 1860- kuin 1840-luvulla. Niin valaisevalta kuin tämä vaikuttaakin, se on kuitenkin väärä selitys.

Wagnerin tapauksessa muodon yhtenäisyyden luominen motiivien ja melodian fraasien toistamisella, kuten on jo nähty luvussa *Lentävästä hollantilaisesta*, vaikuttaa pikemminkin rytmisen epäsäännöllisyyden kompensoimiselta kuin säännönmukaisuuden seuraukselta ja analogialta.

Läpisävelletyssä Dresdenin-versiossa aaria on rakennettu jokseenkin kokonaan neljän tahdin ryhmistä; ainoa poikkeus on kolmen tahdin ryhmä ("ein Freudenfest"), joka kuitenkin on yksinkertaisesti vain supistuma nelitahtisesta ryhmästä ("der Liebe Feier"); toisin sanoen se muuntelee säännönmukaista hahmoa, muttei erkane siitä. Toisaalta Pariisin-versiossa on kiistatta taipumusta kohti epäsäännönmukaisia rytmejä tai "musiikillista proosaa", vaikka se sotiikin tekstin rakennetta vastaan.

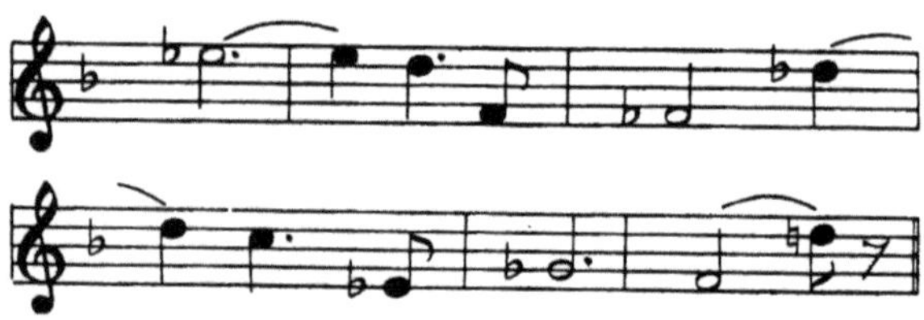

Pariisin-versiota varten sävelletyt tahdit "Komm, süsser Freund" -aarian ensimmäisen osan lopussa ovat yhä "nelivaiheista" mallia, 2 + 2 tahdin jaksoin, mutta avausidean ja ylimääräisen päätöstahdin säestyksen muokkaamisella niin peitettyjä, että ne ovat lähes huomaamattomia. Epäsäännöllistä, joustavaa rytmiä tasapainottaa kuitenkin säännöllinen, suljettu muoto. (Ei ehkä ole liioittelua väittää Wagnerin sävellystekniikasta, että se oli enemmän dialektista kuin määrätietoisen johdonmukaista.)

On täysin mahdollista luokitella Venusvuori-kohtauksen Pariisin-komponenttien mielikuvituksellinen efekti, musiikillinen taika, teknisin musiikkitermein – siitäkin huolimatta, että Wagner itse tunsi epäluuloa teknistä analyysia kohtaan ja piti parempana kätkeä keinotekoinen luonnollisuuden ulkokuoren alle. Nimetäksemme yhden tekijän, taianomaisuus on jossain määrin peräisin tavasta, jolla melodia ja harmonia tuodaan niin lähelle toisiaan, että tavanomainen eroavuus häipyy, ja tuo eroavuus melodisen etualan ja harmonisen pohjan välillä – kuvion ja taustan, hahmopsykologian termejä käyttääksemme – on perustavaa laatua kuulijan havainnointikyvyn kannalta. Kuulijan valtaa tunne jalansijan menettämisestä ja musiikillisen jännitystilan vallassa olemisesta.

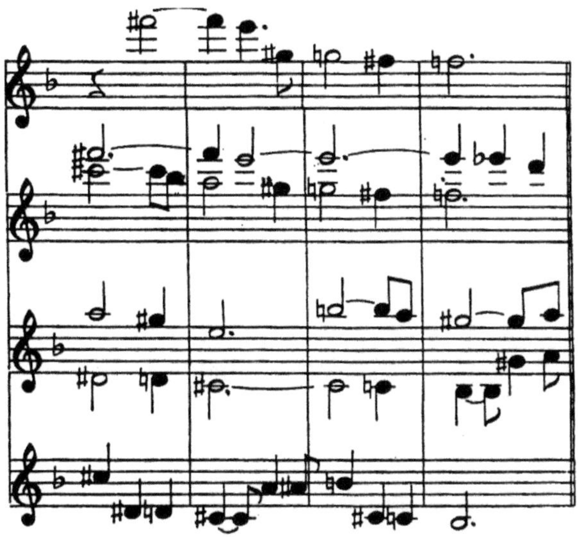

Venuksen aariaan johdattelevissa tahdeissa, jotka kuvailevat musiikillisesti hänen Tannhäuserin ylle langettamaansa lumousta, kuullaan melodiana johtavissa stemmoissa (sooloviulu ja alttoviulut) ja sointusäestyksenä niitä tukevissa stemmoissa (muu osa jaetusta viulusektiosta). Olisi ajan ja vaivan haaskausta yrittää määritellä, pitäisikö neliääninen säestyssatsi tulkita melodian nuottien kokoamiseksi yhteen soinnuiksi vai pitäisikö johtavien stemmojen melodian nuotit tulkita erotelluiksi neliäänisestä säestyssatsista. Nimenomaan eriyttämisen puute elementtien välillä luo tämän esteettisen efektin.

4.

Tannhäuser on ooppera, ei musiikkidraama. Vaikka Bayreuthin oppien mukaan myös Wagnerin varhaisten teosten perustana on johtoaihetekniikan käyttö, periaate ei tarkalleen ottaen päde yhteenkään teokseen ennen *Sormusta.* Tekniikka on yhä alkeellista *Tannhäuserissa.*

Wagnerin musiikillinen kieli tässä teoksessa on sellaisessa kehityksensä vaiheessa, jossa johtoaihetekniikan systemaattinen käyttö ei vielä ole mahdollista. Tämän paljastaa se, että toisinaan on vaikeaa millään mielekkäällä varmuudella erottaa toisistaan musiikillista analogiaa, allegoriamaisen sisällön peittelyä ja pelkkää melodista samankaltaisuutta.

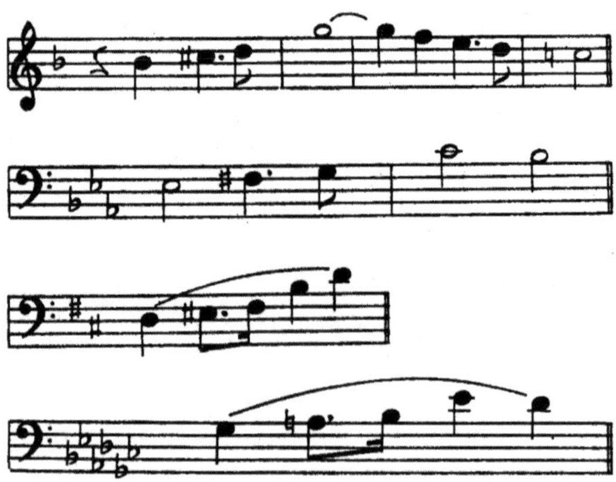

Yhteys tässä siteerattujen aihelmien välillä on kiistaton, mutta kun ne asettaa rinnakkain tällä tavoin, on äärimmäisen vaikea määritellä kokonaisuuden merkitystä – ellei tyydy kaiken kattavaan symbolismiin, joka linkittää metafyysisellä tasolla kaiken kaikkeen.

Tannhäuserin Venusta ylistävä laulu ilmenee sekä laulukilpailussa että pyhiinvaeltajien koraaleissa, mutta tätä ei voi pitää ”johtoaihemaisena" – ellemme sitten pidä johtoaihetekniikkana sitä, että kohdat viittaavat koraalille vieraan kromatiikan kautta toisaalta arkaaiseen saksalaiseen taustaan, toisaalta Tannhäuserin kärsimykseen. Mutta kokonaisuutena koraalit ovat näyttämötilanteeseen liittyvää oheismusiikkia, eikä sitä ole täysin integroitu muuhun musiikilliseen kudokseen. Jopa Tannhäuseria painavaa kirousta ilmaiseva motiivi on luonteeltaan näyttämömusiikkiin vivahtava.

Ainoat motiivit, jotka toimivat johtoaiheen tavoin esiintyessään uudelleen, ovat peräisin Venusvuori-kohtauksesta. Mutta kaikesta niiden yhdistävästä merkityksestä ja tunnistettavuudesta huolimatta ne eivät ole täysin yksilöityjä, ja se jos mikä erottaa ne *Sormuksen* motiiveista. Tuskin on väliä, mitä viidestä tai kuudesta motiivista käytetään viitattaessa Venusvuori-kohtaukseen: laulukilpailussa Pariisin-versio tuo toisinaan esille Dresdenin-versiosta poikkeavia motiiveja. Yksikään niistä ei enempää kuin vihjaa maailmaan, josta ne ovat peräisin, eikä ainoakaan sisällä erityismerkitystä, joka olisi ominainen vain sille. Sikäli kuin johtoaihetekniikasta puhuminen on ylimalkaan mahdollista *Tannhäuserin* yhteydessä, sen täytyy olla hyvin summittaista.

Tannhäuserissa on vihjeitä sävellyksellisistä elementeistä, jotka kymmenen vuotta myöhemmin muodostivat täysin kehittyneen johtoaihetekniikan assosiaatiot *Sormuksessa*, ja vasta silloin sen voi sanoa kuuluneen Wagnerin "systeemiin", kuten jotkut aikalaiset sitä kutsuivat. Mutta aiemmissa teoksissa nämä esivaiheet ovat harvinaisia eikä niillä ole merkitystä toinen toisilleen. Olisi virhe antaa niille omassa eristyneisyydessään merkitys, joka niille kuuluisi pelkästään yhteisen syntyperän kautta.

Jos laulukilpailun keskeyttävät kuin alitajunnasta kumpuavat lainaukset Venusvuoren musiikista muodostavat yhden johtoaihemaisen motiivin tuodessaan mukanaan muistuman menneisyydestä ja tuottavat psykologisia ja allegorisia linkkejä draaman eri osien välille, ne poikkeavat toisaalta *Sormuksen* motiiveista tavassa, jolla ne vaikuttavat sulautuvan musiikilliseen tekstuuriin sen sijaan, että ne rakentaisivat tekstuurin kehykset tai kudoksen. Niillä on lisäysten tai täydennysten luonne; on huomattava, että Pariisin-version Venuksen aariassa Wagner kykeni poistamaan viittaukset Bakkanaaliin, jotka olivat Dresdenin-version keskeisiä, yhtenäisyyttä luovia aineksia heikentämättä silti melodista rakennetta. Melodian jaksottaisen rakenteen vuoksi muistumamotiivit ovat tuskin muuta kuin musiikillisia sivuhuomautuksia, ja ne voidaan turvallisesti unohtaa.

Tilanne on toinen Tannhäuserin Rooman-kertomuksessa, joka on niin musiikillisesti kuin draamallisestikin kolmannen näytöksen sydän. Tässä pääasiassa orkesterille kirjoitetut motiivit muodostavat musiikillisen rakenteen: nyt ne eivät ole lisukkeita vaan oleellisia elementtejä. Mutta toisin kuin Venusvuori-kohtaukseen liittyvillä motiiveilla niillä ei ole johtoaiheen merkitystä: niiden käyttö rajoittuu itse kerrontaan sen sijaan, että niitä kehiteltäisiin koko draaman kattavaksi verkostoksi. (Tietysti kolmannen näytöksen orkesterialkusoitto asettaa abstraktissa musiikillisessa muodossaan vastapainon lauletulle monologille, sisältää muistumia aiemmasta materiaalista ja ennakointeja kerronnan motiiveista, mutta sillä onkin enemmän tekemistä alkusoittojen perinteen kuin johtoaihetekniikan kanssa.)

Ratkaiseva tekijä oli musiikillisen rakenteen kehitys ("die Tonsatzkonstruktion", kuten Wagner sen nimesi). Ellei johtoaihetekniikka olisi käynyt läpi niin perusteellista muodonmuutosta, koko idea johtoaiheiden järjestelmän ulottamisesta kattamaan kokonainen teos olisi jäänyt abstraktiksi konseptiksi ilman jalansijaa musiikillisessa todellisuudessa: runoilijan ideaksi, ei säveltäjän.

Rooman-kertomus edustaa siirtymävaihetta kehityksessä kohti sävellystekniikkaa, "ei enää" ja "ei vielä" -siirtymän puoliväliä. Siinä tarkennetaan musiikin fraasirakenteen ongelma, vastine johtoaihetekniikalle ja perustalle, jonka päälle se rakennettiin.

Kertomuksen ensimmäistä jaksoa ("Inbrunst im Herzen") luonnehtiva motiivi hapuilee jossain laululinjaa tukevan, melkein säestävän orkesterikuvion ja *Sormuksen* kaltaisen johtoaiheen välillä.

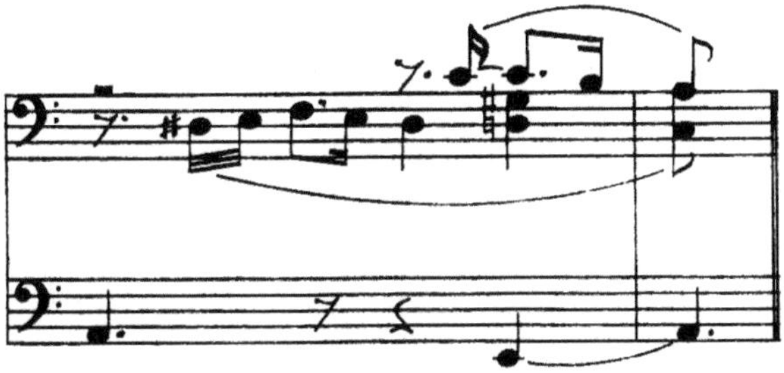

Motiivi on kieltämättä kaunis ja tarkoin hahmotettu, kiistatta ilmaisuvoimainen musiikillinen ele. Mutta se ei ole niin hyvin muotoiltu ja elinvoimainen, että se kestäisi viisi toistoa ilman, että muut motiivit keskeyttävät sen. On vaikea kuvitella yhdenkään *Sormuksen* huomattavasti vahvemman johtoaiheen taipuvan tällaiseen jatkuvaan toistoon. Aina siihen mittaan saakka, että se saa epäröivän säestyskuvion leiman, se jättää laulumelodialle kaiken hengitystilan, jonka se tarvitsisi saavuttaakseen kunnolla edes deklamaation ja arioson välitilan. Tämä orkesterimotiivin elävyyden ja itsenäisyyden puute koituu toki melodisen soljuvuuden hyödyksi.

Sitä vastoin toisen jakson päämotiivi ("Nach Rom gelangt' ich so"), joka ennakoi jo *Parsifalin* melodisia hahmoja, on täyteen pakattu ja itseriittoinen laulullisen linjan vahvuudesta pelkästään sävelten toiston takia.

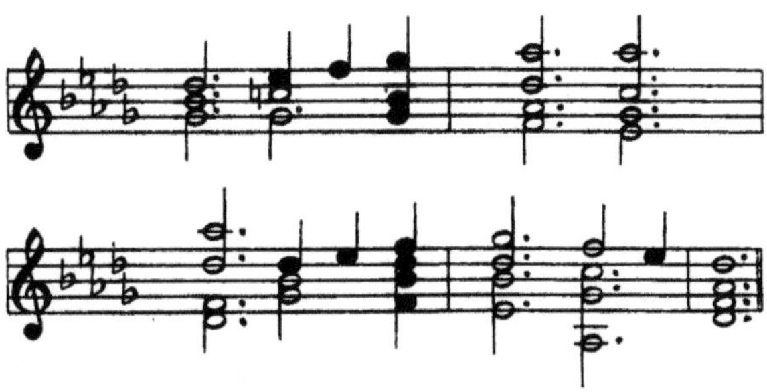

Sen voisi todeta muodostavan taustan orkesterin motiiville.

Näin laulumelodia ei sen enempää alista orkesterin motiivia kuin päinvastoinkaan. Laulun ja orkesterin välinen suhde on yhä epäröivä eikä kelvollisesti balansoitu. Silti rakenteellisten ääripäiden rinnakkaisuutta edistäviä ja välittäviä tekijöitä on jo havaittavissa Rooma-kertomuksessa, alkuidussa sävellysmetodille, joka jo antaa lupauksen arioso-deklamatorisen laulumelodiatyylin sekä ekspressiivisen ja allegorisen orkesterisatsin lähentymisestä: päämäärä, jota kohti Wagner vasta tunnusteli tietään *Tannhäuserissa*.

Lohengrin

1.

Wagnerin "romanttiseksi oopperaksi" määrittelemä *Lohengrin* on eräänlainen paradoksi: sen aihe on satu, sen loppuratkaisu on traaginen ja sen ulkoiset puitteet historiallista draamaa. Toisensa pois sulkevat vastakohdat, myytti ja historia, satu ja tragedia, pakotetaan yhteen ilman että kumpikaan kokee havaittavaa haittaa. *Lohengrin* on *romanttisen* oopperan lakipiste ja ansaitsee arvonsa.

Lohengrinin tarinan ytimessä on kertomus Joutsenritarista, katoamatonta unelmaa symboloiva satuaihe, jossa pelastus onnettomuuteen tulee ihmeen kautta. Wagner luki Jacob Grimmin teoksen *Deutsche Mythologie*, jossa tämä kirjoittaa: "Ala-Reininmaan ja Alankomaiden keskiaikainen kirjallisuus on täynnä samanlaisia tarinoita nukkuvasta nuorukaisesta veneessä, jonka joutsen vetää hädänalaiseen maahan." Ja Lohengrin menettää taikavoimansa hetkellä, jolloin hänen on paljastettava nimensä, mikä on maagisia alkuaikoja kohti kurottava satuaihe.

Eeppisessä runoelmassaan *Parzival* Wolfram von Eschenbach antoi myytille puoliksi historiallisen merkityksen. Parzivalin poika, Graalin ritari Lohengrin lähetetään Antwerpeniin puolustamaan

Brabantin herttuatarta maakunnan ruhtinaita vastaan näiden yrittäessä pakottaa hänet naimisiin. Herttuatarta kielletään kysymästä ritarin nimeä kristilliseen syyhyn vedoten, mutta kielto ei kuitenkaan horjuta tarinan satualkuperää.

> Herttuatar, menetän paljon, jos minusta tulee tämän maan hallitsija. Kuulkaa siis pyyntöni: älkää koskaan kysykö minulta nimeäni. Vain sillä ehdolla voin jäädä luoksenne. Jos kysytte, menetätte minut rakkaudestanne huolimatta. Jumala on varoittanut minua seurauksista, ellette ota kehotuksestani vaarin. Hän tietää syyn. – Herttuatar antoi naisensanansa – jonka rakkaus sai hänet myöhemmin pyörtämään – totella miehen määräystä ja tehdä aina kuten tämä pyytää.

Tässä Wolfram nostaa esiin traagisen dialektiikan, joka hallitsee Wagnerin draaman tapahtumia: Elsan rakkaus ajaa hänet rikkomaan määräystä, josta hänen rakkautensa täyttymys riippuu. Tapa, jolla hän ilmaisee rakkautensa, johtaa lopulta tuhoon.

Wolframin kertomus oli vain luonnos, mutta hänet kirjattiin ansiotta 1200-luvun loppupuolella syntyneen, anonyymin *Lohengrin*-eepoksen tuhansien säkeiden kirjoittajaksi, mikä on selitettävissä ainoastaan sillä, että ”tuntematon” on epätyydyttävä kirjoittajan nimeksi. Wagner hyödynsi näistä sisällöltään lähinnä sotaisista tarinan paisutuksista vain tapahtumien ajoittamisen kuningas Henrik Linnustajan aikaan ja hänen sotiinsa unkarilaisia vastaan sekä juonimotiivin siitä, miten Lohengrin kukistaa kreivi Friedrich von Telramundin, Elsan oikean käden ja Brabantin valtaistuimen tavoittelijan kaksintaistelussa, joka paljastaa Telramundin vaatimukset huijaukseksi.

Wagner kehitteli mielestään ”hataraa” ja ”latteaa” anonyymia runoelmaa lisäämällä maagisia ja sadunomaisia elementtejä. Siten hän käänsi ympäri historiallisen prosessin, jonka se oli käynyt läpi 1200-luvulla. Hän keksi Telramundin vaimon, Ortrudin pakanallisen mustan taikuuden Lohengrinin valkoisen taikavoiman vastapainoksi. Kirjeessään 4. elokuuta 1845 hän kirjoitti: "Oma keksintäni ja hahmotukseni ovat keskeisessä osassa tässä teoksessa." Hän viittasi ennen kaikkea Ortrudiin, ulkoisen toiminnan aktiivisimpaan voimaan, jolla tämä tuottaa Lohengrinille näkyvän, Wagnerin teatterivaiston tarpeelliseksi tietämän vastavoiman. Ortrud muuttaa Elsan veljen Gottfriedin joutseneksi, samaiseksi joka tuo Lohengrinin Graalin linnasta Montsalvatista Antwerpeniin, ja juuri hän yllyttää Telramundin syyttämään Elsaa Gottfriedin murhasta. (Telramund on Wagnerin mukaan petetty pettäjä.) Lopulta Lohengrinin kukistettua Telramundin nimenomaan Ortrud herättää pelon ja epäilyksen Elsan mielessä, jolloin sisäinen pakko kysyä kielletty kysymys kasvaa vastustamattomaksi. Ortrud on se vastustaja, jonka luominen mahdollisti eepoksen muuttamisen draamaksi. Tyypilliseen tapaansa Wagner stilisoi dramaattisen vastakkainasettelun maailmanhistorialliseksi konfliktiksi, pakanallisuuden ja kristinuskon konfrontaatioksi. Musiikillisen luovuutensa takia hän tarvitsi avaria näkymiä.

Joissakin kohtauksissa *Lohengrin* tulvii historiallista draamaa juhlakulkueineen sekä *Rienzistä* ja grand operasta muistuttavine piirteineen, mutta sitä ei pidä tulkita taantumiseksi Wagnerin aiemmasta kehitysvaiheesta eikä sivuuttaa edistysaskeleita, jotka hän oli ottanut *Tannhäuserissa*. Teoksen luokitteleminen karkeiden tyylipiirteiden perusteella ja sen sijoittaminen ahtaaseen musiikillis-historialliseen lokeroon jättää huomaamatta sen, että kaikella on draamallinen perusta. Lohengrin – vedenhaltija ritarin hahmossa – on peräisin ylimaallisesta maailmasta, mutta hän kaipaa maalliseen. Näiden kahden välinen konflikti jäisi kalpeaksi ja käsittämättömäksi, ellei ajankohdan maallista todellisuutta karakterisoitaisi historiallisilla paikkakunnilla ja väreillä. Epähistoriallinen ympäristö mitätöisi Lohengrinin tuhoavan konfliktin. Toisin kuin *Sormuksessa*, jossa todellinen ja epätodellinen maailma käyvät toistensa yli helposti, ikään kuin ne kuuluisivat samaan todellisuuteen, *Lohengrinissa* kaksi maailmaa ovat selvästi erillään. Tätä kontrastia ei pidä peittää, jos eroavuuksien sovittamattomuudesta johtuva Lohengrinin tragedia halutaan saada näyttämöllä esille. "Tyylillinen" yhtenäisyys olisi dramaturginen virhe.

Historialliset elementit ovat *Lohengrinissa* esillä tuottamassa kontrastoivan ulkoasun, eivät siksi, että Wagner olisi yhä hautonut mitään kiintymystä historialliseen draamaan sen itsensä vuoksi. Hänen kuvauksensa historiallisista yksityiskohdista, jotka on poimittu miltei pedanttisella huolella Jacob Grimmin teoksesta *Deutsche Rechtsaltertümer* (Saksalaisen lain muinaisuudesta), on verrattavissa hänen samaan aikaan kehittämänsä orkesterisatsin kirjoittamistekniikkaan, melodisesti itsenäisten fraasien jakamiseen säestäville stemmoille, mikä antoi niille mahdollisuuden yksilölliseen ilmaisuun. Ne eivät kuulosta erillisiltä stemmoilta, vaan niiden omakohtainen sanottava on lisäys kokonaisuuden eriytyneisyyteen ja täyteläisyyteen, vaikkemme sitä yksityiskohdittain ymmärtäisikään. Freskomaalari Wagner oli myös miniatyristi – kokonaisuuden hyväksi.

Mutta vaikka *Lohengrinin* historiallinen ympäristö onkin vain yksi teoksen puoli, sillä on paitsi esteettistä myös draamallista merkitystä. Oopperahistorian kontekstissa se perustelee traagisen päätöksen, jollainen oli yhä epätavallinen oopperassa 1800-luvun puolivälissä. Sellainen oli hyväksytty vain Meyerbeerin ja Halévyn historia-aiheisissa grand operoissa. Wagner ei luopunut tragedian ja historiallisen aiheen välisestä konventionaalisesta yhteydestä *Lohengrinissa*, mikä osoittaa hänen yhä luottaneen joissakin suhteissa oopperan traditioon, jota hän toisaalla kiivaasti vastusti.

Oopperan onnellinen loppu oli normi 1700-luvun ja 1800-luvun teoksissa, joiden materiaali oli peräisin pääasiassa klassisista myyteistä ja myöhemmin saduista, mutta tätä ei kuitenkaan tule pitää pelkkänä konventiona; tälle on hyvä, ilmaisukeinon luonteesta johtuva syy. Musiikin ollessa dominoiva, genren lait määrittelevä elementti, ooppera luontevasti kallistuu kohti "ihmeellistä", käyttääksemme 1700-luvun ilmaisua, kohti myyttiä tai satua. Sitä vastoin taas teoksessa, jossa on "ihmeellinen" aihe, hallitsevassa asemassa on musiikki, koska musiikilla on voima muuttaa yliluonnollinen uskottavaksi. Mutta musiikin vaikutus on sovitteleva: miten hirveiksi kauhut sitten kasaantuvatkin, me emme värjy uskossamme, että missä on laulua, siellä asiat eivät voi olla niin pahasti kuin miltä näyttää. Kun Gluckin oopperassa Orfeus laulaa, kuten myös raivottaret, se antaa toivoa; vakuutumme, että laulujen ilmaisema vimma sallii itsensä tulla tyynnytetyksi. *Orfeuksen* onnellista loppua on moitittu myönnytykseksi yleisölle, joka ei kykene kohtaamaan klassisen tragedian ankaruutta. Samainen yleisö pystyi kuitenkin hyväksymään traagisen aiheen kaikessa kovuudessaan puhenäytelmissä, oli päähenkilöiden kohtalo sitten miten julma hyvänsä. Yleisön mieltymys onnellisiin loppuihin oopperassa merkitsee ainoastaan sitä, että musiikki kohotti esiin odotuksen sovinnollisesta ratkaisusta draaman sotkuihin.

Toisaalta oopperan aiheen ollessa historiallinen sen suhteellinen realismi asettaa rajoja musiikin hegemonialle – ainakin esteettisissä odotuksissa – ja sallii traagisen lopputuloksen mahdollisuuden. Itse asiassa Wagner ei hänkään ollut täysin vakuuttunut *Lohengrinin* lopputuloksen legitimiteetistä. Kahdessa yhteydessä Wagner taipui ainakin hetkellisesti muuttamaan päätöksensä: suostuttelijat olivat Hermann Franck Dresdenissä ja joitakin vuosia myöhemmin Adolph Stahr. Wagnerin epäilykset ovat ymmärrettäviä, ei draamallisesta vaan genren perinteiden näkökulmasta. *Lohengrin* nimittäin asettuu historiallisen draaman ja satuoopperan puoliväliin.

2.

Romanttisena oopperana *Lohengrin* on täydellinen toteutuma kaavasta, jonka Weber loi *Euryantheen*: prototyypin tavoin aikaisempi teos sisällytetään myöhempään. *Euryanthe* on pitkään luokiteltu kuuluisien mutta unohdettujen joukkoon, eikä tämä johdu pelkästään sanomattoman heikosta libretosta vaan myös siitä, että sen syrjäytti jopa kaikkein idealistisimmista ja harvinaisuuksia suosivista ohjelmistoista *Lohengrin* – samoin kuin Verdin *Otello* korvasi Rossinin teoksen. (Toisinaan on vaikeaa ellei jopa mahdotonta olla rikkomatta estetiikan lakia, jonka mukaan erilaisia teoksia ei voi verrata keskenään.)

Weberin Adolar on juuri niin tyhmä kuin vain sankari voi olla ja kaiken lisäksi heikko, eikä hän kestä vertailua Lohengriniin, mutta Euryanthen ja Elsan samankaltaisuus on kiistämätön. Samoin Euryanthen turmiota juonitteleva pari, Lysiart ja Eglantine, kävisi hyvinkin malleiksi Telramundille ja Ortrudille. Samankaltaisuus on kuitenkin pelkästään pintaa, jota vasten ratkaisevat poikkeavuudet erottuvat sitäkin selvemmin. Telramund, itsekin petetyksi tuleva petturi, on huomattavasti käsitettävämpi hahmo kuin kyyninen Lysiart, jonka kavaluus ei kaikessa selittämättömyydessäänkään tarjoa mitään salaisuuksia, ja pakanallista vastakohtaa Graalin maailmalle edustava Ortrud nousee määrättömästi Eglantinen triviaalin mustasukkaisuuden yläpuolelle. Romantiikka on *Euryanthen* tekstissä – ei musiikissa – vain lavastetta; tarina on tavanomainen juonittelukappale, jonka tyylillinen julkisivu olisi vaihdettavissa, eikä vääjäämättömästä onnellisesta lopusta ole missään vaiheessa epäilystäkään – edes väärinkäsityksen ollessa pahimmillaan. Sitä vastoin nimenomaan katastrofi on *Lohengrinissa* ainoa varma asia, sillä sen syyn juuret ulottuvat aivan teoksen ytimeen saakka. Juonittelu, joka vaikuttaa saavan sen aikaan, on pelkkä heijastuma teoksen sisäisistä tapahtumista sen pinnalla; juonittelua tarvitaan, jotta teos soveltuisi näyttämölle tai ylimalkaan rakentuisi draamaksi.

Lohengrinin asettama ehto on mahdoton täyttää; Elsan olisi pakko kysyä hänen nimeään ilman Ortrudin houkutteluakin – vaikkakin sitten vasta vuosien kuluttua, kuten keskiaikaisessa eepoksessa. Verrattuna *Tannhäuseriin*, kuten Paul Bekker kirjoitti, "ratkaiseva elementti on nimenomaan konfliktin väistämättömyys. Se ymmärretään teatterissa tragediaksi, ja se oli kokonaisuuden tärkein elementti, uusi luova idea."

Hölmöimmänkin yleisön jäsenen täytyy oivaltaa, että katastrofista ei ole mitään pakotietä viimeistään toisen näytöksen lopun kohtauksessa katedraalin portailla. Elsa hillitsee yhä epäilyksensä, joksi hän kutsuu pakkoa kysyä kielletty kysymys, mutta hän ei enää kiellä sen olemassaoloa:

> Hoch über alles Zweifels Macht
> soll meine Liebe stehn!
>
> "Minun rakkauteni voittaa kaikki epäilyksen voimat."

Kolmannen näytöksen alku, kohtaus morsiuskammiossa vain lykkää vääjäämätöntä. Pilkka, jota kohtaus on aina herättänyt, juontuu tavasta eristää asioita, jotka pitäisi suhteuttaa draamalliseen kontekstiin. Se ei kykene näkemään kohtausta kietovaa moniselitteisyyden hämärää. Morsiuskuorokin, jota ei koskaan tulisi repiä irti kehyksestään, kuulostaa erilaiselta, kun sen kuulee tilanteen toivottomuuden varjostamassa ympäristössä. Musiikin turhanaikaiseen suosioon auttanut triviaali harmittomuus onkin ahdistava, kun se kuullaan kontekstissaan.

Tiedonannossaan ystävilleen Wagner kirjoitti vuonna 1851:

> Lohengrin etsi naista, joka uskoisi häneen: joka ei kysyisi kuka hän oli ja mistä hän on tullut vaan rakastaisi sellaisena kuin hän on tai näytti naisen silmissä olevan. Hän etsi naista, jolle hänen ei tarvitsisi selittää tai perustella itseään vaan joka rakastaisi häntä ilman ehtoja. Tämän vuoksi hänen oli kätkettävä korkeampi syntyperänsä, koska nimenomaan ylemmyyden – tarkemmin sanottuna ylennetyn aseman – paljastumisen välttäminen ja salaamisen onnistuminen oli hänen ainoa takuunsa siitä, että häntä ei vain ihailtu tai hämmästelty taikka nöyrästi ja ymmärtämättömästi palvottu pelkästään sen takia. Hän ei etsinyt ihailua ja palvomista; vain yksi asia voisi vapauttaa hänet eristyneisyydestään ja tyydyttää hänen kaipauksensa: rakkaus, tulla rakastetuksi, tulla ymmärretyksi rakkauden kautta. Koko hänen ajattelunsa, kaikkein tietoisimman ymmärryksensä täytti pelkästään kaiho olla täydellinen, kokonainen inhimillinen olento, ylimalkaan ihminen, ei jumala, toisin sanottuna absoluuttinen taiteilija. Joten hän kaipasi naista – ihmissydäntä. Niinpä hän laskeutui autuaasta, autiosta yksinäisyydestään kuullessaan tämän ihmisten keskeltä nousevan naisen avunhuudon. Mutta hän on kykenemätön karistamaan yltään korkeamman alkuperänsä paljastavaa sädekehää. Hän ei voi näyttää muulta kuin ihmeteltävältä; yhteisön päivittely, kateuden myrkky langettavat varjonsa jopa rakastavan naisen sydämeen; epäilys ja mustasukkaisuus todistavat hänelle, että häntä ei ymmärretä vaan pelkästään palvotaan, ja repivät hänestä tunnustuksen jumalallisuudestaan, minkä takia hän palaa tuhoutuneena yksinäisyyteensä.

Lohengrin on "täydellisen taiteilijan" tragedia. Mutta Wagnerin kommentti, jota maanpaossa vietetyt vuodet värittävät, pikemmin hämärtää kuin valaisee teoksen pohjimmaista traagista dialektiikkaa. Lopultakin juuri Lohengrinin käyttämät keinot estävät häntä saavuttamasta päämäärää, johon hän pyrkii. Hänen asettamaansa ehtoa, nimen kysymisen kieltoa, voisi noudattaa joku häntä etäältä ujosti palvova henkilö, mutta se on mahdoton häntä aidosti ihmisenä rakastavalle. Yrittäessään mitätöidä sen, mikä erottaa hänet muista, Lohengrin onnistuu ainoastaan vahvistamaan sitä.

Wagner oli yllättynyt ja pettynyt, kuten hän totesi *Tiedonannossaan ystävilleen*, että jotkut kommentoijat – eivätkä kaikkein vähäpätöisimmät – pitivät "kylmänä ja vastenmielisenä" Lohengrinin hahmoa, jonka tragediassa hän näki heijastuman omastaan. Tämä oli heiltä väärinkäsitys, joskaan ei täysin anteeksiantamaton. Koska Lohengrin ei voi koskaan kieltää alkuperäänsä, vaikka hän tuntee tai ainakin haluaisi tuntea inhimillisen olennon tavoin, hänen rakkautensa Elsaa kohtaan on perin helppoa tulkita väärin suosionosoitukseksi, jonka hän armeliaasti naiselle antaa. Hänen rakkautensa haavoittuvuus ja riippuvuus ei ole ilmeistä tai se tulee ilmeiseksi vasta liian myöhään, hänen valituksessaan kolmannessa näytöksessä. Missään vaiheessa hän ei osoita mitään merkkiä pelosta. Hän muistuttaa läheisesti Wagnerin Wotania, jumalaa jolla on inhimilliset tunteet, vaikkakin Wotanin jumalaisuus menettää uskottavuutensa säälittävissä tilanteissa, joihin hän joutuu – valtaa pönkittävästä Valhallan motiivista huolimatta. Lohengrinin tapauksessa taas hänen ihmisyyttään on vaikea tunnistaa kaiken sen yliluonnollisen säteilyn takaa, johon näyttämötapahtumat ja musiikki, erityisesti kuoron reaktiot, toistuvasti kiinnittävät huomiota.

Dramaturginen hankaluus ulottaa varjonsa myös musiikkiin. Kolmannen näytöksen musiikillinen kliimaksi ei ole Lohengrinin valitus ("O Elsa! Was hast du mir angetan?") – melodisesti melko epäkarakteristinen kappale oopperamusiikkia, jossa on toisinaan epämiellyttävä Schwung – vaan hänen Graal-kertomuksensa ("In fernem Land"), joka koko teoksen alkusoiton kertauksena merkitsee musiikin hahmottaman sisäisen toiminnan päätöstä. Elsan kertomus unestaan toi Lohengrinin maalliseen ympäristöön, ja hänen oma kertomuksensa Graalin valtakunnasta vie hänet pois. Eeppis-musiikillisen muodon esitystapa on kuvaamansa kohteen toteutuma: itse asiassa kertomukset, joiden aikana tapahtumat näennäisesti seisovat paikoillaan, sisältävät sen määräävät elementit.

Se merkitsee sitä, että tämän "romanttisen oopperan" musiikille on suotu perustavanlaatuinen motivoiva funktio; ainoastaan se tekee Lohengrinin ilmestymisen Elsan unen toteutumana uskottavaksi.

3.

Richard Strauss, jonka pahimmat vihollisetkaan eivät syyttäisi häntä teatterivaiston puutteesta, ylisti *Lohengrinin* yhtä kohtausta, jota varautunut kuuntelija ennakkokäsityksineen "oopperasta draamana" saattaisi pitää suorastaan draaman vastaisena toiminnan viivyttämisenä. Kyseessä on yhtyekohtaus "In wildem Brüten muss ich sei gewahren" toisen näytöksen lopussa, kohdassa jossa epäilys saa ylivallan Elsan mielessä ja katastrofin vääjäämättömyys tunkee pinnalle, vaikka Elsa yhä kykeneekin pidättelemään kysymystä. Mitään ei tapahdu; se on odottavan hiljaisuuden musiikillinen ilmaus; mitä eri henkilöt laulavat, on vain musiikin alakerrostumia, säikähtänyt mykistyminen puettuna sanoiksi, ja kuitenkin se on kaunopuheisempaa ja vaikuttaa tehokkaammin kuin mikään kiihtynyt, "oopperamainen touhu" voisi. Tämä "kontemplatiivinen", pohdiskeleva ensemble, kuten Strauss sitä kutsui, on todellisesti dramaattinen.

Tällä tavoin, vaikkakin musiikin taipumus viivytellä vaikuttaisi vaarantavan sen draamallisen vaikutuksen, se ei ole mikään heikkous, joka vaatisi kompensaatioksi oopperassa pakonomaista teatraalisuutta, vaan se on läheisesti ja erottamattomasti yhteydessä draamalliseen tehoon, joka tavalliselta puhenäytelmältä puuttuu ja jota se vaikuttaisi joskus jopa kaipaavan, kykyyn antaa ohikiitävälle hetkelle epätodellinen kesto ja pidätellä sitä pohdiskelua varten. Vaikka käsitys suurieleisestä oopperanäyttelemisestä on laajalle levinnyt, ooppera tulee ehkä lähimmäs tätä ajatusta esimerkiksi

Lohengrinin kohtauksessa katedraalin portailla tai *Mestarilaulajien* kvintetossa, kun toiminta on pysähtynyt ja musiikki vaikuttaa sanovan enemmän kuin henkilöt tietävät tai osaavat ilmaista, kun musiikista tulee se "kerronnan henki", josta Thomas Mann on puhunut.

Kontemplatiivisen ensemblen hetkellä *Lohengrinissä* vääjäämättömyyden painostavan tajuamisen ja toivon rippeiden välillä vallitseva jännitys ilmaistaan harmonioissa ja tonaalisissa suhteissa; harmonia oli enemmän kuin muotoa rakentava periaate Wagnerille, joka aina, vaikkakin summittaisesti, korosti harmonioidensa ekspressiivistä ja allegorista luonnetta.

Kohtauksen päätös summaa kaiken: Frageverbotin (Lohengrinin teema hänen varoittaessaan Elsaa kysymästä nimeään) musertava fortissimo F-duurissa päättyen viimeiseen C-duurisointuun kuiskauksenomaisessa pianissimossa: epätodellinen ja ontto duurisointu jää vaille vakuuttavuutta. Ensemblen alku ei ole vähemmän merkityksellinen. Se on erotettu edeltävästä äkillisellä sävellajin vaihdoksella a-mollista B-duuriin: harmonisen ylimenon puuttuminen toimii kuin kesuura, musiikillisen ja draamallisen kehityksen keskeytys. Kuitenkin vain muutaman tahdin kuluttua sävellajiksi vaikuttaa tulevan B-duuri, joka puolestaan osoittautuu vain astinlaudaksi c-molliin. B-duurin kaksoisrooli toimii koko ensemblen häipyvänä allegoriana sekä tapahtumista irrallaan olevan etäisyytensä että hämärän häilyvyytensä takia. Harmonia on "kaunopuheisempaa" kuin melodia, musiikin varsinainen "puhekieli".

Ensemblen musiikin pohjana olevalla, sinänsäkin ristiriitaisella kaksinkertaisella tai sekoitetulla sävellajilla C-duuri/molli on symbolinen funktio, ja 1800-luvun puolivälissä sitä on hyvinkin saatettu pitää pikemminkin hämmentävänä kuin valaisevana. Kuitenkin duuri-molli-dikotomiaa ei hyödynnetä alkeellisena kaavana, musiikillisena sloganina, vaan sen käyttöä pehmennetään e-mollilla ja a-mollilla (molemmat C-duurin sukulaisia) c-mollin yhteydessä ja vastavuoroisesti Es-duurilla ja f-mollilla (c-mollin sukulaisia) käytettynä C-duurin yhteydessä. C-duuria ei kuulla eksplisiittisesti kuin vasta sen jälkeen, kun sen läsnäolo on vaivihkaa ennakoitu e-mollin ja c-mollin välityksellä, ja niiden välinen kontrasti ilman tulossa olevaa C-duuria jäisi käsittämättömäksi, harmonian sokeaksi pisteeksi.

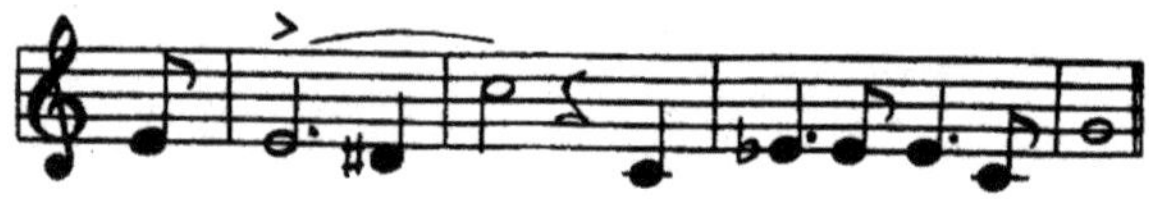

Yhteys pääsävellajien ja niiden sukulaisten välillä ilmaisee toisaalta hiljaisuuden ja rauhattomuuden ristiriitaista sekoittumista, joka on ensemblen hallitseva karakteri kokonaisuutena. Niin äkillisinä kuin sukulaissävellajien ilmaantumiset tapahtuvatkin, ne eivät ole asettumiskohtia harmonisessa prosessissa, mikään päämäärään johtava, ohjelmoitu modulaatioprosessi, vaan ainoastaan hahmotelmia duuri-molli-kontrastista, jolle ne antavat omanlaisensa värityksen. Kohtauksen vertauskuvallinen allekirjoitus, kaksoissävellaji, on sävellyksellinen välttämättömyys tilanteessa, jossa levoton muutos ja purkautumaton jännitys aiheuttavat samanaikaisuudellaan ristiriidan. Jokin c-mollin kontrastilta vaikuttava osoittautuukin muutaman tahdin jälkeen olevan kiertoilmaus C-duurille, sekoitetun sävellajin toiselle osapuolelle ja toisin päin, C-duurin kontrasti osoittautuu c-mollin kiertoilmaukseksi. Mitään todellista harmonista prosessia ei kehkeydy.

4.

Wagnerin vaatimus rakentaa tai perustella musiikkitragediansa sinfoniana ja sinfonia tragediana sai aikaan sen, että musiikkidraaman musiikillinen yhtenäisyys vastaa sinfonian osan yhtenäisyyttä.

Kuitenkin ollakseen taidetta musiikkina draamallisen musiikin uudella muodolla täytyy olla sinfonian osan yhtenäisyys, minkä se saavuttaa, jos se ulottuu yli koko draaman muistuttaen sitä suurimmalla mahdollisella kiinteydellä eikä pelkästään sen joihinkin irrallisiin, sattumanvaraisesti valittuihin osasiin.

Kuitenkaan musiikillisen draaman sinfonisella muodolla, täsmälleen kuten myöskään sen lähisukulaisella johtoaihetekniikalla, ei ole mitään valmista mallia, vaan se täytyy luoda jokaisessa uudessa teoksessa uudelleen uusien periaatteiden ja keinojen mukaan.

Aivan kuten Sentan balladi *Lentävässä hollantilaisessa* tuotti lähtökohdan sävellykselle ”yhdistävänä temaattisena kuvana”, myös *Lohengrinissä* – kuten Wagner selitti *Tiedonannossaan* – hän tavoitteli samanlaisen yhtenäisyyden toteuttamista: ”Tällä kertaa minulla vain ei ollut edessäni täydellistä musiikillista kappaletta kuten balladi, vaan ensin hahmottelin kuvan, jossa temaattiset säteet yhdistyvät, kohtausten rakenteista, orgaanisen kasvun kautta toinen toisesta, ja sitten niiden annetaan ilmaantua eri muodoissaan kaikkialla, missä se on tarpeellista kokonaistilanteen kannalta.”

Tämän perusteella *Lohengrinin* analyysin pitäisi kyetä kääntämään Wagnerin metafora musiikillisiksi termeiksi ja paljastaa se ”kuva’, jossa ”temaattiset säteet” yhdistyvät.

Muotoa rakentavien motiivien tai teemojen lukumäärä on *Lohengrinissa* yhä niukka verrattuna *Sormus*-tetralogiaan (tai pelkästään *Reininkultaan*). (Motiivit kuten kuninkaalliset fanfaarit tai Jumalan tuomion tunnus, jotka periytyvät näyttämötapahtumien musiikista, jäävät perifeerisiksi, vaikka ne palaavatkin varsin usein: ne ovat musiikillista ”rekvisiittaa” eikä niillä ole merkitystä ”sinfonisen verkoston” kannalta). Toinen ilmeinen poikkeavuus *Lohengrinin* motiivisen tekniikan ja vasta *Sormuksessa* kehitellyn, todellisen johtoaiheteknisen prosessin välillä ovat säännölliset, ”nelivaiheiset” rakenteet, joita Wagner myöhemmin vältti ja jotka hän tuomitsi. Kaikki päämotiivit esitellään lähtökohdittain täydellisinä jaksoina etu- ja jälkilausekkeineen; poikkeamat tästä normista ovat merkityksettömiä.

Graalin motiivi päättyy dominantille toonikan sijasta kahdeksannessa tahdissa – se on sääntöjen vastaisesti harmonialtaan avoin.

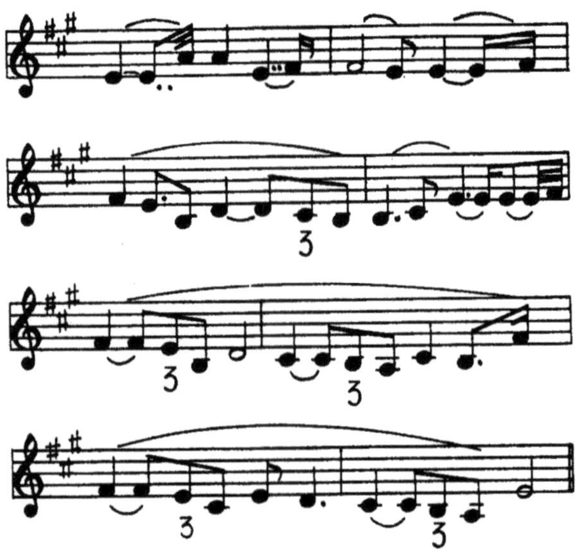

Elsan motiivin jälkilauseke, joka on aiemmin liitetty toisenlaiseen etulausekkeeseen, näyttää pikemmin muuttavan merkitystä kuin kehittyvän edeltävästä.

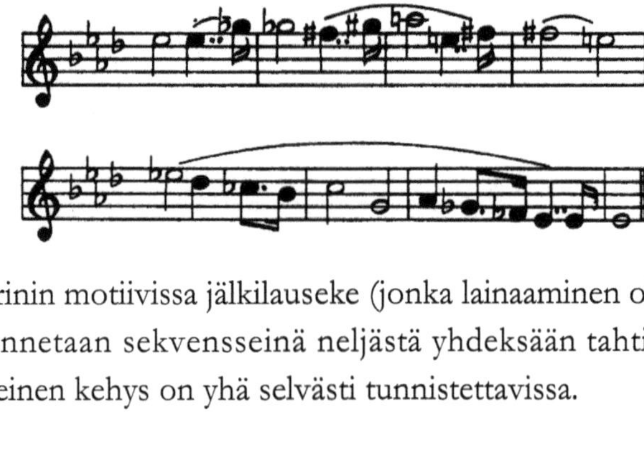

Lohengrinin motiivissa jälkilauseke (jonka lainaaminen olisi liiallista) laajennetaan sekvensseinä neljästä yhdeksään tahtiin, mutta nelivaiheinen kehys on yhä selvästi tunnistettavissa.

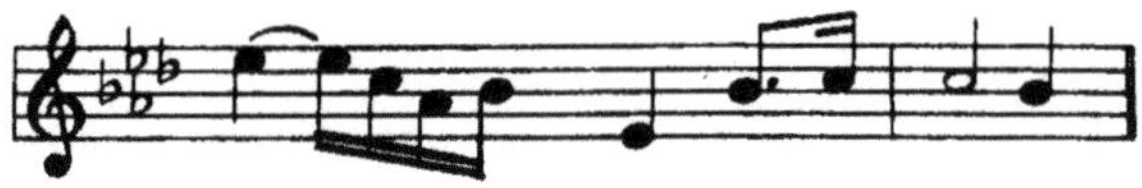

Kysymyksen kiellon motiivi koostuu toistetusta kahden tahdin fraasista ja jakamattomasta neljän tahdin jälkilausekkeesta.

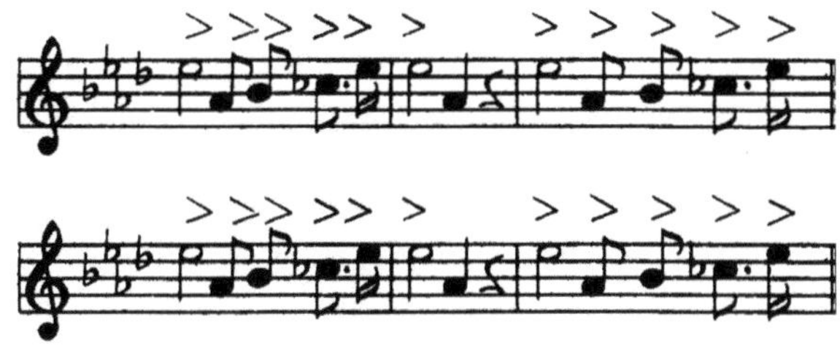

Ortrudin motiivi on käänteinen rakentuen jakamattomasta nelitahtisesta etulausekkeesta ja toistetusta kahden tahdin fraasista, joka ei kuitenkaan toteuta minkäänlaista päätöstä.

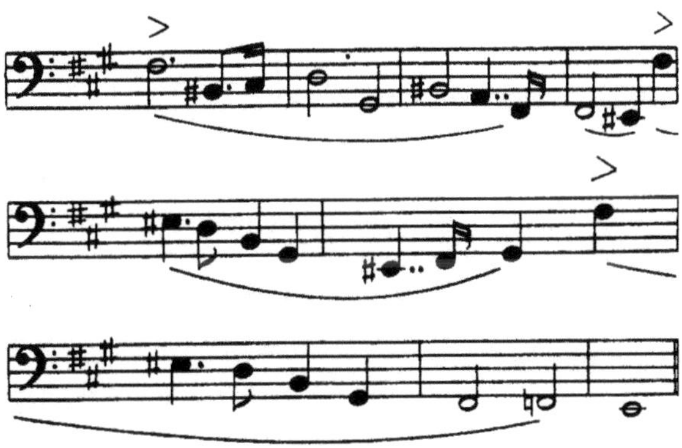

Wagnerin mukaan "sinfonista verkostoa" rakentavan oopperan kuluessa temaattiset periodit jaetaan pienempiin motiivisiin ja rakenteellisiin yksiköihin, jotka palautetaan kokonaisuuksina vasta lopussa. Metodi muistuttaa ja on historiallisesti riippuvainen sinfonisesta prosessista kehittelyineen ja kertauksineen. Etu- ja jälkilausekkeet ovat erillään toisistaan ja motiivit lopulta kutistuvat lyhyiksi lainauksiksi, jotka ovat sitten valmiita sijoitettaviksi musiikilliseen kudokseen vaivattomasti ja ilman teknistä hankaluutta aina sisäisten tai ulkoisten tapahtumien vaatiessa. On kyseenalaista, voiko prosessia kutsua tarkasti ottaen reduktioksi, sillä nämä fragmentit ovat aina teemojen alkutahteja, Kysymyksen kiellon, Graalin ja Lohengrinin motiivien, jotka sisältävät kokonaisuuden olennaisen sisällön, musiikillisen hahmottamisen lähtökohtia. Temaattiset jaksot pitäisi ymmärtää lopputuloksiksi motiivien kehittelystä eikä päinvastoin motiiveja temaattisten jaksojen pilkkomisen tuloksiksi. Nelivaiheinen periodirakenne on toissijainen.

Toisaalta Wagner tunsi yhä *Lohengrinissa* olevansa sidottu säännönmukaiseen neli- ja kahdeksantahtisten ryhmien (siis nelivaiheiseen, suom. huom.) syntaksiin, kehykseen, jota ilman musiikki olisi hajonnut eristettyihin deklamatorisiin ja ariosomaisiin fraaseihin. Idea johtoaihetekniikasta termin ankarassa merkityksessä, usko siihen, että nelivaiheinen jaksorakenne ei ollut enää tarpeellinen ja voitiin korvata musiikillisella proosalla, kunhan vain motiivisten kombinaatioiden tiivis verkko olisi turvaamassa musiikillisten muotojen koherenssin, toteutui vasta *Sormuksessa.*

Lohengrinissä motiivit joko laajenevat muodostaakseen temaattisia jaksoja tai ne ilmaantuvat kutistettuina lyhyiksi lainauksiksi lisäyksinä säännönmukaiseen, jaksottaiseen hahmotukseen, jonka tuloksena sävellyksen rakenne syntyy. Lisäykset vaikuttavat musiikin ”ulkopuolisten”, tekstiin tai draamallisiin tekijöihin liittyvien syiden motivoimilta. Toisaalta tarkkaan kuunnellen erilliset motiivit liittyvät aina temaattisiin jaksoihin, joista ne periytyvät. Ne eivät ole pelkkiä mielivaltaisia lisäyksiä vaan musiikillista muotoa rakentavia tekijöitä, mikä johtuu siitä, että niihin voidaan palata myöhemmin kehittelyn olennaisina osatekijöinä, kuten temaattisen ryhmän fragmentteihin sinfonisessa kehittelyssä niiden esittelystä aina päätökseen saakka. Motiivien lainaukset ovat tällä tavoin liitoksissa esittelyyn sisältäen musiikillisen muodon antaman funktion ensisijaisen, draamallisen funktion lisäksi. Oletettavasti tämän perusteella Wagner puhui ”kuvasta”, jossa ”temaattiset säteet” yhdistyvät.

5.

”Progressiivinen” ja ”konservatiivinen” kategorioina sekoittuvat Wagnerin kohdalla musiikillisten tekijöiden ollessa ristiriidassa draamallisten tilanteiden kanssa. Telramundin ja Ortrudin välinen dialogi toisen näytöksen alussa on musiikillisesti *Lohengrinin* edistyksellisin kohtaus, mitä ei voi sivuuttaa sattumana, vaan se esittelee dilemman. ”Vastavoimat”, Venus *Tannhäuserissa*, Ortrud *Lohengrinissa* ja Beckmesser *Mestarilaulajissa* tuodaan esiin uskaliaalla musiikillisella kielellä. Toisin sanoen ”progressiivinen” säveltäjä Wagner taipui draamojensa tarinoiden edetessä antamaan musiikillisen tradition, Wolfram von Eschenbachin tai Walther von Stolzingin lyyristen äänenpainojen saada viimeisen sanan.

Telramundin ja Ortrudin dialogin alussa musiikin tavanomainen rakenne on yhä näkyvissä: resitatiivit perustuvat vain satunnaisesti ekspressiivisille tai gestisille motiiveille ja toimivat vain kääreenä Telramundin aarialle (”Durch dich musst’ ich verlieren”), joka on rakennettu säännöllisistä, kahdeksan tahdin jaksoista eikä edusta minkäänlaista edistystä esimerkiksi Lysiartin aariaan verrattuna *Euryanthen* toisessa näytöksessä. Kohtauksen päätös viittaa myös traditioon; kuten miltei aina, päätöksissä Wagner oli taipuvainen uhraamaan tyylillisen periaatteen teatterin vaatimalle efektille.

Mutta kohtauksen keskiosa (alkaen kohdasta ”Du wilde Seherin”) ennakoi *Sormuksen* tekniikkaa. Laulumelodia liikkuu keskeytyksettä resitatiivista ariosoon ja taas takaisin ilman että tyylilliset eroavuudet näiden välillä kiinnittäisivät mitään huomiota. Ratkaiseva tekijä on rytminen epäsäännöllisyys: kahden tahdin ryhmät vaihtelevat puolentoista tai kahden ja puolen tahdin mittaisten fraasien kanssa. Wagner hylkää täysin rytmisen vastaavuuden tai täydentävyyden, muodollisen konvention, jossa kaksitahtiset fraasit liitetään yhteen nelitahtisiksi ryhmiksi ja nämä edelleen kahdeksantahtisiksi jaksoiksi, mikä antaa kuulijalle mahdollisuuden havaita osasten progressiivisen kumuloitumisen aina plastisen muodon valmistumiseen saakka. Sen sijaan fraasien epäsäännölliset pituudet asettavat ne erilleen. Kun ”nelivaiheinen” rytmiikka sulatetaan näin ”proosaksi” ja ”avoin” syntaksi ottaa ”suljetun” paikan, musiikin on löydettävä kompensoiva muodollinen perusta, ja tämän aseman ottaa motiivien toistuminen. Ortudin ja Telramundin dialogi on lähes läpikotaisin orkesterin motiivien tukema, ja nämä yhdessä laulun fraasien kanssa ja niihin liitettyinä muodostavat ”melodian” sellaisena kuin Wagner sen ymmärsi. Toisin kuin satunnaiset lainaukset ”konservatiivisemmassa” Lohengrinin ja Elsan dialogissa tai duetossa, tämän osuuden motiivit (perustana Ortrudin motiivi, itse asiassa motiiviryhmä, Kysymyksen kiellon teemalla ja Ortrudin noituutta karakterisoivalla, *Sormuksen* ”taikaunen” harmonioihin viittaavalla sointusekvenssillä lisättynä) eivät ole mitään lisäyksiä vaan ne määräävät sen musiikillisen substanssin. Se ennakoi yhtä johtoaiheteknisen säveltämisen olennaisinta elementtiä, teknistä pohjaa, jota ilman dramaturginen idea olisi jäänyt utooppiseksi fantasiaksi.

Tristan ja Isolde

1.

Kohtuuton yksinkertaistus – Wagner kutsui *Tristania* ”tapahtumiseksi”, ei ”musiikilliseksi draamaksi”, eikä se tavanomaisin termeinkään olisi sen enempää draama kuin näyttämöeeposkaan; tosin tällaisia määreitä se karttaa. Toinen näytös, teoksen keskiö muutenkin kuin pinnallisessa mielessä, sisältää äänettömän, ilman toimintaa ja todellakin ilman sanoja tapahtuvan katastrofin: Tristanin ja Isolden keskustelu on erotettu niin kauas perinteisen draaman vastavuoroisesta dialogista, että näyttää melkein merkityksettömältä, onko puhujana Tristan vai Isolde; lauseet ja niiden katkelmat ovat vaihdettavissa keskenään – ja välillä niin tehdäänkin.

Toisaalta melkein kaikki jäljet tarinan eeppisestä alkuperästä on hävitetty. Gottfried von Strassburgin kerronnan suuri episodien määrä on huomattavasti typistetty ja niiden olennaisin on puristettu muutamaan kohtaukseen sellaisella tiivistämisen energialla, että se sai osakseen Gottfried Kellerin kaltaisen kirjoittajan varauksettoman ihailun; tämän oma kielitaju tuskin voisi olla kauempana Wagnerista.

Kun Wagner yritti hahmotella sanallisesti *Tristania,* ulkoinen toiminta kutistui väkisin muutamaan harvaan alluusioon, ja sisäinen toiminta nousi esiin ainoana merkityksellisenä:

> Uskollinen alamainen kosi kuninkaansa puolesta Isoldea, naista jota hän ei myöntänyt itse rakastavansa, joka puolestaan lähti miehen matkaan tämän valtiaan morsiamena, koska nainen oli voimaton tekemään muuta kuin seuraamaan kosijaansa. Oikeuksiensa polkemisesta mustasukkainen rakkauden jumalatar kosti; nerokkaan erehdyksen kautta hän sai nuoren parin juomaan lemmenjuomaa, jonka Isolden äiti on vaivihkaa lähettänyt mukaan ajan tavan mukaisesti miehelle, jonka kanssa hänen tyttärensä tulisi solmimaan poliittisen avioliiton. Juoman ansiosta heidän intohimonsa äkkiä leimahtaa ja heidän on molemminpuolisesti tunnustettava kuuluvansa vain toisilleen. Eikä enää ollut mitään rajoja kaipaukselle, intohimolle, rakkauden autuudelle ja kärsimykselle: maailma, voima, maine, loisto, kunnia, ritarillisuus, uskollisuus, ystävyys, kaikki pois pyyhittyjä kuin akanat, tyhjää unta; ainoa eloon jäävä asia: kaipaus, kaipaus, tyydyttymätön intohimo, aina uudelleen syntyvä – nääntyminen ja janoaminen; ainoa vapautus – kuolema, kuoleminen, katoaminen, enää koskaan heräämättä!

Kolmas näytös, Tristanin haava, pako Karneoliin ja kiduttava Isolden odottaminen – puhumattakaan kuningas Marken anteeksiannosta hänen ymmärtäessään väärinkäsityksen – eivät tule edes mainituiksi tässä yhteenvedossa. ”Tapahtumat”, jotka olisi voitu sisällyttää, eivät ole näin muuta kuin toisen näytöksen ”ilman tapahtumia” käydyn, jo päättyneen kaksinpuhelun sisäisen toiminnan ulkoista toteuttamista: ”ainoa vapautus – kuolema, kuoleminen, katoaminen, enää koskaan heräämättä!”

Joten ”tapahtuminen” (Handlung) *Tristanin* alaotsikossa on sisäistä toimintaa. Korvatessaan ja kääntäessään sanan ”draama” sanalla ”Handlung” (”tapahtuminen”, ”mitä tehdään”) Wagner saa meidät pysähtymään ja muistamaan tuon loppuun kuluneen ilmauksen alkuperäisen merkityksen; sen tilalla olettaisi normaalisti löytävänsä kreikankielisen sanan. Hänen tarkoituksensa oli osoittaa, että sisäinen draama, tosiasiallinen toiminta, on *Tristanissa* vapautettu ulkoisen toiminnan karstasta, tapahtumien hyörinästä. Tällainen paluu olennaiseen sellaisena kuin Wagner sen ymmärsi on ilmaistuna käännöksessä, joka antaa sanalle "draama" takaisin sen aidon merkityksen. Wagner kirjoitti vuonna 1860 *Tristanista Tulevaisuuden musiikissa* (Zukunftsmusik):

> Yksi vilkaisu tämän runoelman laajuuteen riittää osoittamaan teille, että runoilija on omistanut laajamittaisesti huomiota ennen kaikkea historiallisen aiheen ulkoisten tapahtumien ja olosuhteiden kertomiselle sisäisten motiivien selkeän esittelyn kustannuksella. Minä taas olen rohjennut omistautua nimenomaan niille... Koko riipaiseva tapahtumaketju tulee esiin, sillä sisimmäinen sielu vaatii sitä, ja astuu eteemme muodossa, jonka se on saanut sisältä käsin.

Yksi huomionarvoinen seikka: ainakin modernin aikakauden draamassa dialogi muodostaa tapahtumisen varsinaisen ilmaisukeinon, ja kuitenkin sen Wagner on jättänyt ottamatta lukuun tai se on jäänyt häneltä huomaamatta hänen yrittäessään selittää *Tristanin* "tapahtumisen" toteutumana, "draaman" merkityksenä. Teoksesta ei puutu dramaattista dialektiikkaa; erityisesti toisen näytöksen keskustelun olemus on dialektinen. Mutta se kehittyy draaman normien vastaisesti, ei dialogina, ei henkilöiden välillä vaan heidän sisällään, heille molemmille yhteisenä sisäisenä prosessina.

2.

Lemmenjuomalla on yhä merkittävä, joskaan ei täysin vakavasti otettu tehtävä Gottfriedin runoelmassa, mutta Wagnerilla se on pääasiassa symboli, tosin pulmallinen: dialektinen kuva-arvoitus. Koskaan ei ole ollut mitään epäselvyyttä siitä, että – toisin kuin kohtalokas juoma *Jumalten tuhossa* – se ei muuta mitään vaan pelkästään tuo esiin jotain jo olemassa olevaa, jota ei ole aiemmin myönnetty. On vaikeampaa purkaa lemmen- ja kuolemanjuoman välistä dialektiikkaa, joka pitää sisällään muutakin kuin yksinkertaisesti sen, että Brangäne, kohtalon puoliksi syyllinen, puoliksi viaton työväline, on vaihtanut ne. Kuolemanjuomaksi luultu onkin lemmenjuoma, ja tuo luulo saa Tristanin ja Isolden juomaan sen. Virhe on kuitenkin totuuden instrumentti; ulkokuori ja sisältö, kuoleman- ja lemmenjuoma päätyvät hämärälle alueelle, jolla niistä tulee miltei erottamattomia. Juoma on lemmenjuoma vain siltä osin kuin sen luullaan olevan kuolemanjuoma: koska Tristan ja Isolde ovat juoneet kuoleman, he tunnustavat toisilleen rakkauden, jonka he muuten olisivat kätkeneet hiljaisuuteen, niin ilmeinen ja molempien tiedostama kuin se olikin.

Jos kuolemankaipuu lopultakin kääntyi rakkaudeksi lemmenjuoman vaikutuksesta, niin tuo kaipuu kasvoi aikaisemmin juuri rakkaudesta. Kuolema oli Tristanille ja Isoldelle vain keino paeta tuomitusta rakkaudesta. Heidän varhempi tarinansa on väkivallan kyllästämä. Tristan tappoi Moroldin, Isoldelle kihlatun irlantilaisen ritarin, leikkasi irti tämän pään ja lähetti sen Isoldelle pelkkänä ylimielisyyden osoituksena. Mutta Tristan oli haavoittunut Moroldin myrkytetystä miekasta, ja hänen oli ollut pakko etsiytyä Isolden luo, tämä kun oli ainoa, joka kykeni parantamaan hänet. Valenimellä esiintyneenäkin hänet tunnistettiin myöhemmin, ja Isolde, vaikka oli tietoinen velvollisuudestaan tappaa mies, ei lopulta kyennyt siihen.

Von seinem Bette
blickt' er her –
nicht auf das Schwert,
nicht auf die Hand –
er sah mir in die Augen.
Seines Elendes
jammerte mich;
das Schwert – das liess ich fallen.

”Hän katsoi vuoteeltaan – ei miekkaa, ei kättäni – hän katsoi minua silmiin. Hänen kärsimyksensä sai minut suremaan; ja miekka – sen annoin pudota.”

Mutta jos tämä merkitsee, että heidän rakkautensa ulottuu Tristanin ensimmäisen Irlannin-matkan aikaan, tuntuisi ristiriitaiselta, että paluunsa jälkeen Tristan olisi suostutellut kuningas Marken kosimaan Isoldea. Mitä Tristanin ”petos” tarkoittaa? Toisessa näytöksessä he puhuvat petoksesta ja ajan mielettömyydestä, kunnian ja tapojen perinteestä, jonka Tristan petti. Mutta eriarvoisuuden motiivi – että kunnia ja perinne vaativat alamaista tajuamaan asemansa – on liian heikko selittämään Tristanin traagisen erehdyksen. Velvollisuuden tragedia dominoi teatteria 1500-luvulta 1800-luvun alkuun saakka, mutta Tristan on kasvanut ulos sen konventioista.

Tristanin ja Isolden rakkaus, joka ajaa heidät kuoleman syliin, on avoin salaisuus. Isolde lausuu draaman alussa ilman juoman vaikutusta:

Mir erkoren –
mir verloren –
hehr und heil,
kühn und feig:
Todgeweihtes Haupt!
Todgeweihtes Herz!

”Minulle valittu – minulle menetetty – jalo ja eheä, rohkea ja pelokas: pää kuololle pyhitetty, sydän kuololle pyhitetty!”

Tristan puhuu itsekseen:

Des Schweigens Herrin
heisst mich schweigen:
fass’ ich, was sie verschwieg,
verschweig’ ich, was sie nicht fasst.

”Hiljaisuuden valtiatar pyytää minua vaikenemaan: jos käsitän, mitä hän verhoaa hiljaisuuteen, minä kätken hiljaisuuteen sen, mitä hän ei käsitä.”

Mies ei kätke hiljaisuuteen yhtään vähempää kuin sen, että sekä hänen vaistonsa että hänen mielensä tunnistavat rakkauden, joka sitoo häntä ja Isoldea yhteen kohtalon tavoin. ”Frau Minne”, johon he viittaavat keskustelussaan toisessa näytöksessä, ei ole mielentilan tai sielun allegoria vaan jumalatar, joka luovuttaa Tristanin väistämättömälle kohtalolle. Kerta toisensa jälkeen jokainen hänen pakoon tähtäävä askeleensa vain sotkee häntä entistä enemmän verkkoon. Tristan erottaa itsensä Isoldesta kosimalla tätä kuningas Marken puolesta, mutta tuokin itsensä näin tuskallisesti lähemmäs naista; myrkky, jolta hän odottaa vapautusta, muuttuukin väistämättömän esiin tuovaksi lemmenjuomaksi; ja vaikka Tristan syöksyy hänet kavaltaneen Melotin miekkaan, kun kuningas Marke löytää hänet, Tristan ei voi kuolla, vaan hänen on odotettava Isoldea kaipuun vallassa, joka on pelkkää kärsimystä. Mutta Isolde tietää, mitä mies ei sano ja sanoo sen.

Doch ach! Dich täuschte
der falsche Trank,
dass dir von neuem
die Nacht versank;
dem einzig am Tode lag,
den gab er wieder dem Tag.

”Mutta voi! Väärä juoma sai sinut uskomaan, että yö laskeutuisi jälleen yllesi; sinut oli tarkoitettu vain kuolemalle, mutta juoma antoi sinut takaisin päivälle.”

Myytti Tristanin ja Isolden rakkaudesta jotenkin sinänsä täydellisenä, vain ulkopuolisten voimien häiritsemänä, on silkka väärinkäsitys.

3.

Vuoden 1872 esseessään, joka kieltää ilmauksen ”musiikkidraama”, Wagner määritteli ”draamansa” ”näkyväksi tulleiksi musiikillisiksi teoiksi”. Kokonaisen teorian sisällään pitävä metafora näyttää olevan ristiriidassa aiemman, *Oopperassa ja draamassa* kehitellyn teesin kanssa, jonka mukaan ”sanojen ja musiikin draamassa” (”Wort-Ton-Drama”) musiikki on yksi draaman käytettävissä olevista ilmaisun keinoista. Joka tapauksessa niille musiikin historiankirjoittajille, jotka ovat nähneet oopperan ”sanan” ja ”sävelen” hegemonian vaihteluna, tämä näyttää myönnytykseltä musiikin etusijalle. Niille, jotka etsivät biografista edellytystä näin perinpohjaiselle muutokselle – jos nyt kysymyksessä on vain yksi muutos – jäljet johtavat toisaalta Wagnerin kokemuksiin *Tristanin* säveltämisessä ja toisaalta Schopenhauerin vaikutukseen, jonka musiikin metafysiikassa (karkeasti summattuna) ilmiöiden näkyvä maailma on alennettu pelkäksi ”tahdon” heijastumaksi, jonka olemus on musiikissa.

Myös jotkut aikakauden dokumentit näyttävät tukevan sitä teesiä, että musiikki otti etusijan juuri *Tristanin* säveltämistyössä. Vuonna 1854, kolme vuotta ennen kuin Wagner edes kirjoitti tekstiä tai aloitti sävellystä, hän kertoi Lisztille: ”Olen luonnostellut *Tristanin ja Isolden* päässäni, yksinkertaisen mutta täysiverisen musiikillisen konseptin; lopussa, mustan lipun liehuessa, peitän itseni siihen – kuollakseni.”

Tässä on kaksi merkittävää näkökohtaa: ensinnäkin hän puhuu ”musiikillisesta konseptista”, ei runollisesta, ja toisekseen ”mustan lipun" mainitseminen, mikä viittaa toiseen perinteeseen, juonitteluun "toisessa Isoldessa", legendassa valkokätisestä Isoldesta (joka ei esiinny ollenkaan Wagnerilla). Toisin sanoen Wagnerin päässä vuonna 1854 ollut idea oli yhä hyvin kaukana lopullisesta versiosta ja se näyttää olevan musiikillispoettinen idea ilman myöhäisemmän tekstin täsmällistä muotoa. Marraskuussa 1856 hän kirjoitti Marie Wittgensteinille, että työstäessään *Siegfriediä* hän oli livennyt "tiedostamatta *Tristanin* puolelle": "musiikkia ilman sanoja toistaiseksi. Mukana on myös kohtia, joihin todennäköisesti teen musiikin ennen sanoja." Ja varhain vuonna 1857 hän lähetti Mathilde Wesendonckille katkelman *Tristanin* musiikkia ilman sanoja.

Musiikilliset motiivit näyttelivät aktiivista osaa *Tristanin* konseptissa alusta asti runollisten rinnalla, muttei ole mitenkään selvää, miten tämä todistaa musiikin etusijaa. (Kronologinen tekijä ei ole tärkeä: 1700-luvun oopperoiden tekstit kirjoitettiin ennen musiikkia, mutta ne olivat silti esteettisesti toissijaisia.) Joka tapauksessa on selvää, että Wagnerin näkemystä musiikillisen draaman probleemista on häirinnyt sen muotoileminen "sanat vastaan musiikki" -tyyppisin termein.

Yleisen käsityksen mukaan kirjoituksessaan *Ooppera ja draama* Wagner muotoili teorian tekstin etuasemasta musiikkiin nähden, jonka hän sitten pani täytäntöön *Sormuksessa*, mutta tämä vaikutelma on harhaanjohtava, ja se on peräisin virheellisestä käsityksestä "tekstin" ja "draaman" yhtenevyydestä. (Virhettä on vaikea ymmärtää, sillä edes puhenäytelmässä teksti ei muodosta draamaa kokonaisuutena.) Wagnerin vaatimus edellytti, että musiikin tuli olla yksi draaman käytössä olevista keinoista, ja se menettää kaiken mielekkyyden, jos lukija ei ymmärrä sanalla "draama" mitään muuta kuin "tekstin", eikä kykene päättelemään *Oopperasta ja draamasta* muuta kuin hataran teorian musiikin alisteisesta asemasta tekstiin nähden. Wagnerin sanastossa "draama" on tekstin, musiikin ja näyttämötoiminnan yhdistämisen tulos; ja teksti, ei yhtään enempää eikä vähempää kuin musiikki, on yksi draaman palvelemisen keinoista.

Jos runollinen tarkoitus on sellaisenaan yhä merkittävä, sitä ei ole täysin sisällytetty eli realisoitu säveltäjän ilmaisussa; toisaalta jos säveltäjän ilmaisu on sellaisenaan tunnistettavissa, sitä ei ole täysin kyllästetty runollisella tarkoituksella; vasta kun ilmaisu on täydellisesti oman yksilöllisen, erityisen identiteettinsä ympäröimä tarkoituksen toteutuksessa, sekä tarkoitus että ilmaisu lakkaavat olemasta, ja molempien tavoittelema todellisuus on saavutettu: se todellisuus on draama, jonka esityksessä meidän ei enää pitäisi olla tietoisia sen enempää tarkoituksesta kuin ilmaisustakaan, vaan varauksettomasti sisällön valtaamia, sellaisen toiminnan, jonka me vaistomaisesti tunnistamme välttämättömäksi inhimilliseksi totuudeksi.

”Tarkoitus”, alkuperäinen ja perustava musiikillisen draaman konsepti, joka saa muotonsa tekstissä, se todellakin on se Wagnerin ”runolliseksi tarkoitukseksi” (*die dichterische Absicht*) kutsuma; mutta mitä tunnetason toteutukseen tulee, sen tarkoituksen realisoiminen on velkaa musiikille. Wagnerilaisen opin mukaan draama voi edetä vain musiikillisen toteutuksen myötä.

Tietenkin draaman määrittäminen 20 vuotta myöhemmin ”musiikilliseksi toiminnaksi, joka tulee näkyväksi” antaa enemmän painoarvoa musiikille, jolle Schopenhauer oli antanut lisää metafyysistä arvokkuutta; mutta eroavuus sillä välillä, mahdollistaako musiikki ”runollisen tarkoituksen” kehittymisen ”toteuttamalla” sen, vai onko ”draama” musiikillinen ”teko”, tuskin voisi olla kauempana mistään perustavanlaatuisesta ristiriidasta. Wagneria ei suuremmalti kiinnostanut, oliko musiikki alisteinen tekstille musiikillisessa draamassa vai päinvastoin; mutta jos lukijat asettavat teoreettiselle tekstille kysymyksen, johon se ei alun perin ole tarkoitettu vastaamaan, on tuskin tekstin vika, jos kysyjien saama vastaus näyttää olevan sekava ja ristiriitainen.

Toisin kuin jotkut historioitsijat kuvittelevat *Tristan* ei edusta paluuta "oopperaan", edes minkäänlaiseen utopistiseen oopperan ideaaliin. Huomio siitä, että teksti on sovellettu musiikkiin, tai jopa että draama on sovellettu "orkestraaliseen sinfoniaan", on innostuneesta mutta epätarkasta kuuntelusta syntynyt satu. Teksti ja musiikki eivät ole vain merkitykseltään tasaveroiset, mikä on truismi, vaan niiden suhde muutamin paikoin on paremmin kuvattavissa lomittaiseksi kuin yhdenmukaiseksi tai molemminpuoliseksi sulautumiseksi.

Toisen näytöksen keskustelun ensimmäinen osa, rakastavaisten riemullinen jälleennäkeminen ilmaistuna painokkain, katkonaisin lausekkein, keskeytyy sanoihin "ewig, ewig ein". Sitä seuraa pohdiskeleva jakso ("Wie lange fern"), jossa he miettivät läheisyyden kokemusta etäisyytenä ja etäisyyttä läheisyytenä vastakkaisin mielikuvin ja fraasein. Muutos dialogissa on lähes hämmentävällä tavalla ilmeinen, mikä tekee aina vain selvemmäksi, että Wagner ei pyrkinyt saamaan sitä sopimaan yksiin musiikin kanssa. Ensimmäistä osaa dominoineen motiivin kehittely, jonka eksegeetit ovat määritelleet rakkauden voitonriemun ilmaukseksi tai pelkästään nimenneet "rakkauden teemaksi", saa jatkoa vasta tekstin käännekohdan jälkeen.

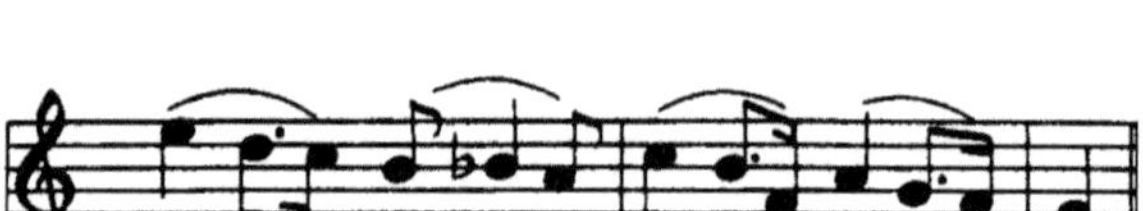

Äkkijyrkkä käänne tekstissä ja keskeytymätön jatkumo "sinfonisessa kudoksessa" risteytyvät keskenään. Musiikki ei silti ole mitenkään "absoluuttista", katkoksesta riippumatta jatkuvaa: kromaattisuus tummentaa rakkauden teemaa ja viittaa enemmänkin diminuendoon kuin crescendoon aivan kuin Isolden pohdiskelevan tunnelman varjo peittäisi tapaamisen riemullisuutta. Mutta uutta tekstijaksoa ensisijaisesti luonnehtiva musiikillinen motiivi esitellään vasta yhdeksän tahdin kuluttua, ja tällä kertaa on katkeamattoman tekstin tehtävä rakentaa silta musiikillisen kesuuran yli. (On tarpeetonta toistaa analyysia, mutta sama prosessi toistuu dialogin tekstikesuuran kohdalla, Isolden sanoissa "Im Dunkel du, im Licht ich".)

Tekstin ja musiikin suhteen ristikkäisyys ja limittäisyys eivät ole sattumaa puhumattakaan epäpätevyydestä vaan Wagnerille esimerkki tyypillisestä muodon käsityksestä. Musiikki ei ole enää alisteista tekstin rakenteelle, tekstin pelkkä kuvitus. Paremminkin teksti on musiikin keino, peruste sen kehittymiselle; musiikki ja teksti, motiivien ja dialogien järjestynyt niveltyminen toteuttaa käytännössä periaatteen, jota Wagner kutsui "siirtymän taiteeksi" ja uskoi sen olevan "kaikkein hienostuneinta ja syvällisintä taidettaan".

4.

Wagner lanseerasi "siirtymän taiteen" käsitteen kirjeessä Mathilde Wesendonckille 29. lokakuuta 1859:

> Minun on pakko vastustaa keskeytystä, sellaista töykeyttä; se on usein väistämätön ja tarpeellinen, mutta edes silloin sen ei pitäisi ilmaantua ilman tunnelman niin määrätietoista valmistelua äkilliseen siirtymään, että se itse asiassa vaatii muutoksen. Minun suurin mestariteokseni kaikkein raffinoiduimman, asteittaisen siirtymän taiteessa on epäilyksettä suuri kohtaus *Tristanin ja Isolden* toisessa näytöksessä. Tämän kohtauksen alku tarjoaa ylitsetulvivan elämän kaikkine kiihkeimpine affekteineen – loppu juhlallisimman, syvimmin koetun kuolemankaipuun. Ne ovat kulmapylväät: katsohan, tyttöseni, miten olen yhdistänyt ne, kuinka se etenee yhdestä toiseen! Siinäpä on musiikillisen muotoni salaisuus, josta uskallan väittää, että kukaan ei ole koskaan edes uneksinut sellaisesta niin täydellisellä jokaisen osan sopusoinnulla

ja niin selkeällä jokaisen yksityiskohdan kattavalla laajuudella toteutettuna.

"Musiikin muodon salaisuudessa" on muutakin kuin että musiikilliset motiivit kuten myös niiden ilmaisemat tunteet sulautuvat keskeytyksettä toisiinsa ilman havaittavia repeämiä sinfonisessa verkossa. Jos analyysillä halutaan päästä motiivien eksegetiikkaa syvemmälle, pitäisi varmaankin tutkia, mitä tarkoitetaan sanalla "Vermittlung" (välittäminen, välitys kahden asian välillä, suom. huom.) musiikillisen muodon terminologiassa.

Tristanin ja Isolden ensimmäisen näytöksen viidennen kohtauksen dialogin pintapuolinen analyysi antaa pientä vihjettä, mitä olisi saatavissa selville – toisen näytöksen keskiön kaksinpuhelussa assosiaatiot levittyvät liian laajalle, jotta se olisi käytännöllistä esitellä tässä. Avausjakso saa selvästi kolmivaiheisen muodon, A^1 B A^2 (18, 12 ja 12 tahtia). Mutta muunneltu kertaus, A^2, joka päättää ensimmäisen kolmitahoisen jakson, on samalla alku, X^1 toiselle, kaksivaiheiselle jaksolle, X^1 X^2 (14 ja 11 tahtia). Motiivien järjestely toisessa jaksossa ("Begehrt, Herrin, was ihr wünscht") on ensinäkemältä sekava:

	X^1	X^2
Motiivit	a b a c d	b e d
Tahtien lkm.	2 2 3 4 3	2 5 4

Ainoat yhteiset motiivit sekä X^1:ssä että X^2:ssa ovat b ja d, mutta koska b on motiivikompleksin a b pilkkomisen tulos, on mahdotonta olla kuulematta näiden kahden alun välistä analogiaa.

Näin ollen motiivit a ja c erottavat toisistaan X^1:n ja X^2:n. Toisaalta nimenomaan a ja c A^2:n funktiossa tekee X^1:stä A^1:n sukuisen. Täten olisi virhe liittää jaksot A^1 B A^2 sekä X^1 X^2 yhtenäiseksi hahmoksi A^1 B A^2 A^3. Vaikkakin A^2:n ja X^1:n identtisyys liittää ne toisiinsa, niitä erottavat toisistaan poikkeavat elementit, jotka mahdollistavat "yhtenevän" jakson toimia välillä A^2:na, välillä X^1:nä. (Toisin sanottuna A^1:llä ja X^2:lla ei ole mitään yhteistä, eikä niitä siksi voi nimetä A^1:ksi ja A^3:ksi.)

Muoto on samanaikaisesti "suljettu" ja "avoin': "suljettu" koska se muodostaa kaksi- ja kolmitahoisen hahmon, muodonnan perinteen peruskuviot (A^1 B A^2 ja X^1 X^2); "avoin" koska komponentit eivät jäljennä selvästi toinen toistaan, vaan työntyvät toistensa sisään, jolloin niiden rajat hämärtyvät. Yhtenevässä kuviossa (A^2/X^1) motiivi c osoittaa A^2:n lopun (yhtenevä A^1:n kanssa, mutta motiivi d päättää X^1:n (vastaava X^2:n kanssa). Näin jaksolla on kaksi lopetusta, jotka liittävät motiivin toisistaan poikkeaviin funktioihin. Ja koska muodonnan komponenteilla on toisistaan poikkeavat funktiot tai ne törmäävät toisiinsa, teatterissa missä ne kuullaan juuri niin epätäsmällisesti kuin melkein väistämätöntä on, ne luovat vaikutelman jostain sumeasta, jopa amorfisesta. Mutta tämä näennäinen "muodottomuus" on todellisuudessa äärimmäistä muodonnan eriyttämistä.

Sama muodonnan idea – se on tietoisesti omaksuttu periaate, ei sattumanvarainen keksintö – on Tristanin ja Isolden ajatustenvaihdon pohjana ("Wohin nun Tristan scheidet") toisen näytöksen lopulla Tristanin vastauksen jälkeen – itse asiassa se on eräänlaista vaikenemista Marken tiedusteluihin. Karkeasti hahmotettuna dialogi koostuu viidestä jaksosta (14, 16, 18, 12 ja 18 tahtia), ja sen muodollinen yhtenäisyys periytyy kolmannesta ja viidennestä, Tristanin säkeestä ja Isolden vastasäkeestä, jotka eivät poikkea toisistaan juuri nimeksikään. Kolmen ensimmäisen jakson välinen suhde on kiusallinen niille muotoanalyytikoille, jotka pitävät teorian havainnoimisesta kirjaimelleen. Kolmas vaikuttaa olevan joissakin suhteissa ensimmäisen ja toisen tiivistelmä: sen alku on sama kuin toisen ("Dem Land, das Tristan meint" ja "Was, da sie mich gebar"); toisaalta ensimmäinen jakso, neljän motiivin kompleksi, palaa, joskaan ei täysin muuttumattomana, täydentämään keskiosan ja päättämään kolmannen jakson ("das bietet dir Tristan"). Ensimmäinen jakso on luonteeltaan johdatteleva, ja vasta toisessa ja kolmannessa näyttää olevan arioson säe ja vastasäe. Mutta eroavuus jatkossa sekä kolmannen jakson paluu ensimmäiseen sekoittaa alkuperäistä vaikutelmaa muodosta tuhoamatta sitä. Seuraava vaikutelma muodosta rakentuu ensimmäisestä hahmosta (A B^1 B^2: johdanto, säe ja vastasäe) limittyneenä toiseen (A^1 B A^2: esittely, keskijakso ja kertaus). Muodonnan mallit, jotka näyttäisivät olevan molemminpuolisesti poissulkevia, onkin taivutettu muodostamaan ristiriitainen yhtenäisyys.

5.

Wagnerin johtoaiheiden nimeämiskäytäntö, joka iskostaa niihin identiteetin kerralla ja pysyvästi, on yhtä kyseenalainen kuin vääjäämätönkin: kyseenalainen, koska musiikillisen ilmauksen kääntäminen tarkaksi verbaaliseksi termiksi ei ole koskaan tyydyttävä ratkaisu; vääjäämätön, koska ajatus sanattomasta, vaistomaisesta musiikillisten motiivien ymmärtämisestä ilman kielellisen välittäjän tarvetta on harhaa. Kohteeseensa vain puolittainkin osuva nimi on kuitenkin ainoa keino tavoittaa se. Mutta saadakseen selkeän kuvan merkitysten haarautumista, joita motiivilla voi olla, täytyy aloittaa perusideasta ja vähitellen eriyttää sitä; Wagnerin tavoittelema loputon vaistomaisen ymmärtämisen rikkaus ei synny ensimmäisellä iskulla ja välittömästi vaan toisessa vaiheessa, välittömyyden ollessa yhdistynyt reflektioon – jos silloinkaan.

Nimikkeistön epävarmuus – käykö yhden motiivin nimeksi paremmin "Tristan" vai "Onnettomuus" tai toisen "Sovinnon juoma" vai "Kohtalo" – ei siis ole ratkaistavissa tarkemmalla eksegetiikalla: se on yksi koko johtoaihetekniikan ominaisuuksien heijastumista ja seurauksista. T. W. Adornon tätä tekniikkaa kohtaan esittämä kritiikki, joka ponnistaa oletuksesta, että motiivien nimet määrittelisivät niiden olemuksen (sen sijaan että nimi olisi määrätty niille ulkoa päin), osuu pahasti harhaan. Adorno saa päähänsä syyttää Wagneria siitä, että spontaanisen, ainutkertaisen emotionaalisen tilanteen ilmaisemiseen tähtäävä motiivi kutistuu nimeksi, joka sille on annettu vähäpätöiseksi, allegoriseksi kuvaukseksi. (Sisimmältään ainutkertaisen ilmaisun toistaminen ei ole ominaista vain Wagnerille, vaan se on yhteistä kaikelle musiikille ennen schönbergiläistä ekspressionismia, ja siksi se voidaan tässä sivuuttaa.)

Tähän sisältyy kaksi miettimisen aihetta, jotka on syytä pitää erillään. Allegoristen motiivien läsnäoloa *Tristanissa* ei käy kiistäminen, vaikkakin ne ovat vähemmän silmiinpistäviä kuin *Sormuksessa*, mutta ne eivät ole emotiivisia ilmaisuja, jotka olisivat muuntuneet ja niin sanotusti jähmettyneet oman allegorisen merkityksensä vuoksi. Wagnerin musiikissa allegorisia motiiveja esiintyy rinta rinnan emotiivisten kanssa, eikä niiden välille ole aina helppoa vetää tiukkaa rajaa. Kuolemaan ja päivään liittyvät motiivit ovat ensisijaisesti musiikillisia allegorioita ja ne sisältävät analogian tekstin allegoriseen luonteeseen.

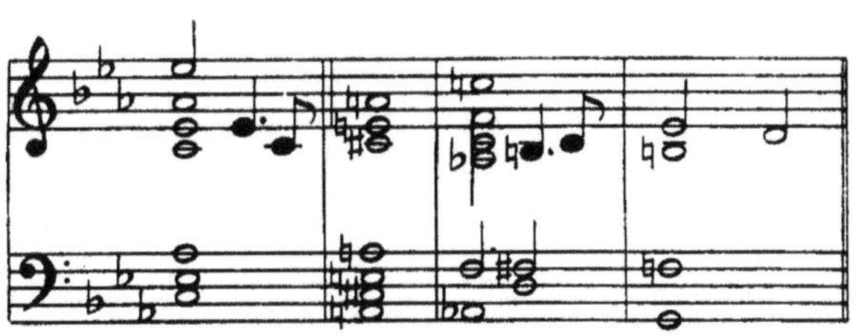

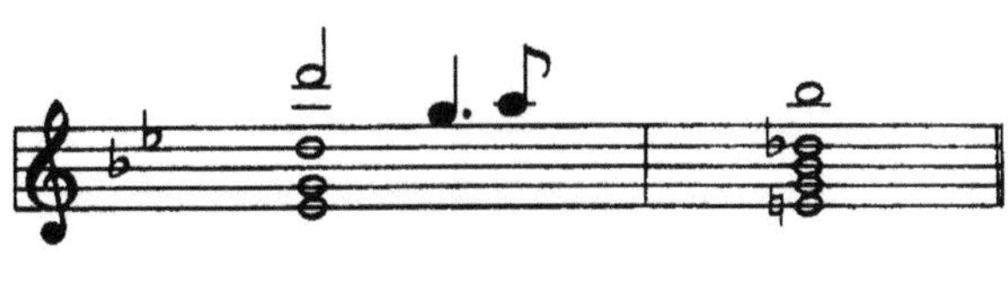

Ei ole sattumaa, että siitä lähtien, kun Hans von Wolzogen ensimmäisenä jäljitti johtolankojaan, näistä motiiveista ei ole käyty kiistaa. Päinvastoin, noiden sisäisen toiminnan keskeisten elementtien ympärille ryhmitettyjen, luonteeltaan kiistattomasti ekspressiivisten motiivien – rakkauden ja kuoleman kaipaus, joka on samaa kaipuuta – kohdalla nimeäminen on aina ollut epävarmaa. (Jos voitokas ratkaisu olisi löydettävissä, sen täytyisi pitää sisällään tunteiden allegorisointi.) Tunteiden moniselitteisyys vastustaa määrittelemistä jäykin termein.

Aivan kuten motiivin merkitys saattaa olla määrittelemätön tai se saattaa haaroittua kattamaan toisilleen sukua olevien merkitysten kentän, myös musiikilliset hahmot saattavat ailahdella. Ne ovat muuntuvampia kuin *Sormuksessa*, ja raja selväpiirteisen johtoaiheen sekä sellaisen, jota Ernst Kurth nimitti ”kehittyväksi motiiviksi” (puoliksi amorfinen musiikillinen kuvio, jolla on sijansa säestävissä stemmoissa), on häilyvä. Motiivit eivät ole ainoastaan sukua toisilleen – Kärsimyksen motiivi on inversio Kaipauksen motiivista ja Marken motiivi, ainakin alkujaan, Tristanin inversio –

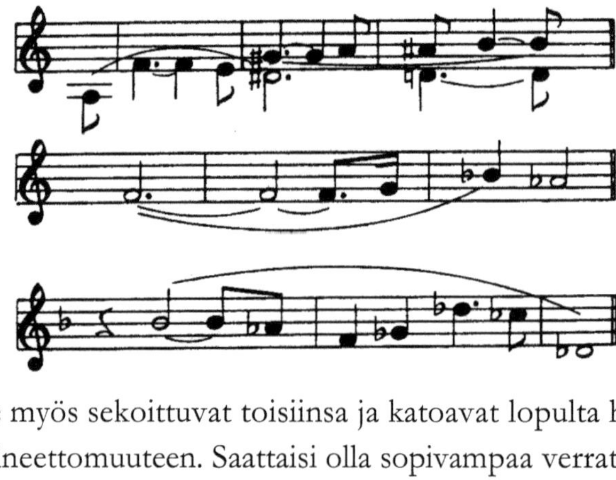

vaan ne myös sekoittuvat toisiinsa ja katoavat lopulta hahmottomaan aineettomuuteen. Saattaisi olla sopivampaa verrata *Tristanin* motiiveja – erotuksena *Sormuksesta* – kudotussa kankaassa välillä pinnalle tuleviin rihmoihin, jotka taas vuorollaan katoavat ja jakautuvat, paremminkin kuin rakennuspalikoihin, joita asetetaan toistensa viereen ja päälle.

Tristanissa molemminpuolinen keskinäinen riippuvuus melodian (motiivien ja niiden ekspressivisen musiikillisen luonteen) ja harmonian (sointurakennelman) välillä on suurempi kuin *Sormuksessa*. *Tristanin* tyylin tavaramerkki, Kaipauksen motiivi, olisi pelkkä hahmoton, amorfinen, melkein merkityksetön joukko nuotteja (pätkä kromaattista asteikkoa) ilman melodiaa tukevia ja ohjaavia sointuja. Harmonia, "Tristan-sointu" saavuttaa motiivista painoarvoa.

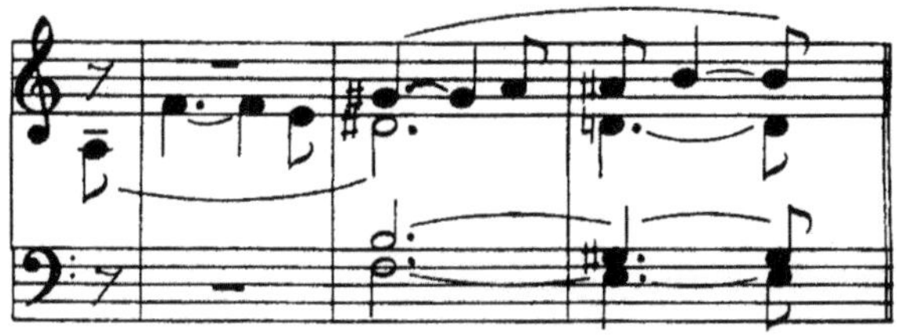

Toisaalta soinnullinen rakennelma on miltei käsittämätön ilman Kärsimyksen motiivia, kontrapunktista, Kaipauksen motiivin melodialinjaa korostavaa osuutta. Melodia tukee ja kannattelee harmoniaa täsmälleen samalla tavoin kuin melodia saa merkityksensä ja värityksensä harmoniasta. Jos motiivit selitetään harmonioista "ulos kirjoitetuiksi" melodioiksi tai sointurakenne motiivien yhteen liittämisen tulokseksi, lopputulokseksi saadaan yksipuolinen ja siksi vääristynyt käsitys. Elementit limittyvät ja reagoivat keskenään siten, että yhden tai toisen asettaminen etusijalle ei tuota mitään kokonaisuutta selittävää.

Samalla tavoin Kohtalon motiivi (tai Sovinnon juoman motiivi) ei saa vuorenvarmasti havaittavaa karakteriaan melodiasta sellaisenaan, vaan yhteydestä musiikillisesti arvoitukselliseen sointukulkuun: se on hämmentävä mutta kuitenkin vangitseva.

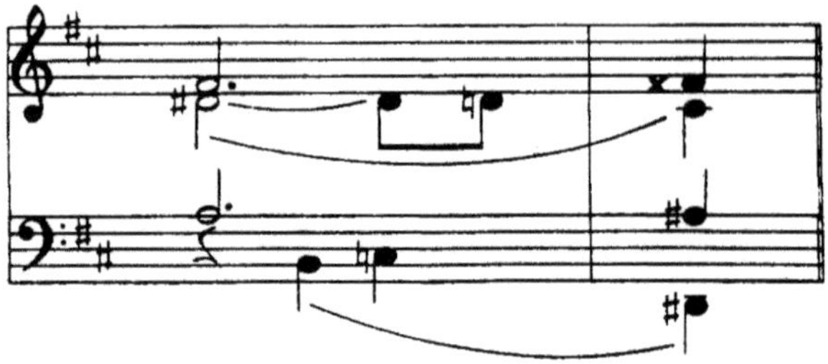

Harmonia ei perustele itseään (abstraktisti paperilla sointukulku olisi merkityksetön), vaan se kasvaa Kohtalon motiivin (matalampana satsina) ja melkeinpä saman motiivin yhden osasen kromaattisen vastavoiman muodostamasta suhteesta; lopulta on pakko puhua ristiriitaisesti ”polyfonisesta motiivista”.

Mutta soinnulliset assosiaatiot eivät sellaisenaan ole riittäviä, vaan perustuvat osittain, jopa pääosin motiiveihin, mikä merkitsee, että tonaalisuuden, tonaalisen harmonian perinne on *Tristanissa* asetettu kyseenalaiseksi tai ainakin vaarannettu. Mitä tonaalisuuteen tulee, musiikin johtava periaate 1600-luvulta aina 1800-luvulle saakka on nimenomaan itsensä perusteleva, melodisista tai kontrapunktisista prosesseista riippumaton soinnullisten suhteiden järjestelmä. Wagner ei ennakoinut Schönbergin atonaalisuutta, sillä missään vaiheessa ei ole vihjettäkään siitä, että hän olisi hylkäämässä tonaalisuuden periaatteen; hän jätti ekspressiiviset ja symboliset merkitykset tonaalisten suhteiden kontolle. Kuitenkin *Tristanin* harmoniat näyttävät tietä, joka johti lopulta tonaalisuuden purkautumiseen, melodian ja kontrapunktin vapautukseen etukäteen muodostetuista soinnullisesta assosiaatioista. *Tristan* on modernin musiikin juurien tärkeimpiä lähteitä.

Nürnbergin mestarilaulajat

1.

Mestarilaulajat on arveluttavan huumorintajun tuotos. (Wagner valitti, että Liszt ja Nietzsche eivät pitäneet hänen vitseistään.) Vanhan saksalaisen idyllin pinnan alla, vanhojen puiden tuottamien huumaavien tuoksujen täyttämillä kujilla kytee väkivalta. Kolmannessa näytöksessä uskonpuhdistuksen ja "pyhän saksalaisen taiteen" ylistyksen hymniin yhtynyt tavallinen kansa on samaa sakkia, joka toisessa näytöksessä täytti kadut mellakoiden – ja laukaisevana tekijänä oli niin mitätön tapaus, että todellisten syiden on pakosti oltava jossain syvemmällä. (Wagner oli itse kokenut jotain samanlaista Nürnbergissä ja käytti sitä pohjana kehitellessään kohtausta, mutta sillä ei ole teoksen kokonaisuuden kannalta merkitystä.) Walther von Stolzing, vanhentuneet, jähmettyneet mestarilaulajain killan säännöt kukistava "uuden taiteen" Prometheus-hahmo, on toisaalta pelkkä häirikkö, alati käsi miekan kahvalla kaikkien vastoinkäymisten varalle, jopa yövartijan. Ei olekaan yllättävää, että Nürnbergin asukkaat suhtautuvat häneen epäluuloisesti. Sixtus Beckmesser, tärkein vastustaja ja uudistusten sensori, myrkyllisen pedantti mutta kaikesta huolimatta humanisti 1500-luvun hengessä ja korkean viran haltija, näyttää kuitenkin kuin noidutulta joutuessaan aina uudelleen ahdinkoon, jossa hän näyttää pelkästään groteskilta. Ja Hans Sachs, joka arvokkaasti resignoituneena kohoaa muiden ihmisten levottomuuksien yläpuolelle, onkin kaksinaamainen. Pahansuovat kepposet, jotka hän Beckmesserille tekee, muistuttavat Wotanin kähmintöjä Mimen kanssa, joissa vedonlyönti onkin ansa. Aivan kuten Wotan jättää Siegfriedin kontolle panna lopullisesti täytäntöön Mimen tappio, samoin Sachs jättää Beckmesserin kansan tuomion armoille, naurunalaiseksi. (Wotan on Sachsin tavoin jättäytynyt taustalle pitäen omat kätensä puhtaana.) Teoksen lopun riemujuhla C-duurissa ei olekaan niin seesteinen musiikillis-draamallisesti harjaantuneelle korvalle. Ei ole sattumaa, että viimeiseen sointuun sekoittuva motiivi on sama, jolla kansanjoukko pilkkasi Beckmesseriä.

Wagner luonnosteli teoksen skenaarion vuonna 1845 työskennellessään kuninkaallisen oopperan kapellimestarina Dresdenissä. Hän palasi siihen puolitoista vuosikymmentä myöhemmin *Tristanin* valmistuttua kirjoittaen siihen uuden skenaarion ja työstäen tekstin talvella 1861–1862 asuessaan Pariisissa. Näyttää kuitenkin siltä, että hän oli hautonut sitä puolittain alitajuisesti jo pitkään; *Tiedonanto ystävilleni* vuodelta 1851 pitää näet sisällään kuvailun teoksen juonesta, joka oli jo joissain seikoissa muuntunut alkuperäiseen luonnokseen verrattuna.

> Aivan kuten koominen satyyrinäytelmä seurasi tragediaa ateenalaisessa teatterissa, samoin minä sain äkkiä ajatuksen komediasta, joka voisi seurata teostani ”Laulajien kilpailu Wartburgissa” siihen aidossa suhteessa olevana satyyrinäytelmänä. Se oli ”Nürnbergin mestarilaulajat” etunenässään Hans Sachs.

Jotkut juonen perussäikeet ovat peräisin Lortzingin *Hans Sachsista*, mutta merkittävä ero oli esteettiselle kysymyksenasettelulle annetussa painoarvossa.

> Minulle Hans Sachs merkitsi tavallisen kansan luovan hengen viimeistä ilmentymää (Wagner ilmiselvästi omaksui tämän ajatuksen Jacob Grimmiltä) ja asetin hänet tässä roolissa vastakohdaksi poroporvarillisille mestarilaulajille, joiden hölmön pedanttisuuden, "runoja sääntökirjan mukaan" (josta Wagner, kielitieteilijä-libretisti, oli tehnyt perinpohjaisen tutkielman Wagenseilin teokseen *Nürnberger Chronik*) henkilöin "Kirjurin" hahmoon.

(Tämä ei ollut tässä vaiheessa Hanslick-alluusio; hänet puettiin Beckmesseriksi, Kirjuriksi tai musiikkisensoriksi vasta myöhemmin, kun Hanslickista oli tullut Wagnerin kriitikko.)

> Killan vanhin (myöhemmin Pogner, josta "Jumala oli tehnyt rikkaan miehen") on luvannut nuoren tyttärensä käden kenelle hyvänsä mestarille, joka voittaisi käsillä olevan avoimen laulukilpailun. Kirjuri, jo entuudestaan tytön kosija, huomaa nyt saaneensa kilpailijan nuoresta aatelismiehestä, joka on haltioitunut luettuaan kirjoja ritareista ja vanhoista minnelaulajista ja jättänyt köyhtyneen, rapistuvan linnansa tullakseen Nürnbergiin oppimaan mestarilaulun taidetta (jota pidetään minnelaulun perillisenä). Hän ilmoittautuu päästäkseen killan jäseneksi pontimenaan tulinen rakastuminen tyttöön, joka on ilmoitettu kuuluvaksi palkintoon. (Rakkaus syttyy Wagnerin tapauksessa aina silmänräpäyksessä.) Koelaulussa nuorukainen laulaa voimaperäisesti naisia ylistäen, mutta Kirjurin laulua koskevat moitteet ovat niin monilukuiset, että kandidaatti tuomitaan hylätyksi jo laulun puolivälissä. Nuoren miehen laulusta vaikuttunut Sachs estää silloin, ritarin omaa parasta ajatellen, tämän epätoivoisen yrityksen paeta tytön kanssa.

Sachsin omasta kiintymyksestä Evaan aiheutuva monimutkainen tilanne ja Sachsin luopuminen tytöstä puuttuu sekä vuoden 1845 että vuoden 1851 luonnoksista. Jos *Mestarilaulajat* kaavailtiin aluksi satyyrinäytelmäksi *Tannhäuserin* jatkoksi, vuosiin 1861–1862 mennessä sen läheisyys *Tristaniin* on ilmeinen. Sachs luopuu Evasta välttääkseen kuningas Marken kohtalon – hän siteeraa Tristan-saagaa eräästä kansantarinasta. Vuoden 1851 luonnoksessa hänen suunnitelmansa Beckmesserin nujertamiseksi ovat tarkoitushakuisempia. Hän ei ainoastaan keskeytä serenadia Evan ikkunan alla laululla "Jerum, jerum" ja meluisalla vasaroinnilla, vaan myös antaa tälle "nuoren ritarin kirjoittaman runon teeskennellen, ettei tiedä sen alkuperää". Lopullisessa versiossa runo päätyy Beckmesserin käsiin puoliksi varkauden kautta, puoliksi lahjana, joka kuitenkin on tarkoitettu ansaksi.

> Mutta hän (Sachs) tähdentää hänelle (Beckmesserille) sopivan "Weisen" (sävelmän) keksimisen tärkeyttä. Omahyväinen Kirjuri kuitenkin uhkuu itsevarmuutta esittäessään runon mestarilaulajien juryn ja yleisön edessä täysin kelvottomaan ja irvokkaaseen sävelmään, joka tärvelee sen (lopullisessa versiossaan hän tärvelee runonkin), joten jälleen kerran (kuten serenadin tapauksessa) hän epäonnistuu. Raivostuneena hän syyttää Sachsia kelvottoman runon tyrkyttämisestä huijaamistarkoituksessa; tämä kuitenkin toteaa, ettei runossa ole mitään vikaa, kunhan se vain lauletaan sopivalla sävelmällä. Päätetään, että oikean sävelmän osaaja voittaa kilvan. Nuori ritari suoriutuu tästä ja voittaa morsiamen, mutta ylenkatsoo mahdollisuutta päästä killan jäseneksi. Tällöin Sachs sepittää humoristisen puolustuspuheen killalle ja sen taiteelle päättäen sen säkeeseen:
>
> Zerging' das Heil'ge Römische Reich in Dunst,
> Uns bliebe doch die heil'ge deutsche Kunst.
>
> "Jos pyhä Rooman valtakunta häipyikin savuna ilmaan, meillä pysyy kuitenkin pyhä saksalainen taide."

Nietzschen opinkappale, jonka mukaan taide on ainoa elämisen oikeuttava asia – tai "hulluuden" ("Wahn") kuten Schopenhaueriinsa perehtynyt Wagner asian ilmaisi – tiivistyy *Mestarilaulajissa.*

2.

Mestarilaulajien välittämä taiteen filosofia, erityisesti suhde sanotun ja rivien välissä kerrotun välillä on monimutkaisempi kuin miltä näyttää. Draamallisesti etualan täyttää selkkaus toisaalta Beckmesserin ja Sachsin, toisaalta Beckmesserin ja Waltherin välillä, mutta filosofisesti tarkastellen tämän selkkaus on lähes epäolennainen: Beckmesser ei edusta ensinkään taidetta, ei edes mestarilaulua, jonka todellinen edustaja on Sachs. Kirjuri on pelkkä kriitikon karikatyyri. Hänen tehtävänsä on allegorinen: hänen kateutensa "luontaista neroa", Waltheria kohtaan, hänen öisen serenadinsa surkeus ja hänen kyvyttömyytensä arvostaa tai esittää Waltherin "Palkintolaulua" ovat hyvin yleisten kriitikkoja kohtaan tunnettujen, Wagnerin vaivihkaa omaksumien ennakkoluulojen teatraalisia symboleja – käsitysten, joiden mukaan kriitikot ovat todennäköisesti kateuden motivoimia, itse kyvyttömiä luomaan tai ymmärtämään mitään uutta, mikä poikkeaa totutuista, tuttujen sääntöjen määrittämistä keinoista. (Sitten Wagnerin aikojen tilanne näyttää kääntyneen päälaelleen merkittävien kriitikoiden kamppaillessa uuden puolesta, kun taas yleisö pitäytyy tutussa. Sen sijaan vihamielisyys kritiikkiä, epäluottamus älyllistä pohdintaa kohtaan on säilynyt ennallaan kohteen vain vaihtuessa: mekaanisen sieluttomuuden kritiikki kohdistuu nykyään uuteen musiikkiin, ei vanhaan.)

Beckmesser ei ole mikään mestarilaulaja: alkusoiton avaava mestarilaulajien teema ei voisi olla vähemmän Beckmesserin tyylinen. Vaikkakin Sachsin ja Beckmesserin välinen konflikti hallitsee näyttämöä, se on toissijaista, kun taas olennaiset seikat ovat kätkettyjä, eivät avoimesti esitettyjä. Sachs saattaa olla, vuoden 1851 version sanoin, "tavallisen kansan luovan hengen viimeinen ilmentymä" – humanisti-intellektuelli Beckmesser vähättelee häntä juuri tästä syystä – mutta hän on myös killan ja sen säännöstön elävä olemassaolon oikeutus. Juuri niiden ilmentymänä hän asettuu Waltheria vastaan, sillä nimenomaan sääntöjen ymmärtäminen on yksi taiteellisen mestariuden ennakkoehdoista. Juuri niiden hallitsijana Wagner tunsi itsevarmuutta 1860 viimeistelty ään *Tristanin*. Vanhakantaisen ja kansanomaisen joskin itsetuntoisen ja -tiedostavan taiteen saavutuksiin juurtunut Sachs on romanttisen filosofian rakkaan ideaalin draamallinen henkilöitymä: usko spontaaniin "luonnonrunouteen" ja "klassisuuteen", varhaisen inspiraation versot ja niiden myöhäinen täydellistyminen ovat itse asiassa sama asia. Hans Sachs on Wagnerin omakuva klassikkona.

Mutta tällä Wagnerin tiedostetulla, yksityisellä käsityksellä itsestään on vastassaan tiedostamaton, kumouksellinen ja salainen idea. Waltherin koelaulussa, jolle kirjuri hurjistuu ilman selvää syytä, Wagner paljastaa salavihkaa oman työnsä sisimmän salaisuuden. Ajatus Waltherista "luonnollisena nerona" on illuusio, jonka paljastaa huijaukseksi nimenomaan Koelaulu, sillä sen säkeet ja riimirakennelma ovat niin monimutkaiset, että taito säveltää niihin niin moitteeton laulu kuin Walther, edellyttää mitä intensiivisintä työstämistä ja paneutumista. Ristiriita ei tietenkään ole mikään satunnainen lipsahdus Wagnerin osalta. Sen sijaan se kiteyttää *Mestarilaulajien* kätketyn taiteellisen filosofian vastakohtanaan Sachsin edustama julkinen filosofia – puhumattakaan yhteenotoista Beckmesserin ja Waltherin tai Sachsin välillä. Wagnerin esteettisen, myös Kantin edustaman perusvakaumuksen mukaan taiteen, ollakseen taidetta, tuli kätkeä itsensä ja tulla esiin luonnoksi naamioituneena. Keinot ja apuvälineet eivät saaneet olla havaittavissa, heijastuman tulee olla muunnettu spontaanisuudeksi, välittömyys pitää luoda uudelleen mutta sen täytyy silti olla välittömyyttä ja kaikki vaivannäön jäljet on hävitettävä. Tekniikan kieltäminen vaatii tekniikkaa, siinä ristiriita. Mutta Waltherissa vastakohtaisuudet sulautuvat utooppiseksi kuvaksi: taide on hänessä luontaista, ja hän kykenee improvisoimaan sellaisen, joka on omaksuttavissa vain jäljittelyn kautta. Uudelleen luotu, sekundaarinen välittömyys, jota kohti Wagner niin kiihkeästi pyrki, tulee Waltherin osaksi luonnostaan. Ja Sachs ajatellessaan Waltherin Koelaulua kuvailee vaikutusta, jonka Wagnerin musiikki säveltäjän nimenomaisesta tahdosta teki aikalaisiinsa:

> Ich fühl's – und kann's nicht verstehn:
> kann's nicht behalten – doch auch nicht vergessen;
> und fass' ich es ganz, kann ich's nicht messen.

> ”Tunnen sen – enkä voi sitä ymmärtää; en voi hallita sitä – mutten unohtaakaan; ja vaikka käsittäisin sen kokonaan, en kuitenkaan ymmärtäisi sitä.”

3.

Saadessaan Wagnerin kokonaan valtaansa syksyllä 1861 idea *Mestarilaulajista* oli jo täydellinen musiikillis-dramaattinen konsepti. Olisi turhaa ja dogmaattista yrittää purkaa tekstillisten ja musiikillisten seikkojen tiivistä yhteen nivomista sen selvittämiseksi, ovatko oopperamaiset vai musiikkidramaattiset seikat ensisijaisia. Ei ole olemassa ensin valmistunutta tekstiä, johon Wagner olisi säveltänyt musiikin sen enempää kuin sävellystäkään, johon hän olisi nivonut tekstin. *Mestarilaulajien* kirjoittamista ja syntyä koskevat lähteet näyttävät sekavilta ja ristiriitaisilta, jos niiltä kysytään väärä, nimittäin tekstin tai musiikin ensisijaisuutta koskeva, kysymys. (Opinkappale musiikin kronologisesta etusijasta, joka muitta mutkitta on katsottu todisteeksi sen kiistattomasta ylivallasta, on viime kädessä anteeksipyytävä; sen tarkoitus on puolustaa musiikkidraamaa niiltä syytöksiltä, jotka koskevat musiikillisen muodon puuttumista, kun ainoa pätevä puolustus on muotoanalyysi.)

Päättäessään toteuttaa 16 vuotta vanhan projektinsa Wagner oli lyhyellä vierailulla Venetsiassa myöhään syksyllä, ja syvän masennuksen vallassa – jyrkempää vastakohtaa voi tuskin kuvitella. *Mein Lebenin* mukaan kotimatkalla kypsyi ”*Mestarilaulajien* musiikki, jonka teksti oli mielessäni vain aikaisempien luonnosteni perusteella. Suunnittelin heti tarkasti C-duuri-alkusoiton pääpiirteet.”*

Mutta yksi C-duuri-teemoista (Mestareiden killan marssi, jota Ernest Newman kutsui Kuningas Davidin fanfaariksi), on peräisin Wagenseilin *Nürnbergin kronikasta*, johon Wagner tutustui vasta useita kuukausia myöhemmin. Kirjeessä Mathilde Wesendonckille joulukuussa 1861 Wagner ilmaisi asian vähemmän empaattisesti kuin *Mein Lebenissä*: ”Jokin viipyili nyt mielessäni, ikään kuin alkusoitto *Nürnbergin mestarilaulajiin*.” Mutta olennainen oli löytynyt, ei se olivatko hänen kehittelemänsä katkelmat selkeästi muotoiltuja vai yhä hahmottomia, vaan se että oli löytynyt oikea ”sävy” teokselle, jonka hän nyt halusi kirjoittaa, sävy joka hallitsisi niin tekstin kuin musiikinkin toteutusta. Ei ole liioiteltua tulkita hänen *Mein Lebenissä* mainitsemaansa C-duuria olennaiseksi elementiksi arvokkaiden marssien ja arkaisoivan kontrapunktin leimaamassa *Mestarilaulajissa*.

Luonnosteltuaan alkusoiton alun marraskuussa 1861 Wagner kirjoitti koko teoksen helmi-maaliskuussa 1862, ennen kuin tekstin ainuttakaan riviä oli lyöty lukkoon – päinvastoin kuin tavanomaisessa oopperasävellystyössä. Koko teoksen ”temaattinen kuva”, kuten *Lentävässä hollantilaisessa* Sentan balladi, on *Mestarilaulajissa* alkusoitto, instrumentaalikappale. (Sen muoto on peräisin lisztiläisestä sinfonisesta runosta. Klassisen sinfoniamuodon neljä osaa on puristettu yhteen osaan, jonka neljälle osalle – pääteema, sivuteema,

* Richard Wagner: *Elämäni*. Suomentanut Saila Luoma. Faros, Turku 2002, 657.

kehittely ja kertaus – Wagner antaa tavanomaisen sinfonian eri osien karakterin: Allegro, Andante, Scherzo ja Finaali.)

Tällä välin, joulukuusta 1861 tammikuuhun 1862, syntyi *Mestarilaulajien* teksti, joskin sitä muokattiin myöhemmin. Musiikin työstämisen ja tekstin työstämisen välinen vuorottelu osoittaa selvemmin kuin mikään muu, että Wagner oli aloittanut ideasta, josta musiikkia ja tekstiä ei voi erottaa toisistaan ensi- ja toissijaiseksi työksi. Nimenomaan varmuus kattavasta musiikillis-draamallisesta ideasta teki mahdolliseksi tekstin ja musiikin samanaikaisen hahmottamisen; näiden kahden erotteleminen on pelkkää hienostelua.

Kaikki on yksityiskohtia myöten jäljitettävissä. Alkusoiton toinen teema, hitaassa osassa esiintyvä melodia E-duurissa, toistuu myöhemmin Waltherin Palkintolaulun viimeisessä jaksossa (Abgesang). Deklamaation ja linjan välinen yhtenäisyyden puute fraasissa "in himmlisch neu verklärter Pracht" paljastaa, että teksti on kirjoitettu musiikin jälkeen. (Wagner ei missään nimessä voinut säveltää tätä alkusoiton osaa helmikuussa tai maaliskuussa 1862 tekstiin, jonka hän oli juuri tammikuussa kirjoittanut, sillä Palkintolaulua varten nimenomaisesti kirjoitettu teksti on myöhäisempi, eikä se täsmää ensimmäisen version kanssa edes säemitaltaan.)

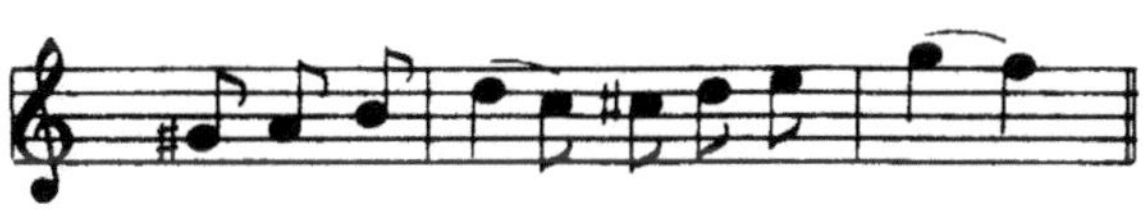

Mutta itse teemasta ja sen musiikillisen sisällön tuottavasta säkeestä ei ole epäilystäkään: sanat ja tekstin yksityiskohdat ovat tulleet myöhemmin, draamallinen merkitys periytyi teemaan jo sitä ennen.

4.

Mestarilaulajat on ainoa Wagnerin teoksista *Rienzin* ohella, jonka juonelle on olennaista tapahtumien sijoittuminen tiettyyn, erityiseen historian jaksoon, ei johonkin määrittämättömään tai legendaariseen ajanjaksoon. (*Lohengrinin* sijoittaminen 900-luvun Antwerpeniin on taustaa eikä olennaista sisältöä: mikään ei estä näyttämökuvan suunnittelijaa tuomasta esiin goottilaista katedraalia, mutta 1500-luvun Nürnberg on osa *Mestarilaulajien* kudosta.) Historiallinen elementti ei ole vain kappale kuollutta menneisyyttä, vaan se esittäytyy esihistorian porvarillisen elämän roolissa keskellä nykypäivää kuin kollektiivinen, 1500-luvulle saakka kurottautuva muisti. Musiikki kuulostaa ulkomuistista napatulta – läheistä mutta silti etäistä.

Wagnerille ja 1800-luvulle yleisesti "vanha musiikki" merkitsi Bachin ja Händelin sävellyksiä. (Vasta 1900-luvulla tietämys varhaisemmasta musiikista on levinnyt yhä kauemmas menneisyyteen. Samalla ajankohdan oma musiikki on esitellyt yhä nopeammin yhä hätkähdyttävämpiä uudistuksia.) Jos etsitään historiallista mallia *Mestarilaulajien* teemaa saattelevalle tunnelmalle, se voisi hyvin olla Bachin *Ranskalaisten sarjojen* alkusoittojen arvokkuus: Wagnerin "vanha saksalainen" tyyli heijastelee kansainvälistä ranskalaista tyyliä. Teos on kuitenkin hyvin kaukana sellaisesta musiikin historian maalauksesta, joka lukeutui 1800-luvun harhapolkuihin.

Hans Sachsin historiallinen, uskonpuhdistusta ylistävä laulu "Wach' auf, es nahet gen den Tag", jonka tekstin Wagner sellaisenaan otti käyttöön, ei kuitenkaan saa häneltä aitoa koraalin sävelmää. Hänen luomansa melodia ei ole 1800-luvun sävelkielelle muokattu koraali, jollaisten arkaaisuuden suosio sai protestanttien virsikirjat täyttymään, vaan cantilena, joka ei missään kohdassa yritä peittää syntynsä aikakautta, mutta sisältää silti itsessään muistuman menneisyydestä. ”Se kuulosti niin vanhalta, mutta kuitenkin se oli niin uusi” – ristiriita jota Sachs pohtii Waltherin Koelaulun hämmentämänä, pätee itse asiassa koko *Mestarilaulajien* musiikkiin.

Arkaaisuuden törmäämisen moderniin voi kuvailla musiikin termein, vaikkakin vaikutelma jostain ikivanhasta on heikko. Kehittyvässä 1800-luvun harmoniakielessä – peruskivenään *Tristanin* yhä monimutkaistuva dissonanssien käsittely – liittyi läheisesti pyrkimykseen kohti sointujen kromatisoitumista, yksittäisten nuottien ”värittämiseen” nostamalla tai laskemalla niitä puolisävelaskelen; tämä puolestaan johti 1900-luvulla Arnold Schönbergin ”dissonassin emansipaatioon”, eroon pakosta purkaa riitasoinnut. Mitä enemmän dissonansseja teos sisälsi, sitä kromaattisempi se oli. Kuitenkin yksi *Mestarilaulajien* tyylin luonteenomaisista piirteistä on – ehkä tärkein niistä – että vaikka dissonoiva elementti onkin silmiinpistävä, kromatiikka on kuitenkin tukahdutettu: se luo tunnun vanhasta ja uudesta. ”Wach' auf” -kuoron avaavat tahdit ovat tyypillisiä elementtien yhteen nivomiselle.

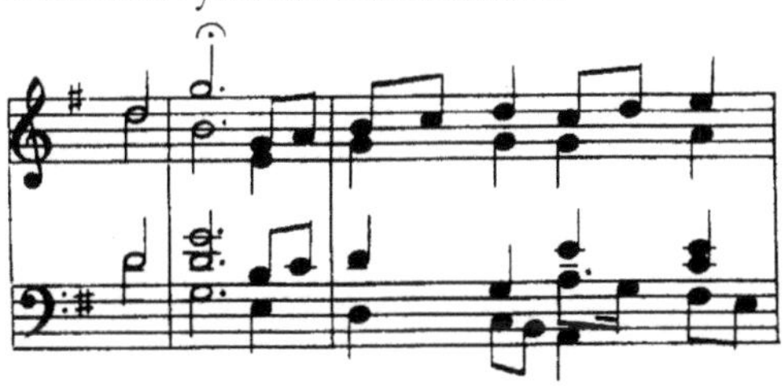

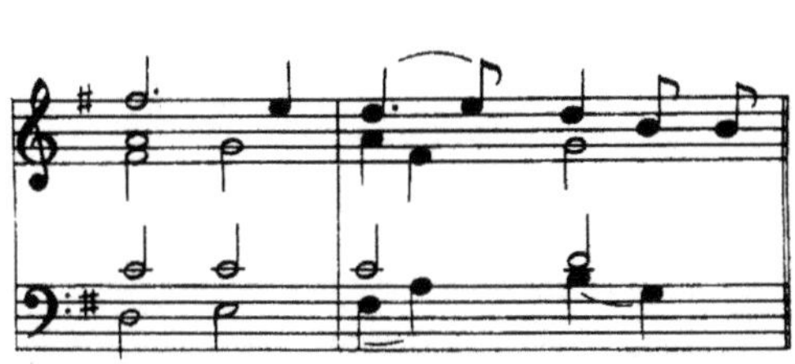

Septimisointujen purkamisen viivyttäminen (tavuilla ”gen” ja ”Tag”) lisäämällä väliin sointuja on kiistatta modernia, mutta se luo samalla arkaaisen efektin, sillä mukana ei ole ensinnäkään yhtään kromatiikkaa – modernismin olennaista elementtiä – ja toiseksi tällaiset interpolaatiot, keskeytykset, antavat alun sointusekvensseille, jotka ovat epätavallisia tonaalisessa harmoniassa ja tuovat mieleen varhaisemman musiikin, jossa tonaalisuuden normit eivät vielä säännelleet sointusekvenssejä.

Vanhan ja uuden välinen kontrasti on osatekijä *Mestarilaulajien* juonessa ruumiillistuneena Beckmesserin ja Waltherin välisessä kilpailuasetelmassa, mutta se sekoittuu musiikillisessa toteutuksessa. Beckmesserin luovissa pyrkimyksessä – serenadissa ja runnellussa Palkintolaulussa – todellakin tuodaan esiin ilmeisen vanhanaikaisia piirteitä: mekaanisia korukuvioita, modaalisia melodioita ja mitäänsanomatonta säestystä, joita rajaavat luutun muutamat musiikillista menneisyyttä kuvaavat soinnut ja kuvioinnit; sen Wagner rinnasti näivettymiseen. (Hänen mielessään musiikin kehittymisen suunta kulki kohti yhä suurempaa runsautta.) Toisaalta Waltherin Palkintolaulu on nimenomaan ”uutta” musiikkia – ei siksi että se olisi sellainen spontaani cantilena, jollaiseksi tarkkaamaton kuulija saattaa sitä luulla, sillä vaikutelma onkin sen sijaan lopputulos äärimmäisen monimutkaisesta melodian fraasien yhteennivomismetodista. (Musiikin antama laaja kokonaisvaikutelma on tulosta työtä vaatineesta yksityiskohtien työstämisestä.) Mutta 1800-luvun jälkimmäisellä puoliskolla ”uusi” musiikki ei ollut cantabilea vaan ”karakteristiikkaa”, ja esimerkkitapaus siitä sekä tyylillisestä edistyneisyydestä *Mestarilaulajissa* on traditionalisti Beckmesserin pantomiimi kolmannessa näytöksessä: musiikki kohtelee musiikillista traditiota samalla hienotunteisuudella kuin tarina kohtelee sensori Beckmesseriä.

Arkaisoiva musiikki on ”sentimentaalista” siinä mielessä kuin Schiller ymmärtää sanan, ei vaistonvaraista vaan reflektioon perustuvaa. Riippumatta siitä, minkä tyylillisen valepuvun se omaksuu, se ei voi paeta aikaa, jolle se kääntää selkänsä; restauroituna menneisyyden kielestä tulee murre, jossa on nykyisyyden tuntu. Arkaisointi on nostalgian oire, ja jos se muuta teeskentelee, se degeneroituu taideteollisuudeksi pahimmillaan.

Mestarilaulajat ei yritäkään kätkeä "sentimentaalisuuttaan" – niin tekevät pelkästään huonot produktiot, jotka ovat tuoneet sen taidepajojen maailmaan. Musiikillisteknisin termein tämä merkitsee, että modernia kromatiikkaa ei ole kitketty tietoisuudesta, sitä on vain vähennetty ja pidetty taustalla; piilevä tyylillinen viitekehys on *Tristan*, jota *Mestarilaulajissa* kerran siteerataankin. Vaikutelma diatonisuuden nostamisesta vanhaan, kromatiikkaa edeltävään asemaansa on kuitenkin näennäinen: vaikkakin huomaamatta ja korostamatta kromatiikka on alati läsnä, ja tietyin kohdin se tekee itsensä varsin huomatuksi. Esimerkiksi alkusoiton sivuteemassa – Palkintolaulun Abgesangia ennakoiva cantilena E-duurissa – päämelodiasta puuttuva kromaattisuus on sitäkin huomattavampaa muissa stemmoissa. Mikä kuulijan on muulloin kuviteltava mukaan, se on tällä kohdin selvästi "uloskirjoitettu".

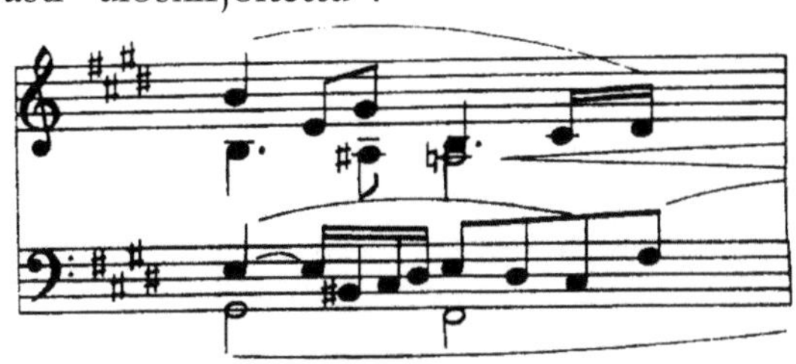

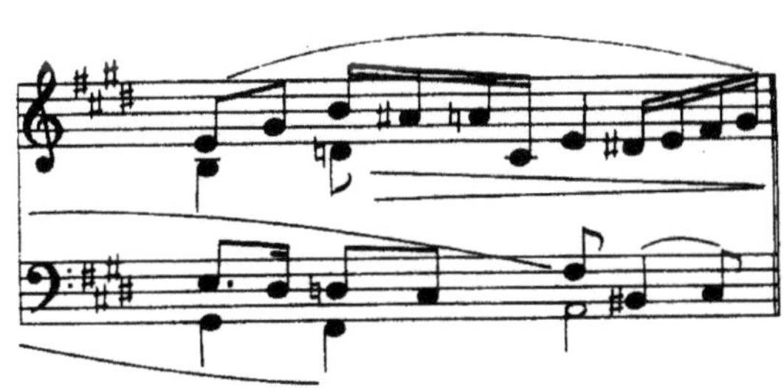

Mestarilaulajien diatoniikka on hieman unenomaista, ei aivan todellista 1860-luvulla: ei niinkään restauroitua kuin uudelleen rakennettua. Se on ikään kuin "toisen käden" diatonisuutta sillä tavoin kuin

Hegel puhui "toisesta" luonnosta tai "toisesta" välittömyydestä. Se on spontaania, mutta ammentaa tietoisuuden ja reflektion varannoista, jotka ovat kasvaneet aikaisemmin. Missään, edes *Parsifalissa* Wagnerin musiikki ei ole niin keinotekoista kuin yksinkertaisuuden ilmentymissä, joihin *Mestarilaulajat* itsensä verhoaa.

5.

Teosta kokonaisuudessaan värittävä arkaisoiva pyrkimys vaikuttaa myös musiikin muotoihin. Ankarasti *Sormuksesta* draaman vaatimuksesta häädetyt varhaisemman oopperan muodot ovat perin selvästi esillä *Mestarilaulajissa.* Laajoja taitteita on kirjoitettu monologeiksi, lauluiksi, yhtyekohtauksiksi, kuoroiksi ja tansseiksi. Kukin kolmesta näytöksestä päättyy suuren mittakaavan finaaliin aivan kuin grand operassa. Ja toisinaan vaikuttaa siltä kuin periaate, jonka mukaan dialogi muodostaa musiikkidraaman sisällön (melkein samoin kuin puhutussa draamassa), on sysätty syrjään tai vähintäänkin vaarantunut. Tekstin tullessa lähimmäs 1800-luvun realismia – mitä musiikkidraamoihin tulee – musiikin deklamoiva tyyli on erotettu mahdollisimman kauas realismista. Tämä ei kuitenkaan tarkoita, että Wagner olisi hylännyt idean oopperasta draamana ja kääntää draaman takaisin oopperaksi, vaan päinvastoin sitä, että hän oli tarpeeksi varma musiikkinsa draamallisesta luonteesta siirtääkseen dramaattisen sisällön vähemmän dramaattisiin, jopa draaman vastaisiin muotoihin. Kukaan ei voi uneksiakaan kieltävänsä kolmannen näytöksen kvinteton draamallista, ei pelkästään musiikillista vaikuttavuutta huolimatta äkillisestä toiminnan viivästymisestä dialogin antaessa sijaa viidelle samanaikaiselle yksinpuhelulle; ei ole kysymystäkään, ettei se olisi draaman lomaan kirjoitettu konserttikappale.

Toisaalta on tärkeää havaita nokkeluus ja sentimentaalinen ironia, joka liittyy Wagnerin käyttämiin vanhoihin muotoihin. Hänen *Mestarilaulajien* musiikissa ilmaisemansa mieltymys historiallisten mestarilaulajien Bar-muotoon – säkeistörakenteeseen, jossa kahteen musiikillisesti samanlaiseen mutta tekstiltään eroavaan Stolleniin liittyy musiikillisestikin poikkeava Abgesang – on leikki. *Muodon salaisuus Richard Wagnerin musiikissa* -kirjan kirjoittanut Alfred Lorenz ja hänen kannattajansa eivät tee oikeutta *Mestarilaulajien* ainutkertaiselle muotorakenteelle havaitessaan Bar-muodon A A B -keskeiseksi hahmotusperiaatteeksi kaikissa musiikkidraamoissa, ja he tekevät analyyttista väkivaltaa musiikilliselle kudokselle osoittaakseen sen kattavuuden.

Waltherin Koelaulu (”Fanget an”) ensimmäisen näytöksen viimeisessä kohtauksessa on poikkeuksellisen laaja, 160 tahtia pitkä Bar-muoto. Musiikillisesti samanlaiset Stollenit ovat kaksiosaisia, joista ensimmäinen päättyy tavanomaiseen, jopa painokkaan täydelliseen kadenssiin, ja se eroaa myös melodiselta karakteriltaan selvästi toisesta (”In einer Dornenhecken”). Siksipä tuskin voidaan syyttää Beckmesseriä, joka saa ansaitun tilaisuutensa hylätä Waltherin Bar-muoto sellaisenaan (A^1 B^1 A^2 B^2 C) ja keskeyttää hänet toisen Stollenin ensimmäisen osan (A^2) jälkeen, koska pitää puoltatoista Stollenia (A^1 B^1 A^2) niiden epätavallisen keston takia kolmivaiheisena muotona. Hämmentyneiden mestarien pitkähkön väittelyn jälkeen Walther jatkaa Koelaulunsa päätökseen (alkaen kohdasta ”Aus finst’rer Dornenhecken”) kykenemättä dramaattisesti tekemään minkäänlaista vaikutusta mestareihin, jotka tällä kohdin puhuvat kaikki yhtä aikaa. (Kuitenkin musiikillisesti Waltherin cantilena liitelee voittoisana ensemblen sekasortoisen parlandon yli; edes ankarimman dramaatikon oopperasäveltäjien joukossa ei voisi olettaa hylkäävän melodiaansa ja antaa sen tukahtua resitatiivimassojen alle draamallisen todenmukaisuuden vuoksi.)

Sen vuoksi muoto on moniselitteinen. Musiikkia tuntematon kuulija tekee saman johtopäätöksen kuin Beckmesser ja kuvittelee alkua täydelliseksi, kolmiosaiseksi muodoksi, da capo -aariaksi. Mutta tämä paluu tuttuun oopperamuotoon on harhaanjohtava. Kun Koelaulu tulee keskeytyksen jälkeen päätökseen yhä jatkuvasta häirinnästä huolimatta, da capo -muoto osoittautuukin pelkästään osaksi Bar-muotoa: toinen osa (B^2 C) toisin kuin ensimmäinen (A^1 B^1 A^2) ei ole sellaisenaan täydellinen, ja saadakseen selkoa kokonaisuuden muodosta kuulijan täytyy palata keskeytyksen tuolle puolen ja suhteuttaa loppu laulun aiempaan osaan. Nimenomaan tässä rikotussa muodossa, joka luo kuulijalle tarpeen ymmärtää toisen osan suhde ensimmäiseen, koelaulu luo sata tahtia pitkää kohtausta koossa pitävät raamit, vaikka onkin sinänsä riittämätön. Kohtauksen draamallisen motivaation tuottavalla Beckmesserin väärinkäsityksellä on silläkin merkityksensä muodon kannalta.

Muotoratkaisujen kanssa leikkiminen ulottui jopa merkityksettömiin yksityiskohtiin. Tuskin voi olla sattumaa, että Beckmesserin protesti Koelaulua vastaan Bar-muodon puutteellisuudesta – koska hän on liian kärsimätön odottaakseen sen päättyvän – on sekin sinänsä Bar-muotoa, joskin Waltherin laajasta cantilenasta poiketen tavanomaisen mittainen. Kaksi motiivia, toinen osoittamassa Waltherin ritariutta porvarillisessa seurassa, toinen edustamassa Beckmesserin kateutta,

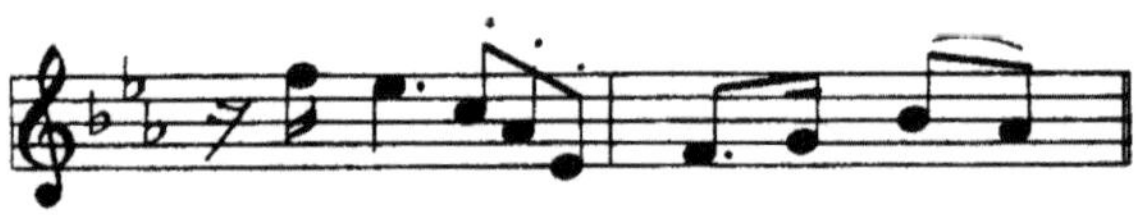

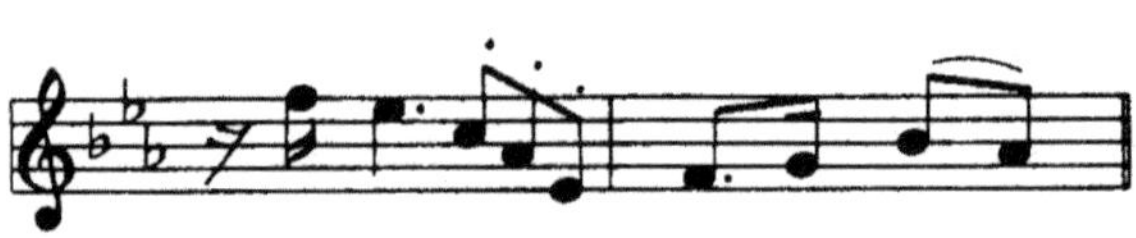

liittyvät yhteen kahdeksan tahdin jaksoksi, joka sitten toistuu pienin muutoksin luoden kaksi toisiaan seuraavaa Stollenia. Kolmas, jälleen ritarin motiivilla alkava jakso päättyy toisin, joten sitä voi hyvin kutsua Abgesangiksi, jonka sääntöjen mukaan tulee muistuttaa Stollenia joiltain osin, olematta kuitenkaan täysin samanlainen. Mutta Bar-muodon käyttö tässä on poikkeus, tarkoitukseltaan pelkästään humoristinen, eikä sitä pidä ymmärtää normiksi, jota Wagner yritti noudattaa. Lorenzin analyyseissään eksyttänyt virhe syntyy Bar-muodon rinnastamisesta sinfoniseen kehittelytekniikkaan: "mallin" rakentamista parista kolmesta motiivista, sen transponoinnista ja lopuksi yksityiskohtien irrottamisesta ja niiden työstämisestä muusta erillään. Näiden kolmen elementin määrittäminen A A B -muodoksi – alkuperäinen malli, sen sekvensiivinen toisto ja irrotettu osuus – on sen tosiasian sivuuttamista, että laulumuoto ja kehittelymuoto ovat vastavuoroisesti toisensa pois sulkevia: pähkinänkuoressa, Bar-muoto on "plastinen", kehittelymuoto "dynaaminen".

Beckmesserin protestia seuraava jakso ("Ein Wort, Herr Merker") osoittaa tarkoitukseni. Aluksi näyttää siltä kuin yksi Lorenzin analyysin kohdista osuisi oikeaan – kuin Ritarin ja Kateuden motiivit toisin ryhmitettyinä muodostaisivat toisen Stollenin (yhdeksän ja kuusi tahtia); yhtä kaikki, nämä motiivit eivät ole vain muokattuja vaan olennaisesti muutettuja, ja jatko on selvä transpositio jälkimmäisen näennäisen Stollenin kolmesta viimeisestä tahdista eikä siten kelpaa Abgesangiksi. Taite on sinfoninen, esimerkki motiivisesta kehittelystä, ei mikään Bar.

6.

Arkaaisen ja modernin tietoinen yhdistäminen *Mestarilaulajien* identiteetille tyypillisellä tavalla on myös ominaista johtoaihetekniikalle (joskin termin käytön oikeutusta tässä yhteydessä voi pohtia).

Sanalla sanottuna melodia tuodaan uudelleen esiin, ei niinkään aiemmin kuullun kertauksin vaan – ristiriitaista kyllä – melodian antiteesistä, motiiveista työstettynä. *Mestarilaulajissa* motiivit liittyvät toisiinsa teemoiksi tai laajenevat luoden melodioita samaan aikaan, kun jää mahdottomaksi todeta, onko motiivi melodian fragmentti vai päinvastoin, melodia kehitelmä motiiveista. Suhde jää moniselitteiseksi. *Sormuksessa* ja *Tristanissa* motiivit taas näyttäytyvät äärimmilleen typistettyinä ja merkityksellä lastattuina musiikillis-allegorisia kaavoja tavoitellen.

Olosuhteet, joissa motiivit eivät ole kiinteitä kaavoja vaan muuntuvia, keskenään vaihdettavissa olevia teemojen ja melodioiden segmenttejä, tekevät mahdolliseksi motiivisten suhteiden verkoston linkittää teemoja toisiinsa yksittäisten kohtausten sisällä. Esimerkki tästä prosessista tarjoutuu kolmannen näytöksen "kastekohtauksessa", kun Sachsin muistiin kirjoittama Waltherin Palkintolaulun ensimmäinen versio saa nimen "selige Morgen-traumdeut-Weise" ("siunattu aamu-unelma-tulkintalaulu" – nimi lisää vahvan manerismin tuoksahduksen "vanhasaksalaiseen" ympäristöön). Taitteen musiikillisen pohjan luovat erilaiset teemat, kuten Kastekoraali, Mestarilaulajien teema, Taiteen motiivi, Waltherin uneen liittyvä sointukulku ja Tytön motiivi. Ne näyttävät ensi kuulemalta säilyttävän kukin erityisyytensä vaihdellen puolelta toiselle ilman mitään niitä yhteen nivovaa olennaista liitosta.

Sellainen rinnakkainasettelu olisi täysin legitiimi musiikillisen muodon kannalta, jos teemat ryhmittyisivät yhteen muodostaakseen plastisen kokonaisuuden, jonka osat ja niiden suhteet voisi luetteloida järjestelmällisesti. Mutta itse asiassa tavassa, jolla teemat on järjestetty, on vaikeaa havaita edes väljää integroivaa muotohahmoa. Musiikillinen koherenssi ei nojaa säännöllisiin teemojen alistussuhteisiin vaan motiivisiin linkkeihin: Jacques Handschinin määritelmää käyttäen struktuuri ei ole "plastinen" vaan "looginen".

Niin hienosyisesti yksilöityjä kuin teemat näyttävätkin olevan, niitä yhdistävät yhteiset osatekijät ja piirteet.

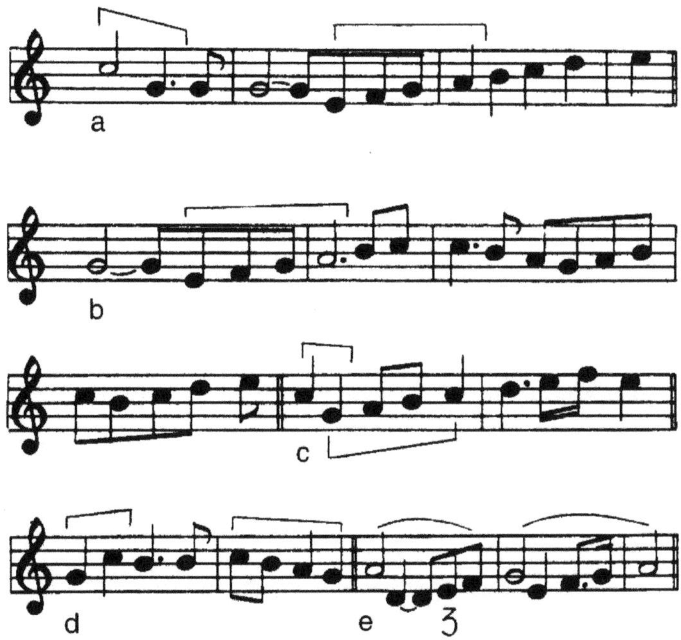

Taiteen motiivi (b) on yksinkertaisesti osa *Mestarilaulajien* teemasta (a) sisältäen muunnetun jatkon. Nouseva nelisävelikkö palaa Kastekoraalin (c) ensimmäisessä säkeessä; kaiken lisäksi koraali alkaa laskevalla kvartilla kuten *Mestarilaulajien* teemakin. Nämä molemmat elementit, laskeva kvartti ja nouseva nelisävelikkö löytyvät myös koraalin toisesta säkeestä (d), käänteinen variaatio ensimmäisestä. Lopulta Tytön motiivissakin (e) säilyy nelisävelikkö, joskin kvartti on laajennettu kvintiksi. Ainoa motiivi, joka ei ole samalla tavoin suhteessa muihin, on sointukulku, Morgentraumdeut-Weisen varsinainen musiikillinen tunnus.

Motiivisen yhdistelyn periaate on tiiviisti liittynyt motiivityöhön, sinfoniseen kehittelytekniikkaan: molemmat ovat seurausta musiikillisesta "logiikasta" vastakohtanaan musiikillinen "plastisuus". Periaate sallii jopa teeman, joka vaikuttaisi vastustavan sinfonista tekniikkaa, esimerkiksi Kastekoraalin, tulevan vedetyksi mukaan motiiviseen työhön. Kohtaus alkaa ("Ein Kind ward hier geboren") koraalin kahden säkeen esittelyllä; sitten toinen toistetaan kahdesti ilman toista, ja lopuksi ensimmäinen tahti yksin erotetaan ja toistetaan; tämä muistuttaa vääjäämättä sinfonista kehittelyä progressiivisin erotteluin. Äärimmäisyyksiä yhdistetään ilman jälkeäkään väkivallasta. Taide on erottamaton keinotekoisuudesta – vain diletantti haluaisi erottaa ne. Sellainen taide ei ole vain *Mestarilaulajien* aihe vaan sen keskeinen ominaisuus.

Nibelungin sormus

1.

Ei ole varmaa, lukiko Wagner Friedrich Theodor Vischerin artikkelin *Ehdotus oopperaksi* (Vorschlag zu einer Oper, 1844), joka suosittelee "Nibelungin legendaa suuren sankarioopperan aiheeksi" ("zu einer grossen heroischen Oper"), mutta varsin luultavaa on, että hän luki sen. (Luonnostellessaan *Siegfriedin kuolemaa, Jumalten tuhon* ensimmäistä versiota vuonna 1848, hän luokitteli sen "suureksi sankarioopperaksi".) Vischerin näkemyksen mukaan kyky kurkottaa esihistorian mystiseen hämärään on yksi musiikin perusominaisuuksista, kun taas monimutkaiset ajattelun ja pohdiskelun prosessit jäävät sille vieraiksi ja saavuttamattomiksi, koska se on "tunteiden kieli" käsitteiden hallinnan ulkopuolella. Saaga oli toimintansa yksinkertaisuuden ja tunnemaailmansa välittömyyden vuoksi jyrkässä ristiriidassa historiallisten tai modernien aiheiden kanssa, ja siksi se näytti Vischeristä kuin ennalta säädetyltä musiikkidraamaa varten. Mytologian sankarit ovat vähäsanaisia miehiä, mikä tekee heistä puhedraaman vaatimusten osalta kykenemättömiä, mutta musiikki voi korvata heidän vaiteliaisuutensa (mitä Wagner kutsui "soivaksi hiljaisuudeksi"). Itse asiassa Vischerin *Ehdotus* pitää sisällään sanattoman, historiallis-filosofisen musiikin kritiikin. Musiikki on kykenemätön ilmaisemaan "aikamme todellista sielua", tai parhaimmillaankin se voi antaa vain summittaisen idean, sillä "läpikotaisin kompleksinen" on sille saavuttamatonta; maailman henki on, Hegelin terminologiaa käyttääksemme, edennyt sen tason tuolle puolen, jolla musiikki oli vielä aikakauden olennaisimman sisällön esittämisen luonnollinen väline.

Vischerin tavoin Wagner kääntyi myytin puoleen etsiessään "sydämen ikuisia, perimmäisiä tunteita", joiden kielen hän ymmärsi musiikin olevan. Mutta se, mitä Vischer piti musiikin heikkoutena, oli Wagnerille vahvuus. Historiallis-filosofisessa rakenteessa, joka oli tarkoitettu antamaan *Nibelungin sormuksen* musiikkidraamoille universaalia, historiallista merkitystä, paluu mytologiseen menneisyyteen kurkotti samanaikaisesti utopistiseen tulevaisuuteen. Myyttisten tapahtumien esittelemät kaukaiset lähtökohdat palautetaan eläviksi musiikissa, ja toinen aikakausi tehdään emotionaaliselle ymmärrykselle lähestyttäväksi musiikilla; niitä tavoitellaan ihmiskunnan historian kautta. Lain ja pakkokeinojen tilalle tulevat sovittelun ja rakkauden henki, tunteiden luoma ajattelun ja pohdinnan kieli. Tältä osin myyttinen draama tosiaan on "tulevaisuuden taideteos", joksi Wagner sen julisti. Muoto ja sisältö lähentyvät toisiaan: musiikin läsnäolon ja kielen ansiosta myytti avautuu pohdinnan monimutkaisuuksista ja sekaannuksista ja palautuu tunteiden kieleksi; näin siitä tulee ilmaisun muoto, jolla on paikkansa sekä unelmoidussa että luottavaisin mielin odotetussa tulevaisuudessa. Samanaikaisesti myytti tuottaa sisällön, *Nibelungin sormuksen* draamallisen idean, lain ja väkivallan maailman tuhon ja utopistisen aikakauden nousun, jonka ensimmäiset edustajat ovat Siegfried ja Brünnhilde, vaikka he vielä kuolevatkin vanhan uhreina.

Vischerille musiikki "sydämen ikuisten, perimmäisten tunteiden" ilmaisijana merkitsi 1700- ja 1800-luvun oopperaa. Se oli tiukoin muodoin, "numeroin", ilmaistuja yksinkertaisia emootioita, harvemmin sekoittuneita tunteita, joihin suhtauduttiin hieman skeptisesti oopperaestetiikassa. Sitä vastoin *Sormuksen* musiikki ei voisi olla enää vähemmän yksinkertaista tai vähemmän yksioikoista. Myytin yksinkertaisuus ja näkyvän toiminnan drastisuus peittyvät yltympäri monista motiiveista kudottuun musiikilliseen kommentaariin, jonka silmiinpistävin piirre on juuri tuo ajattelun ja pohdinnan kompleksisuus, joka Vischerin mielestä oli musiikille saavuttamatonta. Wagnerilaisen musiikin henki, josta myytti syntyisi uudelleen "tulevaisuuden taiteena", on itse niiden heijastumien tartuttama, joiden hävittämisestä sen pitäisi huolehtia. Wagnerin estetiikan mukaan taiteen tuli vaikuttaa luonnolta ollakseen voimallista eikä pelkkää koristelua; kaikki jäljet säveltäjän työstä ja pyrkimyksistä oli kätkettävä. Hänen päämääränsä oli esteettinen välittömyys, mutta hän oli täysin tietoinen, että saavutettavissa oli ainoastaan "toinen" välittömyys: yksinkertaisuus taiteessa on tulos pohdinnasta työhuoneessa, emotionaaliset efektit tulosta säveltäjän laskelmista, välittömyys tuote ennakoinnista, myytti – "tulevaisuuden taideteoksessa" esihistoriallisen alkuperän restauroiminen – tuotos utopistisista pyrkimyksistä.

"Toinen välittömyys" ovat ne vaatimukset, jotka Wagner asetti tulevaisuuden yleisölle. Jotta vastakaikua hallitsisi suora havainto ja tunne ajatuksen ja pohdinnan tilalla, pohdinnan on ensin pitänyt suorittaa tehtävänsä tehokkaasti niin, että se voidaan sitten unohtaa. Ensi käden välittömyys ei ole muuta kuin sokeaa tunnetta, *Sormuksen* musiikissa uiskentelua sen virratessa ohi. Kuuntelijan pitää kyetä erottamaan musiikilliset motiivit, Wagnerin sanoin "emotionaaliset suuntaviitat draaman tiellä", tunnistaakseen ne niiden esiintyessä uudelleen ja pitääkseen niistä lukua niiden suhteiden ja funktion muuttuessa – tämä kaikki, jotta musiikki ei vain rullaisi eteenpäin kuin "vyöry", joksi klassisistit pilkkaajien joukossa ovat sitä pahek-suneet. Vasta pitkällisestä pohdiskelusta kasvaa pelkkää pinnallista töllistelyä syvempi tunne ja musiikillinen näkemys.

2.

Sormus oli työn alla yli neljännesvuosisadan, 1848–1874, mutta kuitenkin kokonaisuuden havaittavat epäjohdonmukaisuudet ovat vähemmän merkittäviä kuin yhtenäisyys, jonka se säilyttää. On silti helpompaa tuntea sisäinen koherenssi kuin määritellä se oopperan ja draaman estetiikan tavanomaisin termein; määrittely-yritys, kaivautuminen peruskallioon, jonka saattaa vaivoin aavistella olevan olemassa, tuo eteen tarpeen löytää jonkinlaista järjestystä kummalliseen, niiden kaikkien elementtien sekasortoon, draamallisten, eeppisten ja sinfonisten, jotka antavat sisällön teokselle.

Klassisessa perinteessä vakiintuneiden sääntöjen mukaisesti – eivätkä ne olleet Wagnerille vieraita – draamallisen muodon tuli välttää eeppisiä piirteitä. Aristoteles kirjoitti *Runousopissaan*: "Runoilijan täytyy varoa antamasta tragedialleen eeppistä muotoa. Eeppisellä tarkoitan lukuisista tarinoista koostuvaa sisältöä, esimerkiksi jos joku yrittäisi dramatisoida koko *Iliaan* sisällön." Nibelungin myytti sellaisena kuin Wagner luonnosteli sen lokakuun alussa 1848 sisältää valtavan määrän tarinoita. Huomatessaan 1200-luvun *Nibelungenliedin* materiaalin olevan sekavaa Wagner oli palannut Eddan pariin yhdistääkseen Siegfriedin kuoleman sankarillisen tragedian saksalaisten myyttien jumaliin. Hän pyrki siten kohottamaan tapahtumat universaaliksi draamaksi. Valtavan luomispohjan vuoksi hän suuntasi suoraan kohti kysymystä, josta Fredrich Theodor Vischer oli muistuttanut pohtiessaan draaman tärkeää muotoperiaatetta, "taloudellisuutta":

> Eddan kertomuksen mukaisesti muinainen kirous vaanii koko tapahtumaketjua, kääpiö Andwarin (Alberich Wagnerin tetralogiassa) nibelungien aarteelle asettama kirous... Mutta tätä yhteyttä ei voi käyttää oopperassa, sillä Eddan seuraaminen noihin myyttisiin lähtökohtiin ei tule kysymykseen jo pelkästään ekonomisista syistä.

Wagnerin proosaluonnos lokakuulta 1848, *Nibelungien saaga (Myytti)* [*Die Nibelungensage (Mythus)*, myöhemmin julkaistu otsikolla *Der Nibelungen-Mythus. Als Entwurf zu einem Drama*] pitää sisällään koko myytin kaikkine kerronnallisine juonteineen kullan varastamisesta Siegfriedin ja Brünnhilden sovituskuolemaan, joka poistaa kirouksen kullalta. Luonnos tekee selvän eron esihistorian ja draamassa esitetyn toiminnan välillä: kaikki lohikäärmeen tappamiseen ja Brünnhilden herättämiseen saakka on esihistoriaa, ja toiminta alkaa Hagenin juonesta ja Siegfriedin saapumisesta Gibichungien luo. Draaman ensimmäisessä versiossa – kirjoitettuna proosaksi myöhemmin lokakuussa ja säemuotoon marraskuussa 1848 otsikolla *Siegfriedin kuolema*, myöhemmin *Jumalten tuho* – tämä poikkeavuus auttaa erottamaan jumalmyytin sankaritragediasta, mikä on muistumaa siitä, mikä näytellään. Dramaturgisen tekniikan näkökulmasta *Siegfriedin kuolema* on epäonnistunut: esihistorian ja tapahtumisen välillä on ammottava kuilu. Hagenin ensimmäisen näytöksen kertomus Siegfriedistä ja Brünnhildestä on ainoa draamaan integroitu eeppinen jakso, sillä se koostuu osasta sankaritragedian esihistoriaa, jonka Hagenin juonittelu saa liikkeelle. Mutta muut eeppiset kohtaukset on kömpelösti liitetty draamaan: nornien kohtaus, Brünnhilden kohtaaminen muiden valkyyrioiden kanssa (joka liittyy hänen kohtaukseensa Waltrauten kanssa *Jumalten tuhossa*) sekä Hagenin uni selittävät jumalmyyttiä, mutta niitä ei ole integroitu sankaritragediaan. On huomattava, että nämä kaikki puuttuvat alkuperäisestä proosaluonnoksesta *Nibelungien saaga (Myytti)*; pakotettuina, päälle liimattuina lisäyksinä ne eivät kuulu Wagnerin varhaisimpaan draamallis-näyttämölliseen konseptiin.

Wagner joutui tunnustamaan, ettei *Siegfriedin kuolema* ollut draamallisesti itsenäinen teos yrittäessään ensimmäisen kerran kirjoittaa tekstiään musiikiksi parisen vuotta sen sepittämisen jälkeen, myöhäiskesällä 1850 lähdettyään poliittisena pakolaisena

Dresdenistä Zürichiin. Kesäkuussa 1851 hän kirjoitti tekstin *Nuoreen Siegfriediin* (myöhemmin *Siegfried*) täydentääkseen *Siegfriedin kuolemaa*. Kirjeessä Theodor Uhligille saman vuoden marraskuussa hän mainitsi suunnitelmastaan laajentaa kaksiosainen draama tetralogiaksi, ja teksti *Reininkultaan* ja *Valkyyriaan* syntyi 1852. Uhligin saamassa kirjeessä hän kirjoitti:

> Muista että – ennen kuin kirjoitin tekstin *Siegfriedin kuolemaan* – tein luonnoksen, joka kertoi koko myytin suurenmoisessa kokonaisuudessaan: tuon ensimmäisen runoelman tarkoitus oli esitellä myytin pääkatastrofin merkitys ja antaa sille yhteys, joka oli helposti lähestyttävissä myös nykyajan teatterissa. Päästessäni kokonaisuuden musiikilliseen toteutukseen voimatta välttää teatterikäytäntöjen vaatimuksia havaitsin, että ajatukseni oli epätäydellinen: henkilöhahmoilla oli valtava, säväyttävä merkityksensä laajemmassa kontekstissaan, ja tuo konteksti oli tuotavissa esiin ainoastaan eeppisessä kertomuksessa. Saattaakseni *Siegfriedin kuoleman* toimivaksi kirjoitin tätä ajatellen *Nuoren Siegfriedin*, mutta sen myötä oivalsinkin kokonaisuuden tarvitsevan paljon suuremman merkityksen näyttämöllis-musiikillisessa toteutuksessaan, että tärkeämpää kuin koskaan on esittää koko tarina taustoineen selvästi todettavassa muodossa. Ymmärrän nyt, että tullakseni täysin ymmärretyksi teatterissa minun täytyy saada koko myytti esitetyksi näyttämöllä.

Hänen argumenttinsa siitä, että vain näyttämöllä nähtävä ja esitettävä voi toimia teatterissa, perustuu hänen omaan kokemukseensa oopperasäveltäjänä; se ei pätisi puhedraamaan, jossa eeppisellä kertomuksella on pitkäaikainen perinne. Mutta jopa puheteatterin kriteerein punnittuna *Siegfriedin kuolemassa* on yksi vakava puute: jumalmyyttiä ei ole kelvollisesti liitetty sankaritragediaan, esihistoriaa ei ole integroitu itse draaman toimintaan.

Dramaturginen vaikeus, joka johti Wagnerin hybridiratkaisuun, päätökseen laajentaa Siegfriedin tragedia tetralogiaksi Nibelungin sormuksesta, oli läheisesti liitoksissa musiikilliseen ja sävellykselliseen ongelmaan. *Siegfriedin kuolema* osoittautui mahdottomaksi säveltää, vaikka Wagnerilla oli runsaasti musiikillisia ideoita sitä varten, kuten hänen kirjeensä osoittavat. Vuonna 1850 hän laati omaan aikaamme säilyneitä, nornien kohtaukseen liittyviä sävellysluonnoksia, joissa jumalmyytti kerrotaan eeppisinä katkelmina – "yleismaailmallisena rupatteluna", kuten Thomas Mann totesi. Luonnokset eivät johtaneet mihinkään, mikä ei ole sattumaa: esteeksi eivät muodostuneet hankaluudet musiikillisessa deklamoinnissa tai tekstin sovittamisessa vaan musiikillisessa draamassa, myyttisen tragedian keskeisten ideoiden esittelyssä. Luonnosten musiikista puuttuu motiivista substanssia. Wagner totesikin Siegfried-tragedian myyttisen taustan antavan hahmoille "niiden valtaisan, iskevän merkityksen", mutta se jää musiikillisesti värittömäksi ja ohueksi nousematta millään kohdin pelkän melodisen ilmaisun yläpuolelle. Kerrotun myytin musiikillinen "havainnollistaminen", "tunteen täytäntöönpano", joka Wagnerin estetiikan mukaan on musiikin tehtävä draamassa, ei voi olla puhetta. Jumalmyytin musiikilliseksi esittelyksi luonnos nornien kohtaukseen on epäonnistunut.

Suunnitelman hauraus ei kuitenkaan ole mikään sattuma, vaan se johtuu *Siegfriedin kuoleman* dramaturgisista heikkouksista – epäonnistuneesta myytin kerronnan integroimisesta lavalla nähtävään toimintaan. Wagner suhtautui epäluuloisesti kaikkeen, millä ei ollut perustaa toiminnassa; jotta musiikillisen idean voisi hahmottaa, sillä piti olla tekstuaalinen ja näyttämöllinen *raison d'être*, olemassaolon oikeutus. (Sana motiivi ei hänen kirjoituksissaan viitannut melodiseen ideaan vaan sen draamalliseen perustaan ja motivaatioon.) Tullakseen ymmärretyksi ilman epäilyksen häivää (ja täydellisesti ymmärretyksi tuleminen oli Wagnerin tavoite, siksi hänestä itsestään tuli kyltymättömin vastaväittäjänsä) musiikillinen idea – "melodinen momentti" – oli esiteltävä sekä tekstin että näyttämötapahtumien yhteydessä. Jälkimmäinen oli Wagnerille ratkaisevan tärkeää. Kirjeessä Uhligille silmiinpistävä ilmaus on "näyttämöllis-musiikillinen toteutus", joka selvästi ei merkitse niinkään, että näyttämötoteutuksen pitää sisältyä tai se on kuvattava tekstissä vaan, että se herää eloon vain musiikin yhteydessä – tapahtumat näyttämöllä ovat sidoksissa musiikillisiin motiiveihin ja musiikilliset motiivit vastaavasti näyttämön tapahtumiin.

Vuoden 1850 luonnos nornien kohtaukseen epäonnistuu näin ollen siksi, että Wagnerin olisi pitänyt kyetä keksimään draamallisella merkityksellä ladattuja motiiveja sitä varten, muttei mitenkään kyennyt siihen "eläväksi tekevän" näyttämötoiminnan puuttuessa; musiikki on keino, joka "toteuttaa" kerrotut myytit tunnistettaviksi vaistomaista, sanatonta vastaanottoa varten. Toisin sanoen Wagnerilla ei ollut vain dramaturgiset vaan myös musiikilliset syynsä laajentaa Siegfried-tragedia ensin kaksoisdraamaksi ja lopulta tetralogiaksi. Se oli olennaista jumalmyyttien "realisoimiseksi", sankaritragedian taustaksi soveltuvien musiikillisten motiivien luomiseksi. Vasta sitten, kun musiikillinen motiivi on täsmällisesti liitetty johonkin näyttämön seikkaan, kultaan, sormukseen, Valhallaan tai Wotanin sopimusten ja velvoitteiden aiheuttamiin pidäkkeisiin (musiikki ei itsessään voi ilmaista esineitä tai käsitteitä), se voi toimia muistumamotiivina tai johtoaiheena, siis keinona viitata siihen, mikä on nähty ja sanottu, ja siihen, mitä ei ole nähty eikä sanottu.

Vaatimus siitä, että näyttämöllä nähtävät tapahtumat tai esineet perustavat tärkeiden musiikillisten motiivien merkityksen, on altis vastalauseille, joiden mukaan Wagner ei liittänyt motiiveihinsa pelkästään muistuman funktiota vaan myös ennakkoaavistuksen ("Ahnung"). Argumentti kuitenkin raukeaa, sillä jos aavistus ei koskaan toteudukaan näyttämöllä, pysyy motiivi ratkaisemattomana koodina, toteutumattomana aavistuksena.

Kun nornat kertovat myytit kullan varastamisesta, Valhallan rakentamisesta ja Siegfriedin taistelusta lohikäärmeen kanssa *Siegfriedin kuolemassa*, niitä ei ole nähty eikä sillä hetkelläkään esitetä lavalla; niiden luonne oli siis eeppinen, ja se pakotti Wagnerin keskeyttämään nornakohtauksen säveltämisen 1850. Hän näyttää Aristoteleen tavoin syyttäneen vaikeuksistaan eeppisiä elementtejä draamassa ylimalkaan. Kirjeessä Lisztille 20. marraskuuta 1851 hän kirjoittikin kaksiosaisen draaman laajentamisesta neljään osaan:

> Ilmaisun selkeys, jonka tämä saa aikaan, sallimalla kaikelle kerrottavalle juuri tarvittavan keston, niin että se voidaan esittää täydellisenä tai ainakin typistettynä ytimekkäisiin alluusioihin, antaa minulle nyt runsaasti tilaa voimistaa assosiaatioiden runsautta entistä jännittävämmäksi, kun puolestaan aiemman, puolieeppisen esittelyn kohdalla minun oli pakko vastahakoisesti jättää pois asioita ja heikentää kaikkea.

Mutta Siegfriedin tragedian esihistorian esittely näyttämöllä pelkän kerronnan asemesta ei merkinnyt sitä, että draaman eeppiset ja pohtivat osuudet olisi karsittu; päinvastoin, ne kasvoivat. *Jumalten tuhossa* nornien kohtaus on pidempi kuin *Siegfriedin kuolemassa*: *Reininkullassa* näyttämöllä toteutettu draama on tehnyt osan myöhemmin kerrotuista myyteistä turhiksi, ja niiden tilalle ovat tulleet toiset, vielä varhaisempi kertomus Wotanin vahingoittamasta Maailman saarnesta, siitä aiheutuvasta puun kuihtumisesta ja Valhallan vääjäämätöntä tuhoutumista koskevasta ennustuksesta. Vertailu valkyyrioiden kohtauksen (*Siegfriedin kuolema*) ja Waltrauten kohtauksen (*Jumalten tuho*) välillä tai Hagenin unen kahden version välillä paljastaa samanlaisen taipumuksen pikemminkin laajentaa kuin supistaa eeppisiä jaksoja.

Vaikkakin tulos näyttää olevan vastakkainen siihen nähden, mitä Wagner kirjoitti Lisztille, tämä ei ole yllättävää, sillä Wagnerin tavoittelemaa "assosiaatioiden runsautta" ei voi erottaa eeppisyydestä. Thomas Mann, jota voi kutsua johtoaiheiden käyttäjäksi romaanikirjailijana, ylisti nimenomaan *Jumalten tuhon* eeppis-kontemplatiivisia jaksoja, kertomuksia ja Hautajaismusiikin instrumentaalista eeppisyyttä, joissa johtoaihetekniikka rakentaa "assosiaatioiden taikaa". Näin eeppinen elementti näyttelee ristiriitaista roolia *Sormuksessa*: kuten vuoden 1850 luonnokset osoittavat, eeppinen esittely joutui motiivitekniikalla, ei siis pelkällä musiikillisella deklamoinnilla operoivan sävellystavan jalkoihin, ja toisaalta jo visuaalisesti esitettyjen asioiden eeppinen kertaaminen itse asiassa loi edellytyksiä jaksoille, jotka olivat erityisen otollisia motiiviselle kehittelylle.

3.

Myytti, jonka Wagner kertoi ensimmäisessä proosaluonnoksessa 1848, *Nibelunginlaulu*, ulottuu niin kauas menneisyyteen kuin ihmismieli kykenee tavoittamaan, ja silti se voidaan tulkita poliittiseksi vertauskuvaksi: äkkiväärällä maulla varustetun lukijan näkökulmasta se voi olla yhtä ristiriitainen kuin 1800-luvun teräskonstruktioon verhottu gootiikka tai muinaisegyptiläinen muistomerkki. (Maulla on kuitenkin yhtä vähän tekemistä niin Wagnerin kuin Mahlerinkaan kanssa.)

Kääpiöt (nibelungien), jättiläiset ja jumalat ovat jakaneet maailman.

> Yön ja kuoleman kohdussa on versonut Nibelheimissa (sumun koti) asuva rotu, siis synkissä, maanalaisissa rotkoissa ja luolissa. He ovat nibelungeja; kiihkein, levottoman aktiivisin toimin he kaivautuvat (kuin madot ruumiissa) läpi maan sisusten; he kuumentavat, jalostavat ja takovat kovia metalleja.

Kiusallinen vertaus paljastaa, että Wagnerin sympatiaan teollisuusköyhälistöä kohtaan sekoittui inhon aineksia.

> Alberich on kaapannut haltuunsa Reinin puhtaan, jalon kullan, tuonut sen esiin vesien syvyyksistä ja suurella oveluudella takonut siitä sormuksen, joka on antanut hänelle ylimmän vallan koko rotuunsa, nibelungeihin; näin hänestä on tullut heidän herransa ja valtiaansa, pakottanut heidät työskentelemään hänelle tästedes ja täten kartuttanut nibelungien mittaamatonta aarretta, jonka kallisarvoisin esine on Tarnhelm (taikakypärä, -naamio, suom. huom.), joka tekee sen kantajalle mahdolliseksi näyttäytyä missä tahansa hahmossa ja jonka Alberich pakotti veljensä Reiginin (Mime – Eugel) tekemään. Näin varustautuneena Alberich tavoittelee maailman ja kaikkien sen rikkauksien herruutta.

Nibelungit edustavat uhkaa niin jättiläisille kuin jumalillekin. Jättiläiset rakentavat linnan, Valhallan, jumalia varten symboliksi ja turvaksi jumalten herruudelle, ja pyytävät nibelungien aarretta palkaksi – he nimittäin pelkäävät Alberichia.

> Käyttäen hyväkseen älyllistä ylivertaisuuttaan jumalten onnistuu vangita Alberich, ja he vaativat hänen elämänsä lunnaiksi nibelungien aarteen; hän yrittää pitää omanaan vain sormuksen; jumalat – tietäen hyvin Alberichin vallan salaisuuden kätkeytyvän juuri siihen – sieppaavat myös sormuksen häneltä; silloin hän kiroaa sen: se on koituva tuhoksi kaikille sen omistaville. Wotan luovuttaa aarteen jättiläisille, mutta haluaa pitää sormuksen taatakseen ehdottoman valtansa: jättiläiset vaativat sitä ja Wotan myöntyy kolmen kohtalottaren (nornan) neuvosta; nämä varoittavat häntä jumalien perikadosta.

Sen sijaan, että käyttäisivät aarretta ja sormuksen voimaa lisätäkseen omaa mahtiaan, jättiläiset jättävät ne ”Gnitan nummelle jättiläislohikäärmeen vartioimiksi”. (Wagner kutsuu jättiläisiä ”hölmöiksi”, mutta päätös jättää kajoamatta sormukseen ja niin muodoin sen kiroukseen onkin viisautta, vaikka he eivät tietoisesti sitä olekaan pohtineet.) Wotan on ottanut vaarin nornien (lopullisessa versiossa Erdan) varoituksesta, ja päättää kääntyä ihmisrodun puoleen saadakseen tukea vallalleen. Hän kokoaa armeijan kuolleista sankareista: valkyyriat "johdattavat taistelussa kuolleet Valhallaan". Vain sormus takaa "ehdottoman vallan", ja Wotanin "kuningasajatus" on, että sankari, jota jumalten ja jättiläisten välisen sopimuksen ehdot eivät sido, tappaa lohikäärmeen ja saa haltuunsa sormuksen Wotanin vaikutuksesta riippumatta – tämä kun "sopimusten herrana" ei voi yllyttää ketään niiden rikkomiseen. Wotanin tarvitsema riippumaton sankari ei kuitenkaan tunnusta lakeja, joiden edustaja Wotan on (ja joiden riimut on veistetty hänen keihääseensä): vapaa mies vailla lakeja. (Wotanin sopimus jättiläisten kanssa edustaa mytologian yhtenevyyden mukaan sopimusten, hyväksyntöjen ja lakien hallitsemaa maailmaa; ne pitävät aisoissa kaaoksen ja silkalla voimalla hallitsemisen.) Valittu sankari Siegmund, Wälse-Wotanin poika, tekee aviorikoksen Hundingin vaimon Sieglinden kanssa ja ottaa tämän vaimokseen, vaikka tämä on hänen sisarensa. Mutta jos piittaamattomuus laista onkin toisaalta olennainen ehto, jonka nojalla vain vapaa sankari voi toteuttaa Wotanin "kuningasajatuksen", se on toisaalta kohtalokas seikka, joka estää tuon ajatuksen toteutumisen; pelastuksen lupaava tekijä on itsensä tuhoava – klassinen esimerkki traagisesta ironiasta. "Sopimusten herrana" Wotanin on rangaistava aviorikoksesta ja insestistä. (Wagnerin näkemyksen mukaan tämä ei ollut epäluonnollista vaan kuvasti luonnollista konfliktia lain kanssa. *Oopperassa ja draamassa* hän kirjoitti: "Loukkasiko Oidipus lakia naidessaan äitinsä? Varmaankaan ei. Muutoin viimeistään luonto olisi osoittanut pahennuksensa olemalla sallimatta lasten syntymisen tästä liitosta; mutta luonto osoitti olevansa täysin tyytyväinen.") Wotanin Siegmundille aseeksi taisteluun lohikäärmettä vastaan antama miekka on Wotanin keihään särkemä, sopimusten ja lakien symboli. Siegmundia taistelussa Wotania vastaan puolustanut valkyyria Brünnhilde (hänen kapinointinsa noudattaa Wotanin salaista toivetta, joskaan Wotan ei voi ilmaista sitä), saa rangaistuksen Wotanilta

> tottelemattomuudestaan: tämä karkottaa hänet valkyyrioiden joukosta ja vangitsee hänet vuoren kallion huipulle, missä hän, neitsytjumalatar, päätyy vaimoksi ensimmäiselle miehelle, joka hänet löytää ja herättää unesta, jossa Wotan on tarkoittanut hänen nukkuvan; hän anelee ja saa yhden suosionosoituksen, nimittäin että Wotan ympäröi kallion hirmuisella tulella niin, että Brünnhilde voi olla varma vain sankareista urheimman voivan voittaa hänet.

”Sankareista urhein” on Siegfried, Siegmundin ja Sieglinden poika. Hän kasvaa aarniometsässä Mime-nibelungin, Alberichin veljen huostassa. Mimen ohjeiden mukaan hän takoo yhteen Siegmundin särkyneen miekan palaset ja Mimen yllyttämänä hän tappaa nibelungien aarretta vartioivan lohikäärmeen.

> Kun hän panee suuhunsa lohikäärmeen veren polttaman sormensa, hän tulee samalla maistaneeksi verta ja huomaa äkkiä ymmärtävänsä kaikkialla ympäröivässä metsässä laulavien lintujen kieltä. Ne ylistävät Siegfriedin urotekoa, kertovat hänelle Nibelungin aarteesta lohikäärmeen luolassa ja varoittavat häntä Mimestä, joka on vain käyttänyt häntä hyväkseen saadakseen aarteen ja aikoo nyt tappaa hänet päästäkseen itse käsiksi kultaan. Saadessaan tietää tämän Siegfried tappaa Mimen ja ottaa aarteesta sormuksen ja Tarnhelmin, hän kuuntelee jälleen lintuja, jotka opastavat hänet hakemaan omakseen naisista ihanimman, Brünnhilden. Siegfried lähtee matkaan, löytää Brünnhilden kivisen linnoituksen, tunkeutuu läpi sitä ympäröivän tulen, herättää Brünnhilden; riemuissaan tämä tunnistaa Siegfriedin, Wälsungien suvun suurimman sankarin ja antautuu hänelle: Siegfried ottaa Brünnhilden vaimokseen Alberichin sormuksella, jonka hän panee tämän sormeen.

Siegmundin tavoin Siegfried on kasvanut sopimusten ja lakien maailman ulkopuolella, erämaassa, jonne Wotan välttää astumasta; Siegfriedin kantama miekka on Wotanin keihään vastasymboli. Hän on vapaa, luonnollinen ihminen, jonka Wagner on etsinyt myyttisestä esihistoriasta ja jollaisen hän toivoi ilmaantuvan tulevaisuudessa. Wagneria ei huolettanut myöntää, että "vaiston" kääntöpuoli on brutaalisuus (hän näki itsensä Wotanina, resignoituneena jumalana). Mutta taisteltuaan lohikäärmeen kanssa Siegfried ottaa ensimmäisen kontaktinsa muuhun maailmaan ja nimenomaan siksi, ettei hänellä ole aiempaa tietoa siitä, hän joutuu vakaviin vaikeuksiin: "sankareista vapain" päätyy sätkynukeksi juoneen, jossa Hagen ja Brünnhilde näyttelevät pääosia. Alberichin sormukselle langettama kirous lannistaa Siegfriedin Hagenin, siis Alberichin pojan, juonittelun kautta. Alberichin vuoksi Hagenin tulisi voittaa takaisin sormus, vallan väline ja symboli. Hagenin juonen mukaan hänen velipuolensa ja sisarpuolensa, Gibichungien sisarusten Guntherin ja Gudrunin (*Jumalten tuhossa* Gutrune) tehtävä on auttaa huijauksessa – vain hämätäkseen itseään.

> Gunther saa tietää Hagenilta Brünnhilden olevan naisista haluttavin ja saa hänet himoitsemaan tämän omistamista juuri Siegfriedin saapuessa Gibichungien luo Reinin rannalle. Hagenin ylistyksen ansiosta Gudrun on vahaa Siegfriedin käsissä, rakastuu häneen ja Hagenin kehotuksesta toivottaa hänet tervetulleeksi tämän valmistamalla taikajuomalla, jonka voima saa Siegfriedin unohtamaan kaiken Brünnhildestä, jopa heidän avioliitostaan, Siegfried haluaa Gudrunia kuin vaimoaan: Gunther hyväksyy tämän, jos vain saa Brünnhilden. Siegfried suostuu: he juovat veriveljeyden maljan ja vannovat valan, johon Hagen ei ota osaa.

Unohduksen juoma on kiusallinen aihe klassisesti suuntautuneille Wagner-eksegeeteille, joiden makua kömpelön teatraalinen kikka loukkaa. Heiltä jää aina oivaltamatta, että juoman funktio ei ole niinkään aiheuttaa tietty vaikutus kuin selkeyttää: suurin piirtein samoin kuin lemmenjuoman tarkoitus *Tristanissa ja Isoldessa* on esitellä teatraalisena, symbolisena pantomiimina tilanteen todellinen luonne, vaikka tämä jääkin sanallisesti ilmaisematta. Oikein ymmärrettynä juoma ilmaisee ja nostaa esiin Siegfriedin tilanteen traagiset olosuhteet osoittaen hänen "vaistonsa" dialektiikan. Voidakseen murtaa sopimusten ja lakien panssarin, joka samalla pitää yllä ja määrittää Wotanin valtaa, Siegfriedin on oltava "vaistonvarainen", pohdiskelematon sankari, joka noudattaa ainoastaan omia mieltymyksiään. Mutta vaikka toinen tämän riippumattomuuden puolista onkin vapaus, toinen on rajoittuneisuus, riippuvuus hetkestä, tässä ja nyt. Mutta samalla kun Siegfried, "puhdas hölmö" kuten Parsifal, kuuluu jakamattomasti nykyhetkeen, historia katoaa häneltä; ilman minkäänlaista kykyä muistaa hän lankeaa uhriksi Hagenin juoneen. Syy Siegfriedin tuhoon on ristiriidassa, joka vallitsee hänen vaistonsa ja riippumattomuutensa välillä. Juuri vaisto ja riippumattomuus antavat hänelle mahdollisuuden pelastaa itsensä ja muut sotkeutumasta sopimuksiin, lakeihin ja erilaisten päätösten seurauksiin, mutta toisaalta ne johdattavat onnettomuuteen. Tie katastrofin välttämiseen johtaakin suoraan siihen.

Muu osa toiminnasta näyttää Hagenin juonen toteutumisen. Tarnhelmin kätkössä – se antaa hänelle Guntherin ulkoasun – Siegfried läpäisee tulen Brünnhilden luo, ryöstää häneltä sormuksen ja vie hänet veneelle, jossa Gunther jälleen ottaa Siegfriedin paikan.

> Gunther purjehtii kotiin pitkin Reiniä Brünnhilden totellessa häntä synkän hiljaisuuden vallitessa: heidän saapuessaan Siegfried, Gudrun rinnallaan, ja Hagen ottavat heidät vastaan. Brünnhilde on kauhuissaan nähdessään Siegfriedin Gudrunin aviomiehenä ja hämmästyy tämän viileää, ystävällisen välinpitämätöntä suhtautumista häntä kohtaan. Siegfriedin osoittaessa Guntherin hänen miehekseen hän näkee sormuksen tämän sormessa, oivaltaa jonkinlaisen petoksen

tapahtuneen ja vaatii sormusta sillä perusteella, ettei se kuulu Guntherille vaan tämä otti sen hänen sormestaan: Siegfried kieltäytyy antamasta sormusta.

Käy ilmi, että Siegfried on pettänyt Brünnhildeä Guntherin hahmossa, ja Brünnhilde, Hagen ja Gunther vannovat tappavansa Siegfriedin. Seuraavana aamuna metsästysretkellä Siegfried eksyy kallioisessa rotkossa Reinin rannalla. Hän tapaa Reinintyttäret, jotka pyytävät häntä antamaan takaisin sormuksen, Reiniltä varastetun kullan. Mutta heidän uhatessaan katastrofilla Siegfried kieltäytyy. Vuoden 1848 proosaluonnos jatkuu: "Syyttömänä hän on ottanut jumalien syyllisyyden taakan kontolleen ja sovittaa heidän vääryytensä uhmallaan ja riippumattomuudellaan." Siegfriedin "uhmakkuus" – hänen pelottomuutensa ja itseluottamuksensa – on näin hänen "vaistonsa" tavoin samanaikaisesti pelastuksen keino, joka raivaa tien läpi sopimusten ja lakien tiheikön, kuin myös tuhon väline, joka altistaa hänet katastrofille. Hänen "hölmöytensä" on sekä suojus että ansa.

Hagen tappaa Siegfriedin, mutta murha, Alberichin kosto Wotanille, on turha. "Hagen on ottamassa sormusta ruumiilta, mutta se nostaakin kätensä uhkaavasti; Hagen lyhistyy kauhuissaan." Hagenin juonen läpi lopulta näkevä Brünnhilde tajuaa Siegfriedin viattomuuden (siltä osin kuin unohduksen juoma vapauttaa hänet syyllisyydestä) ja uhraa itsensä hautajaisroviolla poistaakseen kirouksen ja puhdistakseen sormuksen, joka palaa Reinintyttärille sulatettuna takaisin osaksi kultaa, josta se aikoinaan taottiin. Sormuksen symboloima valta, jossa sopimukset ja pakkokeinot ovat erottamattomia, lopetetaan ja korvataan "vapauden valtakunnalla", jota Siegfried ja Brünnhilde ennakoivat. Kirjassaan *Saksalaisen tragedian lähtökohdat* (Ursprung des deutschen Trauerspiels) Walter Benjamin kirjoitti:

Traaginen uhraus poikkeaa kaikista muista uhrin osalta – sankarin, ensimmäiseksi ja viimeiseksi. Hän on viimeinen uhrattava jumalten, vanhan lain vartijoiden rauhoittamiseksi; hän on ensimmäinen uudenlainen uhraus, jossa yksi kuolee monien puolesta draamassa, jossa inhimillinen elämä ja yhteiskunta julistavat uusia merkityksiä.

4.

"Se on sankarien rooli läpi koko maailman historian: heidän kauttaan nousee uusi maailma", Hegel kirjoitti *Filosofian historiassa* (Geschichte der Philosophie). Vallankumousvuonna 1848 hahmotellun *Siegfriedin kuoleman* päätöksen oli kiistatta tarkoitus olla uuden maailman synnyn myyttinen vertauskuva ja draamallinen ennustus. "Päättyköön nibelungien orjuus, sormus ei enää kahlitse heitä." Mutta Brünnhilden viimeiset, "vanhan lain" jumalalle Wotanille osoitetut sanat ovat vastakkaiset teoksen yleisluonteelle, suorastaan ristiriidassa sen kanssa:

> Nur einer herrsche:
> Allvater! Herrlicher du!
> Freue dich des freiesten Helden!
> Siegfried führ' ich dir zu:
> biet' ihm minnlichen Gruss,
> dem Bürgen ewiger Macht!

> "Vain yksi hallitkoon: kaiken isä, sinä suuri! Iloitse sankareista vapaimmassa! Tuon sinulle Siegfriedin: toivota hänet rakkaasti tervetulleeksi, sillä hän on ikuisen vallan takuu!"

Tätä päätöstä voisi puolustella sillä argumentilla, että Siegfriedin ja Brünnhilden kuolemat ovat uhrikuolemia, jotka sovittavat syyllisyyden, johon Wotan oli liannut itsensä "sopimusten herrana"; sormukselle langetettu kirous (jonka symboli sormus on) oli vertauskuva sille kohtalokkaalle dialektiikalle, jota oikeutta ylläpitämään tarkoitettu laki käyttää pakkovallalla ja painostuksella. Mutta tämä kirous on nyt poistettu heidän kuolemansa kautta ja utopia on käymässä toteen, utopia, jossa hallinto on vapaa syyllisyydestä. Kuitenkin Brünnhilden viimeiset sanat runomuotoisessa tekstissä ovat jyrkässä ristiriidassa vuoden 1848 proosaluonnoksen kanssa asettaessaan filosofisen ohjelman, joka puhuu ilman väärin ymmärtämisen mahdollisuutta jumalten "itsetuhosta". Feuerbachin kielellä maailma ihmisten yläpuolella ("die Überwelt") syrjäytyy ihmisen tunnistaessa itsensä jumalassa, jonka hän on luonut itselleen. Wagner kirjoitti:

> Tätä korkeaa oman [jumalien] syyllisyyden sovittamisen määränpäätä varten jumalat nyt kouluttavat ihmiskuntaa; heidän oma merkityksensä on oleva täytetty heidän tuhottuaan itsensä tässä ihmisluomuksessa, nimittäin kun heidän on täytynyt luopua suorasta vaikutuksesta kohdattuaan inhimillisen tietoisuuden vapauden.

(Ashton Ellisin yritys kumota tämä toteamus myöhäisempänä lisäyksenä ikään kuin ratkaistakseen runoelman viimeisten säkeiden ristiriidan on filologisesti kestämätön.)

Siltä osin kuin *Sormus* on myyttinen tragedia, se on myös poliittinen paraabeli – Bernard Shaw tulkitsi sen kapitalismin luonnonhistoriaksi – ja on ehkä soveliasta muistaa poliittinen motiivi, joka vaikutti teoksen dramaattiseen konseptiin ja muokkasi lopun. Heinäkuun 14. päivänä 1848 julkaistu Wagnerin pamfletti otsikolla *Mitä tasavaltaiset pyrkimykset suhteutuvat monarkiaan?* (Wie verhalten sich republikanische Bestrebungen dem Königtum gegenüber?) keskittyy Brünnhilden viimeisiin sanoihin ilmiselvästi liittyvään olettamukseen: "Kaikki, mitä voimme pyytää, on, että kuningas olisi ensimmäinen ja kaikkein aidoin tasavaltalainen. Ja kenellä voisikaan olla parempaa kutsumusta olla vilpittömin, uskollisin tasavaltalainen kuin ruhtinaalla itsellään?" Poliittinen paradoksi, sovinnon tavoittelun naamioiminen dialektiseen valeasuun, palaa draamana: monarkki hallitkoon, mutta hyvänä tasavaltalaisena.

Mutta poliittisella motiivilla tuskin olisi ollut suurtakaan vaikutusta draamaan ilman rakenteellista korrelaatiota. Ristiriita "poeettisen intention" (käyttääksemme Wagnerin termiä *Oopperasta ja draamasta*) ja sen draamallisen toteutuksen välillä antoi poliittiselle motiiville teknisen ja dramaturgisen jalansijan. Proosaluonnoksessa ilmaistu teoksen pohjimmainen idea on Wotanin edustaman "kontrastien maailman" korvautuminen Siegfriedin ja Brünnhilden yhtenä hurmion hetkenä ennakoimalla "vapauden valtakunnalla". Mutta tuo idea ei ole muuta kuin pyrkimys *Siegfriedin kuolemassa*, siis ennen kuin draama laajeni tetralogiaksi: se on esitetty vain aikomuksen ylijäämänä ilman mielekästä draamallis-teatraalista toteutusta. Näyttämöllä olisi nähty Hagenin juoni, jonka uhriksi Siegfried lankeaa, ja sormusta seuraava hävitys, joka katoaa vasta kun se sovitetaan. Mutta myytti ja jumalat pysyvät – Wagnerin sanoin – "poissaolevina". Tästä johtuen proosaluonnoksessa hahmoteltu traaginen dialektiikka raaistuu lopullisessa draamatekstissä pelkäksi yksinkertaiseksi ristiriidaksi. *Siegfriedin kuoleman* toimintaa ei määrää Wotanin ja Siegfriedin välinen dialektiikka vaan Hagenin ja Siegfriedin mustavalkoinen ristiriita, jonka taustalla vaikuttavat Alberich ja Wotan. Dramaturgisen rakenteen kannalta Wotan on Siegfriedin jumala, kuten Alberich on Hagenin jumala tai epäjumala; siksi Hagenin juonen epäonnistuessa ja Siegfriedin pelastaessa kuolemallaan idean, jonka hän oli elämässään pettänyt, herruuden on jäätävä lopussa Wotanille. Dialektiikan kannalta ratkaisu saattaa olla epätyydyttävä, mutta tuo päätös on draamallis-teatterillisesti ainoa kelvollinen, kun teoksen näkyvän hahmon määräävät yksinkertaiset ristiriidat. Wagnerin laajentaessa sankaritragediaansa ensin kahteen, lopulta neljään draamaan selittääkseen Wotanin draaman dialektista argumenttia näkyvällä näyttämötoiminnalla pelkän idean hahmottamisen sijasta hänen oli muutettava myös loppua. *Siegfriedin kuolemasta* tuli *Jumalten tuho.*

Wagner kirjoitti peräti kuusi versiota Brünnhilden viimeisistä säkeistä, mikä on merkki epävarmuudesta hänen kohdatessaan ”poeettisen intention” ja draamallisen rakenteen välisen poikkeavuuden. Filosofi-Wagner oli törmäyskurssilla teatterimies-Wagnerin kanssa, jälkimmäiselle kun merkitsi vain se, mitä näyttämöllä nähtiin. Alkuperäisversion ensimmäinen muunnos, joka vaikuttaisi olevan peräisin jo vuodelta 1849, jättää alkuperäisen kehityssuunnan muuttumattomaksi, joskin Wotanin herruuden ylistystä on hieman himmennetty. Vasta toisessa variaatiossa jumalien hallinnon syrjäyttää tuho ja autuas *Todeserlösung*, kuoleman tuoma vapautus. Täyteen tietoisuuteen itsestään kasvanut ihminen ei enää tarvitse jumalia; hän ”näkee heidän lävitseen”, ymmärtää heidät oman sisäisen ja ulkoisen orjuutensa ilmaukseksi ja syyksi.

> Machtlose scheidet
> Die die Schuld nun meidet:
> Eurer Schuld entspross der froheste Held.
> dessen freie Tat sie getilgt:
> erspart ist euch der bange Kampf
> um eure endete Macht: erbleichet in Wonne vor des Menschen Tat,
> vor dem, Helden, den ihr gezeugt!
> Aus eurer bangen Furcht
> verkünd' ich euch selige Todeserlösung!

> ”Lähde voimattomana, sinä joka olet nyt syytön. Iloisin sankari syntyi teidän syyllisyydestänne ja hävitti sen nyt vapaalla teolla. Teidät on säästetty kauhealta taistelulta hupenevan mahtinne puolesta. Kalpene autuudessa ihmisen teon edessä, sankarin edessä, jonka te siititte! Teidän kauhustanne kuulutan teille autuaan vapautuksen kuolemassa!”

Ei ole varmaa, milloin tämä toinen muunnos kirjoitettiin. Se ilmaisee tällä myrskyisemmällä tavalla saman, mikä oli jo lyhyesti hahmoteltu filosofisemmalla kielellä proosaluonnoksessa *Nibelungien saaga (Myytti)* vuonna 1848. Jotta teos voisi kuitenkin päättyä vakuuttavasti jumalten tuhoon, päätös olisi perusteltava draamallisesti, ei pelkästään teoreettisesti. Sen vuoksi sitä piti edeltää näyttämöllä esitettävä Wotanin draama eli *Siegfriedin kuolema* (jonka henkilögalleria ei vielä edes pitänyt sisällään Wotania) tarvitsi täydennyksekseen *Nuoren Siegfriedin* (jonka viimeisessä näytöksessä Wotanin keihäs, "vanhan lain" symboli, pirstoutuu Siegfriedin keihästä vasten); vaikuttaa siltä, että tämä muunnos on syntynyt *Nuoren Siegfriedin* kanssa varhain kesällä 1851.

Kolmas variaatio on peräisin vuodelta 1852, sen jälkeen, kun kaksiosainen draama oli laajentunut tetralogiaksi; neljännestä ja viidennestä versiosta voi puhua vasta partituurin analyysin yhteydessä. Tässä vaiheessa *Siegfriedin kuolema* oli jo muuttunut *Jumalten tuhoksi*, joka päättyy Valhallan liekehtiessä.

> Denn der Götter Ende dämmert nun auf.
> So – werf' ich den Brand
> In Walhalls prangende Burg.
>
> "Sillä jumalten tuhon päivä nyt kajastaa. Näin saatan Valhallan ylvään linnan tulipalon valtaan."

Jumalien "autuas vapautus kuolemassa", joka toisessa versiossa oli toteutettu vain sanoin, toteutetaan kolmannessa variantissa näyttämöllä. Sen nähtäväksi tulemisessaan saama painoarvo on suoraan kytköksissä teoksen laajentamiseen neliosaiseksi: Valhallan palaminen ei ole niinkään *Siegfriedin kuoleman* (tai *Jumalten tuhon*) loppu kuin Wotanin tragedian, ja se tarvitsee näyttämöllisen painotuksen voidakseen olla tehokkaampi ja yltääkseen yli Siegfriedin draaman, mihin kaikki syklin aikaisemmat osat ovat tähdänneetkin.

Myös *Jumalten tuhon* päätös tuo mieleen Wagnerin anarkistiset taipumukset ja hänen yhteytensä Mihail Bakuniniin, eikä tämä yhteys suinkaan ollut niin lyhytkestoinen kuin Wagnerin myöhemmistä ja Bayreuthin perinteenvaalijoiden lausumista voisi päätellä. (Täsmälleen kuten *Siegfriedin kuoleman* päätöksen kohdalla poliittiset ja dramaturgiset elementit ovat erottamattomia, ja poliittinen näkökohta käy merkittäväksi vasta dramaturgisen rakenteen suodessa sille sijaa.) Lokakuun 22. päivänä 1850 – 18 kuukautta Dresdeninpaon jälkeen – Wagner kirjoitti Theodor Uhligille:

> Mutta miten meidän tulisi suhtautua Pariisin hirmuiseen paloon maan tasalle, tulen levitessä kaupungista kaupunkiin, kun viimein he villin innostuksen vallassa sytyttävät liekkeihin nämä ruokkoamattomat peräkylätkin saadakseen raitista ilmaa hengittääkseen? Kaikkein selväjärkisimmän harkinnan jälkeen ja molemmat jalat tiukasti maassa vakuutan sinulle, ettei minulla enää ole hiukkaakaan uskoa vallankumoukseen ellei se ala Pariisin polttamisella.

Politiikka tässä anarkistisessa tunnustuksessa vaikuttaa kirjallisuudelta samoin kuin kirjallisuus politiikalta, jonka Bayreuthin vartijat katsoivat asiakseen kumota ja peruuttaa. Vuonna 1876 Wagnerin kutsuessa Euroopan kuninkaalliset *Jumalten tuhon* ensimmäiseen esitykseen Karl Marx nimitteli häntä "valtion musikantiksi", joka oli myynyt taiteensa vallanpitäjille. Wagner ei kuitenkaan tinkinyt *Jumalten tuhossa* vaan antoi sen säilyä hävityn vallankumouksen päätöksenä.

5.

Sankaritarun laajentumisessa jumalmyytiksi Siegfriedin draaman kasvaessa Wotanin tragediaksi ei ollut kyse pelkästään vuoden 1848 ”runollisten pyrkimysten” näyttämöllisestä toteuttamisesta ja selkiinnyttämisestä vaan se tarkoitti perusteellisia muutoksia teoksen draamallisessa ja teoreettisessa konseptissa. Yksi tärkeimmistä vuoden 1852 *Sormus*-tetralogian motiiveista, Alberichin rakkauden hylkääminen, joka antaa hänelle voiman takoa sormus varastamastaan kullasta, puuttuu vuoden 1848 proosaluonnoksesta ja *Siegfriedin kuoleman* tekstistä. Yhä *Sormuksessa* keskeisenä oleva *Siegfriedin kuoleman* aihe tuodaan esiin vähemmän näkyvästi; se on prosessi, jonka kautta ”kontrastien maailma” antaa tilaa ”vapauden valtakunnalle” ja jumalten tekemät lait inhimilliselle ”vaistolle”. Wotanin keihään riimuihin kaiverrettu vanha laki ei ole erotettavissa syyllisyydestä: voima hyvän palveluksessa on yhä valtaa, vaikka se näyttäisikin päämäärältään perustellulta.

> [Jumalien] korkeamman maailmanjärjestyksen merkitys on moraalinen tietoisuus: mutta heidät turmelee nimenomaan se epäoikeudenmukaisuus, jota he jahtaavat; Nibelheimin syvyyksistä kohoaa uhkaavasti heidän syyllisyytensä kaiku.

Edelleen *Oopperassa ja draamassa* (1850–1851) Wagner hahmotteli valtion dialektiikan, joka ei poikkea millään tavalla Wotanin dialektisesta ahdingosta:

> Siitä pitäen, kun poliittiset valtiot alun alkaen perustettiin, historiassa ei ole otettu askeltakaan, joka ei olisi johtanut sen tuhoutumiseen riippumatta siitä, miten lujasti olisi tähdätty sen vahvistamiseen... kaikille yhteiskunnan jäsenille yhteisen yksilön vapaan itsemääräämisoikeuden välttämättömyys johtaa valtion tuhoutumiseen.

(Marxin tavoin Wagner oletti valtion kuihtuvan pois kansalaisten ”vieraantumisen” lakatessa.) Draamalliseksi metaforaksi käännettynä, Valhallan rakentaminen, johon ryhdyttiin tarkoituksena toteuttaa vahvempi perusta Wotanin vallalle, pitääkin maksaa nibelungeilta varastetulla sormuksella, ja samalla siirtyy myös sormukseen liittyvä onnettomuus.

Toisaalta vapaus jumalien laeista altistaa yhtä pahoin vapaan ihmisen syyllisyydelle (draamassa Siegfried on tuon vapauden ruumiillistuma, ja sormuksen omistaminen tuhoaa hänet). Siegfriedin ”vapain teko” on murha, ”omaisuutta” (”omaisuus on varkautta”), nibelungin aarretta vartioivan Fafner-lohikäärmeen tappaminen. Lisäksi Siegfriedin vapaus on yhä käytännössä tiedostamatonta: hän on täydellisesti välittömään nykyhetkeen uppoutunut, ja samalla kun tämä toisaalta vapauttaa hänet menneisyydestä lakeineen ja pakottamisen perintöineen, se tekee hänelle mahdolliseksi toteuttaa ”vapaimman teon”. Mutta samanaikaisesti edellä selitellyllä tavalla se on myös syy, miksi Siegfried lankeaa hänelle asetettuun traagiseen ansaan. Vasta Brünnhilden myötä vapaus kasvaa tiedostamiseksi: hän oli jumalallista alkuperää mutta tuli ihmiseksi – siis jumalien ”itsetuho” ja sitä seuraava ”inhimillisen vapauden tietoisuus” itse asiassa toteutui hänessä; juuri hänen kauttaan ”uusi maailma saa aamunkoittonsa”.

Jos *Siegfriedin kuolemassa* on havaittavissa se lain, emansipaation ja väkivallan dialektiikka, johon tapahtumien – ja poliittisina vertauskuvina toimivien myyttien – traagisuus perustuu, *Sormuksessa* vallanhalun kirous on toiminnan liikkeellepaneva voima. Alamaailman herrassa Alberichissa se ilmenee *Reininkullan* avauskohtauksessa karkean plebeijimäisesti, Wotanissa, Alberichin valoisammassa versiossa, se laimenee aristokraattisemmaksi:

> Als junger Liebe
> Lust mir verblich,
> verlangte nach Macht mein Mut.
>
> "Kun nuori rakkaus alkoi minussa hiipua, mieleni kaipasi valtaa."

Dramaatikkona Wagner, joka oli oli samalla teatterintekijä ja dialektikko, etsi keinoa päästä mustavalkoisesta asetelmasta (mikä voi näyttää ilmeiseltä, jos ajatellaan henkilöhahmoja, kuten Alberichia ja Hagenia suhteessa Brünnhildeen ja Siegfriediin, tai henkilön sisäistä vastakkainasettelua, kuten Wotanin tapauksessa) ja kehittää traagista dialektiikkaa, joka yhtäältä monimutkaistaa yksinkertaista vastakkainasettelua mutta toisaalta punoo yhteen koko draamaa, erilaisista tapahtumaketjuista koostuvaa tetralogiaa. Jos *Sormuksen* tulkinnan halutaan tekevän oikeutta Wagnerin taidekäsitykselle, sen täytyy tehdä ymmärrettäväksi Wotanin ja Siegfriedin dramaattisen käsittelyn ajatuksellinen yhteys. (Väite, että Siegfriedin draama vain palvelisi Wotanin tragediaa, voi olla abstaktilla tasolla järkeenkäyvä, mutta kariutuu siihen tosiasiaan, että Siegfriedin tarina kattaa kaksi osaa tetralogiasta.)

Rakkauden kirouksen motiivi – aihe, joka *Siegfriedin kuolemasta* vielä puuttui – oli traagisesti hedelmällinen ja Wagnerin tulkinta rakkaudettomuuden pelosta. Kirjeessään August Röckelille 25. tammikuuta 1854 Wagner selitti tarkemmin, miksi hän poikkesi *Reininkullan* tekstistä:

> Sanojen "ein düstrer Tag dämmert den Göttern: in Schmach doch endet dein edles Geschlecht, lässt du den Reif nicht los!" ["synkkä päivä koittaa jumalille. Jalo rotunne kohtaa loppunsa häpeässä, ellette luovuta sormusta!"] sijaan laitankin nyt Erdan sanomaan: "Alles was ist – endet: ein düstrer Tag dämmert den Göttern: Dir rat' ich, meide den Ring!" [Kaikki olevainen häviää. Synkkä päivä koittaa jumalille. Varoitan teitä, luopukaa sormuksesta!] – Meidän on opittava kuole-

> maan nimenomaan sanan kaikkein täydellisimmässä merkityksessä; lopun pelkääminen on kaiken rakkaudettomuuden lähde, ja se kasvaa vain siellä, missä itse rakkaus on jo katoamassa.

Sekä pelko että pelottomuus – Wotanin pelko ja Siegfriedin pelottomuus – ovat *Ringin* traagisen dialektiikan elementtejä, ja koska nämä vastakohtaiset elementit vedetään vääjäämättömästi yhteen samassa traagisessa tilanteessa, ne yhdistävät Wotanin ja Siegfriedin draamat, jumalmyytin ja sankaritragedian.

Varoittaessaan Wotania jumalten tuhosta *Reininkullan* päätöskohtauksessa Erda toimii klassisen tragedian oraakkelin tavoin – hänen ennustuksensa on ansa: varoitus on ennustus, joka toteutuu, koska se lausutaan ääneen. Nimenomaan tapa, jolla kohtalon merkitsemä henkilö yrittää paeta määräänsä, johtaa traagisen ironisesti tuhoon – minkä piti pelastaa hänet, tuhoaakin hänet. ”Kuningasajatus”, jolla Wotan ajattelee voivansa varjella Valhallan, on ”jumalien laeista vapaa” sankari. Hän tulee tappamaan lohikäärmeen, jota Wotan itse ei saa surmata. Mutta tämä ajatus osoittautuu katastrofiksi: tappamalla Fafnerin Siegfried herättää horroksessa olevan kirouksen. (Vuoden 1848 proosaluonnoksessa nornat – ei Erda – varoittavat jumalia uhkaavasta kohtalosta, mutta ennustus ei toteudu; tämä on dramaattinen heikkous ja perustelu alkuperäistä päätöstä vastaan: alun perin tuomion ennusteet, joihin enteet viittasivat, loivat jännitteen, joka voi laueta vain komedian lopputuloksena, ei tragedian.)

Se, kuinka tärkeä pelon ja pelottomuuden motiivi olikaan Wagnerille, kuvastuu *Nuoren Siegfriedin* säveltämisestä kertovassa kirjeessä Theodor Uhligille toukokuussa 1851:

> Enkö olekin kirjoittanut sinulle kerran aiemmin komedian aiheesta? Se oli kansantarina pojasta, joka lähtee kotoa ”oppiakseen tuntemaan pelon”, mutta on liian tyhmä oppiakseen sen. Kuvittelepa kauhistusta,

> kun äkkiä oivalsin tuon pojan olevan juuri Siegfried, joka voittaa omakseen aarteen ja herättää Brünnhilden.

Mutta pelottomuus, joka mahdollistaa Siegfriedille Wotanin "kuningasajatuksen" toteuttamisen, on myös hänen tuhonsa tekijä. Reinintyttäret pyytävät Siegfriediä antamaan heille kullan ja varoittavat häntä tuhosta, mutta Siegfriedin pelottomuus saa hänet halveksimaan varoitusta.

> Denn Leben und Leib
> sollt' ohne Lieb'
> in der Furcht Bande
> bang ich sie fesseln –
> Leben und Leib –
> seht! – so
> werf' ich sie weit von mir!
>
> "Sillä hengen ja ruumiin kahlitsen pelon sitein, ilman rakkautta. Henki ja ruumis – katsokaa! Näin heitän ne pois!"

(Tätä täydentää näyttämöohjaus, joka edellyttää Siegfriedin poimivan maasta kokkareen ja heittävän sen olkansa yli.) Wagnerin päätös hylätä lopullisesta partituurista neljä säettä kohdasta "sollt' ohne Lieb'" lähtien jättää tämän lauseen melko kryptiseksi; se paljastaa merkityksensä vasta, kun tunnistamme rakkauden ja pelottomuuden rinnastuksen (ynnä rakkaudettomuuden ja pelon) yhdeksi Wagnerin teosten perimmäisistä draamallisista motiiveista. Jos pelko on rakkauden kuolema, toisaalta fyysinen kuolema, jota kohtaan Siegfried ei tunne pelkoa, pelastaa rakkauden, jonka hän on tietämättään pettänyt.

6.

Vuonna 1854 Wagner luki Schopenhauerin *Maailma tahtona ja mielteenä* (Die Welt als Wille und Vorstellung) Georg Herweghin suosituksesta. Luopumisen, "tahdon kieltämisen" filosofia, vaikutti osuvan yksiin hänen oman lohduttomuuden tunteensa kanssa – minkä tunnistaminen on jo lohdutus sinänsä. Hän kirjoitti August Röckelille helmikuussa 1855:

> Vaikka hän (Schopenhauer) onkin kääntänyt minut kannalle, joka poikkeaa hieman aikaisemmastani, muutos oli vain suhteessa omiin tunteisiini maailman pohjimmaisesta luonteesta, joka aiheuttaa minulle syvää kärsimystä.

Ei ollut sattuma, että Schopenhauerin filosofia iski Wagneriin sellaisella voimalla juuri tuohon aikaan hänen säveltäessään *Valkyyriaa.* Hänen vakaumuksillaan oli aina taipumus kehittyä hänen teoksistaan käsin eikä päinvastoin, ja tämän teoksen toisessa näytöksessä vetäytyessään ja luopuessaan toivottomista suunnitelmistaan Wotan tunnistaa umpikujan, johon hän on jäänyt satimeen. Siegmund elää lain ulkopuolella, mikä mahdollistaa hänelle "vapaimman teon" suorittamisen kuten Wotan tarkoittikin, mutta samalla se merkitsee, että Wotanin on "sopimusten herrana" ryhdyttävä toimiin häntä vastaan.

> Auf geb' ich mein Werk;
> eines nur will ich noch:
> das Ende – –
> das Ende! –
> Und für das Ende
> sorgt Alberich!

”Luovun teoistani; toivon enää vain yhtä: loppua, loppua! Ja Alberich pitää huolen lopusta!”

Wagnerilaiset, filosofiaan kallellaan olevat hermeneutikot, jotka ovat seuranneet draamallisten tekstien muuntumista allegorioiksi, eivät ole epäröineet tulkita Wotania ”tahdon” ruumiillistumaksi, ja hänen resignaatiotaan ”tahdon kieltämisenä”, ja vielä, tetralogiaa kokonaisuudessaan kuvauksena Schopenhauerin metafysiikasta sanoina ja musiikkina. Wagner itse uskoi Schopenhauerin antaneen hänelle mahdollisuuden ymmärtää teoksiaan ensimmäistä kertaa, kuten hän kirjoitti August Röckelille 23. elokuuta 1856:

> Olin tuskin tietoinen, miten teokseni toteutuksessa – itse asiassa jo suunnittelussa – seurasin tiedostamatta varsin toisenlaista, paljon syvempää näkemystä asioista [siis schopenhauerilaista], ja maailman kehitysvaiheiden sijasta olin käsitellyt maailman olemusta itsessään, kaikissa sen ajateltavissa olevissa muodoissa, mutta myös tunnistanut sen vähäpätöisyyden. Olin uskollisempi näkemyksilleni kuin käsitteilleni, ja siitä syntyi jotakin aivan muuta kuin olin ajatellut. Mutta muistan, miten sain näkemykseni lopulta toteutettua, ja kun – ainoan kerran – painokkaissa loppusäkeissä, jotka Brünnhilde kohdistaa läsnäolijoille ja viittaa omistamisen turmiollisuuden pohjalta autuaaksi tekevään rakkauteen, ilman että hän itse (valitettavasti!) olisi vielä yhtä tämän ”rakkauden” kanssa, myytin kertomisen kuluessa näimme tämän kaiken tuhoisuuden.

Wagner viittasi 1852–1853 version päätössäkeisiin, jotka hän jätti pois säveltäessään lopulta *Jumalten tuhon* – joskin hän sävelsi ne yksityiseksi lahjaksi Ludwig II:lle.

> Nicht Gut, nicht Gold,
> noch göttliche Pracht;
> nicht Haus, nicht Hof,
> noch herrischer Prunk;

nicht trüber Verträge
trügender Bund,
nicht heuchelnder Sitte
hartes Gesetz:
selig in Lust und Leid
lässt – die Liebe nur sein.

”Ei varallisuutta, ei kultaa tai jumalaista loistoa; ei taloa, ei maita eikä ylhäistä mahtia; ei hämärien sopimusten pettävää sitoumusta, ei valheellisten tapojen ankaria lakeja: autuus nautinnossa ja tuskassa – vain rakkauden kautta.”

Toisin sanoen Wagner vaihtoi historianfilosofian eksistentiaaliseen ja hylkäsi utooppisuuden resignaation hyväksi. *Sormus* ei kuvaa ”yhtä vaihetta maailman kehityksessä” – muutosta lain ja pakkokeinojen surullisen liiton tukemasta ristiriitojen maailmasta ”vapauden valtakuntaan”, jota ennakoi Siegfriedin ja Brünnhilden alkuperäisen rakkauden syvyys ennen traagista sekaannusta. Se antaa kuvan ”maailman keskeisimmästä olemuksesta”, jossa muutoksen toivossa on mahdotonta sekaantua tapahtumiin ilman, että tahto paremmasta tuokin tullessaan huonompaa. Schopenhauer tuomitsi optimismin ”pahana”, ja siinä hengessä Wagner hävitti ja kielsi utooppisuuden *Sormuksesta*. Siegfriedin ja Brünnhilden rakkauden kuvataan tuovan ”kaaosta” vanavedessään, sokeana, tuhoavana ”tahtona” kärsimyksen ja sekaannuksen maailmassa. Ilmaistuna paradoksiksi ”maailman keskeisin olemus” koostuu traagisesta ristiriidasta, jossa ”keskeinen olemus”, rakkaus ei saata tulla todellisuudeksi vaan tuhoaa itsensä juuri yrittäessään toteutua ja saavuttaa aseman todellisuudessa. Tässä valossa tarkasteltuna myöskään Siegfriedin ja Brünnhilden kuolema ei ole viimeinen uhraus vanhalle laille – jotta hegeliläinen ”uusi maailma voisi sarastaa” – vaan se sinetöi kaikkien niiden yritysten turhuuden, jotka pyrkivät estämään keskeistä olemusta tulemaan todellisuudeksi. Jäljelle jää ainoastaan resignaatio, eikä *Sormuksen* traaginen sankari olekaan Siegfried vaan Wotan.

Wagnerin omaa schopenhauerilaista *Sormus*-tulkintaa on tuskin koskaan kyseenalaistettu, koska se soveltuu käsitykseen hänestä vallankumouksellisena, joka käänsi kelkkansa – käsitys jonka jakavat niin hänen kannattajansa kuin vastustajansakin. (Edelliset puhuvat terveen järjen voitosta, jälkimmäiset petoksesta, mutta se ei vaikuta yhteiseen kantaan.) Kuitenkaan se ei ole vedenpitävä. Wotan todellakin on vetäytyvä hahmo *Valkyyriassa* ja ympäriinsä aaveen tavoin kuljeskeleva "vaeltaja" *Siegfriedissä*, mutta hänen tahtomansa "loppu" ei ole maailmanloppu vaan jumalien perikato; hän on lopen kyllästynyt vanhan hallintojärjestelmän kuolemaan ja niihin ongelmiin, joihin se on sotkenut itsensä. Vuoden 1848 sanoin hänen resignaationsa on jumalien "itsetuho", jonka kautta avautuu tie ihmiskunnalle saavuttaa tietoisuus omasta vapaudestaan. Ja vaikka Wotan pelkää Alberichin aikaansaamaa loppua, hän toivoo kaikesta huolimatta jumalten vallan päättymistä tavalla, joka vapauttaa ihmiskunnan pakkokeinoista ja pelosta. Lopussa voima ja sorto raukeavat, sormus sulatetaan takaisin Reinin kultaan, josta se on taottu. Tällä tavoin jumalien "synninpäästö kuolemassa" on "siunattu", mutta ei suinkaan "tahdon kieltämisen" kautta.

Wagnerin viittaus "rakkauden" tuhoavaan vaikutukseen – "rakkauden" paneminen lainausmerkkeihin oli julma hyökkäys hänen omaa työtään kohtaan – osuu harhaan. Siegfried ja Brünnhilde joutuvat sotketuiksi traagiseen väärinymmärrykseen, mutta se ei johdu heidän rakkautensa luonteesta: se ei tuhoa itseään yrittäessään tulla todelliseksi ja vakiinnuttaa asemaansa reaalimaailmassa; sen tuhoaa ulkopuolinen tekijä ja joutuu sitä vastustavan maailman uhriksi. Mikä tärkeintä, heidän rakkautensa oli todellisuutta ennen kuin heidät petettiin ja johdettiin harhaan, ja se merkitsee tulevaisuudenlupausta.

Kirje Röckelille ei ole sovitettavissa yhteen itse teoksen kanssa, ja lopulta Wagner itse kumosi schopenhauerilaisen tulkinnan joskin vain vihjaten, vieläpä eräässä vähemmän julkisessa kannanotossaan. Yhtäältä *Siegfriedin* sävellystyön keskeytyminen toisen näytöksen lopulla kesällä 1857 on merkittävä seikka: Röckel-kirjeen ilmaisemassa mielentilassa hän ei olisi kyennyt säveltämään Brünnhilden heräämistä kolmannessa näytöksessä. Mutta kirjeessä Mathilde Wesendonckille 18 kuukautta myöhemmin 1. joulukuuta 1858 hän puhui Schopenhauerin filosofian "laventamisesta" ja osittain "korjaamisesta". "Korjaaminen" ei merkinnytkään mitään vähempää kuin sen täydellistä kumoamista:

> Kyse on nimittäin siitä, ettei yksikään filosofi, etenkään Schopenhauer, ole havainnut tahdon täydellisen rauhoittumisen pelastumistietä rakkauden kautta – ei tosin abstraktin inhimillisen rakkauden vaan todellisen, pohjimmaisen, sukupuolisen rakkauden, siis miehen ja naisen välisen vetovoiman, kautta.

Utopia rakkaudesta ulospääsynä pelosta – utopia, joka ruumiillistui Siegfriedissä ja Brünnhildessä – toteutui, vaikkakin schopenhauerilaisin sävyin, ja siten Wagner pystyi kirjoittamaan Siegfriedin ja Brünnhilden rakkaustarinan musiikiksi.

7.

Sormuksen tekstin luonteenomaiset piirteet ovat peräisin Stabreimista, alkusoinnullisesta säerakenteesta, jota on niin ylistetty kuin parjattukin ja jota Wagner yritti perustella runouden ja musiikin historian dialektisella tulkinnalla *Oopperassa ja draamassa*. Hän ei omaksunut muinaista saksalaista säerakennetta pelkästään tunnelman luomiseksi, lausuntatavan liittämiseksi osaksi draamaa. Kuten ilmaisemansa myytti myös Stabreim oli tarkoitettu palauttamaan "puhtaasti inhimillinen" elementti tekstiin (joka "tulevaisuuden taideteoksena" tavoitteli aikaa, jolloin "vieraantuminen" olisi karkotettu todellisuudesta). Kirjoittaessaan alkusoinnulliset säkeistönsä Wagner koki olevansa lähellä muinaisen runouden pirstoutuneita lähtökohtia.

Wagnerin teoriasta huolimatta on todettava, että musiikillisesti, sävellyksen edellytyksenä ja perustana alkusoinnulla on heikot mahdollisuudet. Mutta Stabreimilla on toinenkin, tärkeä joskin negatiivinen ominaisuus, nimittäin täydellinen vapaus metrisestä säännöllisyydestä. Wagnerin säkeet Stabreimin puitteissa poikkeavat hänen vanhoista saksalaisista malleistaan siinä, että painollisten tavujen määrä on epäsäännöllinen: joissakin säkeissä niitä on kaksi, toisissa taas kolme tai jopa neljä. Seuraus onkin musiikin periodisen rakenteen hajoaminen, syntaksin, joka oli tarjonnut kehykset niin instrumentaali- kuin vokaalimusiikinkin kirjoittamiselle viimeisen runsaan sadan vuoden ajan. Rytminen säännöllisyys – kaavamaisuus, jos halutaan käyttää halventavaa termiä – tukee musiikillista rakennetta yhdessä harmonian ja teemallisen materiaalin kanssa. Saman mittaiset melodiset elementit ovat omiaan tukemaan toinen toistaan, ja harmonisen ja motiivisen materiaalin tuella – ainakin jos se ei aktiivisesti ole vastakkainen – muodostamaan ryhmiä. Määrällinen tekijä ilmenee laadullisessa, syntaktisessa tehtävässä. Klassisessa muodossaan musiikillinen syntaksi on hierarkkinen: kaksi tahtia yhdistyy muodostaen fraasin, kaksi fraasia lausekkeen puolikkaan, kaksi puolikasta – etu- ja jälkijakson. Neljän tahdin ryhmä voi kutistua kolmeen tai laajentua viiteen vaikuttamatta periaatteeseen – kunhan syntaksi pysyy havaittavana, se säilyy kuulijan hahmotettavana, se on odotuksen ennakkoehto, jonka pirtaan myös poikkeamat sopivat, ja sääntö pysyy kuulijan musiikillisessa tietoisuudessa.

Wagnerin musiikillisessa syntaksissa klassinen sääntö on kumottu. Stabreimin säkeet Waltrauten kertomuksen alussa *Jumalten tuhon* ensimmäisen näytöksessä ovat erillisiä ja kokonaisuuden kannalta epäsäännöllisiä; ikään kuin Wagner olisi pitänyt alkusoinnullisuutta rytmisen epäsäännöllisyyden oikeutuksena ja kompensaationa. Tämä merkitsisi, vaikkakin sen merkitys on musiikin kannalta vähäinen, että Stabreim on poeettinen peruste ja oikeutus Wagnerin päätökselle sivuuttaa musiikin periodinen säännöllisyys ja siitä johtuen sen vahvojen aksenttien säännöllinen hahmo.

1 Seit er von dir geschieden,
2 zur Schlacht nicht mehr
3 schickte uns Wotan;
4 irr und ratlos
5 ritten wir ängstlich zu Heer.
6 Walhalls mutige Helden
7 mied Walvater:
8 einsam zu Ross
9 ohne Ruh' und Rast
10 durchstreift' er als Wandrer die Welt.

Vain yli-innokas puoltaja väittäisi alliteraation olevan keino painottaa semanttisia assosiaatioita sanojen sävyjen kautta, siis että alkusointuiset tavut kohtaavat sanojen merkityksen kanssa. Varsin usein tärkein aksentti (1: dir, 8: einsam) ei ole riimillinen tavu ("schied", "Ross") tai sitten riimi linkittää painollisen sanan ("mied": 7) vähemmän tärkeään (adjektiivi "mutige" substantiivin "Held" sijaan: 6). Jos tämän vuoksi alkusointuisuudella on tuskin mitään merkitystä sanojen yhdistämisessä – eikä muuta voisi odottaakaan – metrisen järjestyksen epäsäännöllisyyden erottava vaikutus on aina vain selkeämpi. Tässä jaksossa tekstin säkeitä vastaavat melodian fraasit eivät vastaa pituudeltaan mitään havaittavaa sääntöä: 1 + ½ + 1 + 1+ 1+ 2 + 1½ + 1 + 1 + 1½ tahtia. Ei ole mitenkään liioittelua nimittää tätä musiikilliseksi proosaksi. Myös semanttisten assosiaatioiden luomat säkeiden ryhmät eli säkeet 1–3, 4–5, 6–7 ja 8–10 ovat epäsäännöllisiä sisältämiensä tahtien määrän suhteen: 2½, 2, 3½, ja 3½. Laulufraasien alkuun ja loppuun sijoittuvat, puolen tahdin mittaiset välit täyttyvät orkesterimotiiveilla, mutta myös laulu- ja instrumentaalimelodioiden yhteen liittymisestä syntyvä musiikillinen syntaksi on kaikkea muuta kuin säännöllinen. Ensiksikin, kahden, kolmen ja neljän tahdin ryhmät vaihtelevat keskenään "orkesterimelodiassa", kuten Wagner sitä kutsui (ja nelitahtinen ryhmä tarkasteltavan jakson lopussa, Wotanin levottoman vaeltelun motiivi, koostuu 1 + 2 + 1 tahdista eikä 2 + 2 tahdista). Toisekseen, laulufraasit ja soitinmotiivit jäävät varsin usein toistensa alle sen sijaan, että ne olisi synkronoitu: orkesteri laajentaa ensimmäisen, 2½ tahtia pitkän laulufraasin kolmen tahdin ryhmäksi, mutta kolmas ja laulufraaseista viimeinen toimii orkesterimelodiassa kuten ensimmäinen tahti kahden tahdin fraasissa. Kolmanneksi, orkesterin motiiveja *Sormuksessa* voi osuvammin luonnehtia perättäisiksi kuin harmonisesti ja melodisesti toisiaan täydentäviksi tai edeltäviksi ja seuraaviksi lausekkeiksi klassisen musiikillisen syntaksin tapaan. Wagnerin musiikin syntaksin perusmuoto on rinnasteinen, ei alisteinen.

Kaiken musiikillisen muodon perustana 1720-luvulta asti ollut periodirakenne on *Sormuksessa* pitkiä jaksoja pirstaleina. Klassismin kaudella periodi, ratkaiseva rakenteellinen elementti, loi johdonmukaisuuden ja yhtenäisyyden kaikissa musiikkiteoksissa. Se ei ollut temaattista materiaalia ja sen kehittelyä vaan syntaksi, rakenneosien ryhmittely. (Tämä päti eritoten vokaalimusiikkiin, jonka esteettistä ylivertaisuutta ei juuri kyseenalaistettu edes 1800-luvun alussa Beethovenista huolimatta.) Musiikillinen muoto oli lopputulos periodien ryhmittämisestä ja yhdistämisestä, ja se sai materiaalin erilaisuuden ansiosta erilaisia funktioita kuten johdanto, teema, kehittelyjakso, päätösjakso tai kooda; mitä ilmeisempi funktionaalinen eriytyneisyys oli, sitä tiiviimpää yhtenäisyyttä se merkitsi. Kaikissa Wagnerin varhaisemmissa teoksissa mukaan lukien *Lohengrin* – toisin sanoen oopperoissa, joita on virheellistä luokitella musiikkidraamoiksi (sellainen menettely polkee Wagnerin tuotannon sisäistä historiaa Bayreuthin perinteen yhtenäisyyden hyväksi) – musiikillista muotoa määrittää lähinnä syntaksi. Periodinen rakenne on niissä säännöllinen tai jopa kaavamainen: neljä tai kahdeksan tahtia pitkät ryhmät seuraavat toisiaan ilman, että syntaktisen rakenteen keskeytykset hämmentäisivät kuulijan luottamusta säännöllisyyteen, joka huomaamattomanakin on ratkaisevan tärkeä luomalleen laulullisellevaikutukselle.

Vasta *Sormuksessa* – ainakin suurissa osissa sitä ja *Jumalten tuhossa* johdonmukaisemmin kuin *Reininkullassa* – Wagner sekoitti tai mitätöi klassisen syntaksin säännöt. Vastapainona periodirakenteen hylkäämisestä seuranneelle musiikilliselle proosalle oli johtoaihetekniikka, tai tarkemmin sanottuna tekniikan ulottaminen koko teokseen. *Reininkullasta* alkaen Wagnerin musiikillisen muodon perusta ei ole enää ensisijaisesti syntaktinen vaan se perustuu motiiveille. Motiivisen assosiaation kompleksin, joka levittäytyy yli koko tetralogian tiheänä verkkona, täytyy ottaa muotoa rakentava rooli, joka aiemmin kuului säännölliselle syntaksille painotettuine jaksoineen, joiden funktionaalinen eriytyminen oli niiden muotoon liittyvän integraation tae. Motiivisen assosiaation on korvattava säännöllinen syntaksi tai oikeuttava ja kompensoitava sen häviäminen.

Kiista siitä, voidaanko johtoaihetekniikan synty jäljittää menneisyydessä Weberiin, Grétryyn vai peräti Monteverdiin, on yhtä suurta ajan haaskausta kuin pohdiskelu, missä vaiheessa Wagnerin tapauksessa siirtyminen uuteen tekniikkaan tapahtui, *Keijukaisissa, Lentävässä hollantilaisessa* vai vasta *Sormuksessa*. Tärkeää sen sijaan on havaita säveltämisen innovaatio *Sormuksessa*, tiheän motiiviverkoston levittäminen yli koko teoksen niin, että se on läsnä lähes kaikkialla – tämä oli laadultaan ratkaiseva harppaus johtoaihetekniikassa. *Lohengrinissa* usein huomattavat ja draamallisesti merkittävätkin johtoaiheet ovat sävellyksellisesti toissijaisia: ne ovat lisäyksiä musiikillisen kehyksen muodostavaan periodirakenteeseen. Vasta *Sormuksessa* niistä tuli olennaisia rakenteellisia tekijöitä. Yrittäessään selkiinnyttää ajatuksiaan draaman säveltämisestä Wagner kirjoitti *Oopperassa ja draamassa* (1850–1851): ”Draamallisen toiminnan pääasialliset motiivit muotoutuvat selväpiirteisiksi melodisiksi momenteiksi, jotka toteuttavat täydellisesti sisältönsä.” Wagner käsitti johtoaiheet, joita hän nimitti ”melodisiksi momenteiksi”, kuuntelijoiden ”poeettisen intention toteutumiksi”. Ne hahmottuvat esiintyessään uudelleen moninaisissa suhteissaan tarkoitukseltaan ja merkitykseltään aina selkeinä (muistuttaen täten riimiä) yhtenäiseksi taiteelliseksi muodoksi”. Toisin sanoen motiivisten assosiaatioiden kompleksi on olennaisessa roolissa, ”joka levittäytyy – ei ainoastaan draaman rajattujen alueiden yli – vaan yli koko draaman liittäen sen yhteen”.

Vaikuttaa siis siltä, että ”melodisten momenttien” linkittäminen – musiikillinen ”tunteiden suuntaviitta”, joiksi hän niitä vertauskuvallisesti kutsui – perustuu ”poeettiseen intentioon” eikä musiikillisen muodon abstrakteihin periaatteisiin. Toisaalta ”yli koko draaman leviävä” ”yhtenäinen taiteellinen muoto” musiikillisine perustuksineen ottaa suljetun draamallisen muodon paikan – Wagnerin tarkoituksena näet oli rakentaa vielä *Siegfriedin kuolemaan* suljettu muoto, mutta se hajosi Siegfriedin draaman laajettua *Nibelungin sormuksen* tetralogiaksi erilaisten juonten valtavan paisumisen myötä. Motiivinen tekniikka, joko poeettisten tai musiikillisten metaforien verkon kutomisprosessi teoksen yli, on tyypillinen draaman avoimelle tai eeppiselle muodolle (ajatelkaamme Büchneriä tai Maeterlinckiä). On johtoaihetekniikan ansiota, että sekalaisten aiheiden kokoelman – jumalmyytti, Wälsungien draama, pelon oppimista yrittävän nuoren Siegfriedin satu sekä Siegfriedin ja Brünnhilden tragedia – saattaminen (tai pakottaminen) yhteen ilman ilmeisiä aukkoja tai repeämiä oli mahdollista *Sormuksessa*; metaforan ja allegorian maaginen voima vetää kuulijan musiikillis-poeettisten suhteiden maailmaan, jossa lopulta kaikki näyttää kuuluvan yhteen kaiken muun kanssa.

Pohdittaessa ratkaisua kysymykseen, mitkä musiikkidraaman oopperasta erottavat tekijät ovat ensisijaisia tai pohjimmaisia, mitkä taas toissijaisia – myyttinen aihevalinta, draamojen avoin rakenne, epäsäännöllinen säerytmi, musiikillisen jaksorakenteen hajoaminen ja johtoaihetekniikan leviäminen yli koko teoksen – vastaus ei ole vain mahdoton löytää vaan myös tarpeeton. Riittää, kun tunnistaa niiden väliset suhteet ja tietää ongelmat, jotka oli ratkaistava ennen kuin lopullinen tulos olisi tyydyttävästi toteutettu: jäljet noista ongelmista ovat miltei huomaamattomia viimeistellyssä teoksessa, ja tämä on selkein todiste teoksen taiteellisesta arvosta.

Reininkulta

1.

Reininkullan päätös, jumalten tulo Valhallan linnoitukseen, ei ole ollenkaan niin riemukas kuin sen musiikki, sateenkaarisillan motiivi antaa ymmärtää, jos sallii sen loistokkuuden kätkeä mielestään juuri tapahtuneen todellisen luonteen. Syvyyksissä petetyt Reinintyttäret surevat varastettua kultaa jumalten nauraessa heille:

> Falsch und feig
> ist, was dort oben sich freut!
>
> "Valheellista ja pelkurimaista on se, joka yläpuolella juhlii!"

Fafner, toinen linnan rakentaneista jättiläisistä, on tappanut toisen, Fasoltin, Alberichin kirotun sormuksen ensimmäisen uhrin. Ja Wotanin Logen ehdotuksesta suorittama sormuksen varastaminen rakennustyön maksamiseksi oli silkkaa raakaa väkivaltaa. "Nibelheimin syvyyksistä (jumalien) tietoisuus syyllisyydestään kaikuu uhkaavana." Tyrmistyneenä Erdan jumalten tuomioon viittaavasta varoituksesta ja kauhistuneena Fafnerin tekemästä murhasta Wotan alkaa pohtia, miten saada poistetuksi sormuksen kirous. Hän itse ei ole oikeutettu omistamaan sormusta, mutta hänen nyt saamansa

”kuningasajatus” sankarista, joka voittaisi sen omakseen, on itsepetosta. Mutta Loge, tulen jumala – tai enemmänkin alkuelementin henki kuin jumala – ei ajatuksesta innostu ja ymmärtää siksi illuusion jumalten puuhastelun pohjalla.

> Ihrem Ende eilen sie zu,
> die so stark im Bestehen sich wähnen.
>
> ”He kiiruhtavat kohti loppuaan kuvitellen olevansa turvassa.”

(Reininkullan Logen ristiriitainen rooli, joka yhdistää toisiinsa lähes sovittamattomat tehtävät – musiikillisesti tenorin, draamallisesti järkeilijän – provosoi parodioimaan Schopenhauerin tulkinnat *Sormuksesta*: jos Wotan edustaa ”tahtoa”, Loge ruumiillistaa ”älyn”, järjen keinovaran, joka tottelee tahtoa, mutta lopulta oivaltaessaan tahdon sokeuden irrottautuu siitä ja palaa hahmottomaan, absoluuttista kuvastavaan tilaan.)

Miten Wagner päätyi tällaiseen ratkaisuun: Logen häijyn katseen vuoksi? Vai oliko hän kenties jumalten häikäisemä? Sateenkaarisillan motiivi koostuu pelkästään kokonaisen lausekkeen mittaiseksi lavennetusta Ges-duuri-murtosoinnusta: se on muuttumaton mutta häilyvä, vain omien rajojensa sisällä liikkuva äänikenttä. Mutta toisin kuin teoksen alussa, Es-duuri-preludissa, jossa yksinkertaisuus oli elementtien universumin allegoria ja kaikkeuden ikiaikaisen alun musiikillinen kuva, käytyään läpi kaiken kehittelyn ja työstämisen, musiikki luo pelkistyksen ja yksinkertaistuksen vaikutelman, johon ei enää ole luottaminen. Se ei edusta varmuutta ja vakautta vaan enemmänkin itsepetosta onnettomuudesta ja sekaannuksesta, joka lymyää asioiden nykyisen tilan takana ja jota ei voi saada katoamaan tai jättää huomiotta. Alun vakaa, luontoa ilmaiseva äänikenttä on lopultakin ”toissijaista” luontoa, tarkoitettu lohduttavasti kätkemään tarina sotkuineen, mutta kuitenkin alttiina kuuntelijan sille asettamille varauksille.

Miekka-motiivin ensimmäinen, Wotanin "kuningasajatusta" ilmaiseva esiintyminen on samoin moniselitteinen. Motiivi, taas murrettu kolmisointu, on kirjoitettu C-duuriin, joka on "tunkeilija" tässä tonaalisessa ympäristössä. Toisin sanoen sävellaji C-duuri tuotiin mukaan teokseen tämän motiivin vuoksi, ja tämän merkityksen ymmärtämiseksi C-duurin "esihistoriaa" *Reininkullassa* on syytä selventää.

Sävellajina C-duuri ilmaisee perinteisesti yksinkertaisuutta ja eheyttä, ja siinä sävellajissa Kullan motiivi tulee esiin ensimmäisen kerran avauskohtauksessa. Motiivi ja sävellaji palaavat yhdessä Logen kertomuksen lopussa toisessa kohtauksessa, mutta niiden siteeraaminen tekee niistä yhtä petollisia kuin Logen puhe, joka valehtelee kertoessaan totuuden: Loge omaksuu Reinintyttärien Wotanille osoittaman anelun kullan palauttamisesta veteen (mikä johtaisi tragedian nopeaan ja utopistiseen päätökseen), sillä hän tietää Wotanin olevan liian lumoutunut tehdäkseen niin. Loge antaa tärkeän neuvonsa täysin tietoisena siitä, että se jää huomiotta ja silti varmana sen antamasta tiedosta. Wagnerilla oli kyky antaa sävellajisuhteille ekspressiivisiä ja allegorisia merkityksiä, ja hän muovasi tälle moraaliselle häilyvyydelle puhtaasti musiikillisen, täsmällisin teknisin termein määritettävissä olevan vastineen. Logen kertomuksen C-duuri ei alun Reinintytärten kohtauksesta poiketen perustele itseään vaan se esiintyy h-mollille alisteisena taikka sen lisäsävellajina, ja juuri tämä suhde h-molliin määrittää tai värittää sen luonnetta. Aluksi C-duuri esitellään huomiota herättämättä vain yhden tahdin mittaisena alisteisessa suhteessa (napolilainen sointu) h-mollille ("Nur einen sah ich"). Seuraavaksi se kuullaan erään lausekkeen alkuosassa ("Des Rheines klare Töchter klagten mir ihre Not"), ja lopuksi se luo tonaalisen pohjan Kullan motiivin lainaukselle, joka vaikuttaa aluksi täydelliseltä, tonaalisesti itsenäiseltä jaksolta ("das Gold dem Wasser wiedergebest"), mutta kadensoi h-molliin, joten C-duurin suhde h-molliin pysyy aina alennettuna supertoonikana (alennettu toisen asteen sointu, ns. napolilainen, suom. huom.). Alentaminen on pelkästään kromaattinen variaatio, intervallin värittämistä ja tummentamista: C-duuri, tavallisesti luonteeltaan selkeyden ja kokonaisuuden ilmaisija esiintyy näin h-mollin tonaalisessa ympäristössä kromatisoinnin ilmentymänä. Tonaalinen monimielisyys ilmaisee täsmällisesti Wagnerin "runollisen tarkoituksen": yksinkertaisuus ilmaantuu hämärälle alueelle, missä totuutta ja petosta on mahdoton erottaa toisistaan.

Samaa tonaalista suhdetta käytetään jälleen ekspressiivisenä tai allegorisena keinona neljännessä kohtauksessa. Kirouksen motiivi, Alberichin sormukselle asettaman kirouksen metafora, esitetään h-mollissa, ja jälleen kerran C-duuri ilmestyy napolilaisena sointutehona. Kullan motiivi C-duurissa (toisinaan muunnettuna c-molliin) saa vastaansa Alberichin valtaa Nibelungeista symboloivan h-mollin (fis-d-e-fis). H-molli asettaa taustan, jota vasten C-duuri ilmaantuu hämäävällä kirkkaudella orkesterijaksossa Wotanin uppoutuessa juuri haltuunsa ryöstämän sormuksen tarkasteluun mielessään sen antama ikuinen herruus. Sävellaji, C-duuri, on juuri niin huteralla pohjalla kuin mitä se ilmaisee ja pettää – monessakin mielessä.

Teoksen lopussa "kuningasajatusta" ilmaiseva Miekan motiivi esiintyy C-duurissa As-duuri- ja Des-duuri-kontekstissa eikä siis suoranaisena kromatisoinnin ja tummentamisen seurauksena. Kaikesta huolimatta hämärän ilmapiiri leimaa sitä niin kauan kuin kuuntelijan muisti ei petä, sillä sävellajin karakteri hyvin samalla tavoin kuin motiivinkaan ei ole erotettavissa menneisyydestään. Näin Wagnerin "poeettinen tarkoitus" oli kaksinainen: eheyttä edustava C-duuri symboloi sankarin vapautta tuhota jumalten laatimat "synkät sopimukset", mutta toisaalta C-duuri mielletään kaikesta itsenäisyydestään huolimatta ontoksi sävellajiksi. Wagnerin teosten estetiikassa – jota ei pidä sekoittaa Wagnerin esteettisiin teorioihin – moniselitteisyys on yksi keskeisistä kategorioista.

2.

Jumalat ovat heikkenemässä heti *Sormuksen* alusta saakka. Valhallan loistokkuus on musiikin luomaa harhaa, eikä se kestä lähempää kuuntelua. Wagner näyttää olleen vastuussa germaanisten jumalien kunnian palauttamisesta 1800-luvun lopun ja 1900-luvun tietoisuudessa, mutta tetralogiassa myytti tuodaan esiin puolivaloissa.

Germaaniset tarut olivat 1800-luvun lopulla enemmän kielitieteilijöiden kuin lukevan yleisön aluetta. Ne eivät kuuluneet lukulistojen kärkeen, eikä niitä yleensä käytetty oopperoiden aiheina. Opera seria 1600- ja 1700-luvulla Monterverdin *Orfeosta* Mozartin *La clemenza di Titoon* sieppasi aiheensa klassisista myyteistä ja Rooman historiasta poliittis-eroottisen aiheen vuoksi, kun taas 1800-luvun alkuun mennessä kenttä oli jo laajentunut lähimenneisyyden teemoihin (*Hugenotit*) ja ajankohtaisiin aiheisiin (*Fidelio*). Jopa sadut (*Undine)* ja eksoottiset aiheet (*Jessonda*) hyväksyttiin.

Yleisö näyttää kyllästyneen myyttisiin oopperoihin, mutta hyväksyvän sen, että *il meraviglìosa*, myytin epätodellinen, "ihmeellinen" luonne sopi hyvin lauletun draaman "epätodellisuuteen". Laulaminen on *Orfeon* luontainen kieli, mutta tuskin *La traviatan*, jonka aihe on kioskikirjallisuuden kaltainen ja aikoinaan päivänkohtainen, joskin mennyt aika on tehnyt siitä "oopperamaisemman" kuin se olikaan. Halutessaan jotain "puhtaasti humaania", eli ylevöittää moderniin aiheeseen liittyvän proosallisen naturalismin käytäntöjä, Wagner oli oikeassa kääntyessään aiheen valinnassa myytin puoleen; se oikeuttaisi minkä hyvänsä musiikin genren käyttämisen. Vuoden 1850 tienoilla germaanisen myytin valitseminen aiheeksi kuluneen, lattean kreikkalaisen tai roomalaisen myytin sijaan oli hyvä ratkaisu kokeneelta libretistiltä – sen sijaan, että kirjoittaja olisi ”käynyt taistoon 1800-lukua vastaan.”

Wagner, joka libretistien joukossa oli varmaankin filologisimpia, muokkasi myytin kokonaan uudelleen tehdäkseen siitä omansa ja sopivan oopperallisiin päämääriinsä. (Hän syytti itseään matkivia libretistejä kokonaisvaltaisuuden puutteesta.) Olisi kuitenkin väärin väittää hänen ”restauroineen” germaanisten myyttien jumalat: jos kohta Wagneria voidaankin syyttää *Sormukseen* liittyneestä vaarallisesta poliittis-mytologisesta hölynpölystä, se ei kuitenkaan ollut hänen tarkoituksensa. Mukaillaksemme Karl Reinhardtin Aiskhylosta käsittelevän kirjan otsikkoa (*Aischylos als Regisseur und Theologe*) Wagner oli teatteriohjaaja ja antiteologi. Hän kirjoitti jumalmyytin musiikiksi ja asetti sen näyttämölle, mutta hän esitteli asian aivan Ludwig Feuerbachin hengessä: jumalat ovat kuolemaan tuomittuja, vaikka eivät tiedäkään sitä. Wotan on voimaton, jumala jonka aika on ohi. Näinpä Wagner ei niinkään restauroinut myyttiä vaan tuhosi sen, tai pikemminkin restauroi tuhotakseen sen. Hän tuo esiin jumalat, muttei ylistääkseen vaan toteuttaakseen niiden itsetuhon – vuoden 1848 proosaluonnoksen sanoin ”maksaakseen inhimillisen tietoisuuden vapaudesta”. Jumalat palaavat kuollakseen jälleen.

Mutta jopa sankarimyytti pitää sisällään hämärän alueen Wagnerin tarkoituksen vastaisesti. On vaikeaa jakaa Wagnerin (ja Nietzschen) innostusta nuoreen Siegfriediin. Onko hän ”puhtaan inhimillisyyden” ruumiillistuma ja sellainen ”tulevaisuuden ihmisen” edelläkävijä, jollaisena Wagner hänet näki? Vai eikö hän olisi pikemminkin kaunistelematta sanottuna voimaperäinen, hölmö tyranni alun alkaen ja myöhemmin *Jumalten tuhossa* mahdollisesti petturi, joka joutuu itse petetyksi? Sankari ei ole sankarillinen, mutta sitä ei ole syytä pitää vahinkona tai draamallisen rakenteen heikkoutena; se on merkki Wagnerin vakaumuksesta, jonka mukaan historian määränpää, inhimillisten pyrkimysten kruunaus, oli muodostunut jo ikiaikaisissa lähtökohdissamme, ja sen vuoksi meidän tulee palata takaisin myytteihin voidaksemme muodostaa todellisen kuvan historiasta – ja se vakaumus oli harhaanjohtava. Jos Siegfried edustaa utopiaa, se ei ole tervetullut.

3.

Wagner hahmotteli *Oopperassa ja draamassa* teorian, joka ennakoi ja edelsi *Sormuksen* säveltämistä. "Melodisten elementtien toistuminen" oli perusta "yhtenäiselle taiteelliselle muodolle, joka ei ulotu vain joihinkin draamaan alueisiin, vaan yli koko draaman sitoen kaiken yhteen". Tavanomaisen aarian "rajattu melodia" oli liian laaja koko teoksen kattavaksi "päättymättömäksi melodiaksi". Koko neliosaisen teoksen yli ulottuvan motiivisen yhteyden käyttökelpoisuus ilman siitä seuraavaa monotonisuutta riippuu käytettävissä olevien motiivien rikkaudesta. (Eksegeetit ovat laskeneet ja nimikoineet *Sormuksessa* yli sata motiivia pois lukien merkityksettömät variantit.) Wagner ei kuitenkaan koskaan suorasanaisesti ilmaissut tarvetta eriteltyjen motiivien kattavaan varantoon – niin ilmeiseltä kuin se saattaisikin vaikuttaa, vaan pikemminkin ajatteli, että motiivien määrän rajallisuus mahdollisti tunnepohjaisen ymmärtämisen (Gefühlsverständnis). Yleisen ja syvään juurtuneen käsityksen mukaan Wagner oli musiikillinen demagogi, mutta itse asiassa hän pyrki pikemminkin tulemaan ymmärretyksi kuin ylipuhumaan tai suorastaan huumaamaan; juuri tämän vuoksi hän oli sellainen uupumaton ja kiistelynhaluinen pamfletisti, aina toiveikkaana valmis yritykseen tehdä itsensä ymmärretyksi. Hänelle jonkin ymmärtäminen merkitsi asian taustalla olevien ja sitä perustelevien syiden ja motiivien hyväksymistä. Wagnerin esteettisen teorian keskeisen maksiimin mukaan musiikilla, musiikillisella muodolla – voidakseen välittää jotain – tulee olla ”muotoperuste”, peruste olemassaololle. (Ideaa ”absoluuttisesta” musiikista, joka ei pidä sisällään mitään itsensä lisäksi, hän ei voinut hyväksyä.) ”Melodisen elementin” muotoperuste on joko puheessa taikka fyysisessä toiminnassa tai eleessä: Wagner selitti sinfonisen musiikin, jopa Beethovenin ”jalostetuksi tanssiksi”, jonka ”muotoperuste” oli peräisin tanssin liikkeistä. On kaksi olennaista asiaa, jos halutaan ”melodisten elementtien”, musiikillisen draaman johtoaiheiden, pysyvän ymmärrettävyyden puitteissa: Ensinnäkin aiheiden lukumäärän tulee olla riittävän pieni, jotta kuulija pysyy niiden mukana. Toiseksi musiikilla pitää olla perustansa näyttämöllä, joko tekstissä, hahmon eleessä tai tapahtumissa. (Kun Miekan motiivi ensimmäisen kerran esitellään *Reininkullan* lopussa Wotanin ”kuningasajatuksen” merkiksi sankarin ”vapaasta toiminnasta”, siltä puuttuu sekä verbaalinen että visuaalinen motivaatio; Wagnerin ajatuksena oli, että Wotan ottaa käsiinsä (Reinintyttäriltä ryöstetystä, suom. huom.) aarteesta yli jääneen miekan ja – niin kömpelö kuin idea näyttääkin olevan – se kuvastaa hänen pakkomielteistä haluaan saada kaikki täysin oikeutetuksi ja selitetyksi aina ilmiselvyydeksi saakka: Wagnerin musiikillinen mielikuvitus ei milloinkaan toiminut irrallaan hänen kyvystään näyttämölliseen visuaalisuuteen.)

Tunnistettavuus ja draamallinen motivaatio ovat siis olennaisia elementtejä siinä, miten Wagner ajatteli musiikillis-draamallisen ymmärrettävyyden. Hän kirjoitti *Oopperassa ja draamassa*: ”Nämä melodiset elementit kukkivat vain kaikkein tärkeimpien draamallisten motiivien vuoksi.” – Wagner etsi aina rajallisuuksia, jotka merkitsivät hänelle runollista keskittyneisyyttä vastakohtana proosalliselle laveudelle – ”ja tärkeimmät niistä puolestaan vastaavat vahvistettuina lukuisissa perustavissa motiiveissa samalla tavoin vahvistetussa ja keskitetyssä toiminnassa, jonka runoilija oli valinnut draamallisen rakennelmansa pilareiksi; pohjimmaisena periaatteena hän ei käytä niitä hämmentävällä moninaisuudella vaan pieninä, tunnistettavuuden kannalta tarpeellisina määrinä ja sallii niille plastiset muodonnat."

Yhtäältä Keihään motiivi ja Miekan motiivi edustavat lavarekvisiittaa ja näkyviä eleitä (Keihään motiivi viittaa eteenpäin rynnistämiseen ase edellä, Miekan motiivi taas aseen esiin vetämiseen):

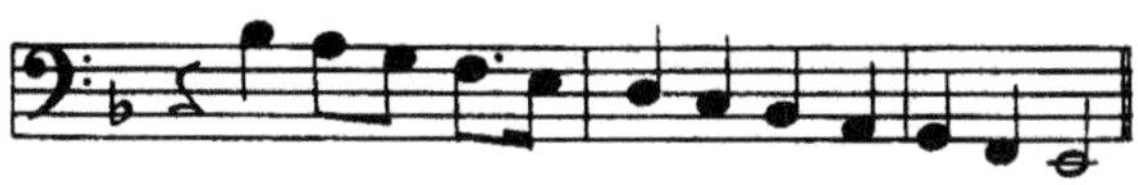

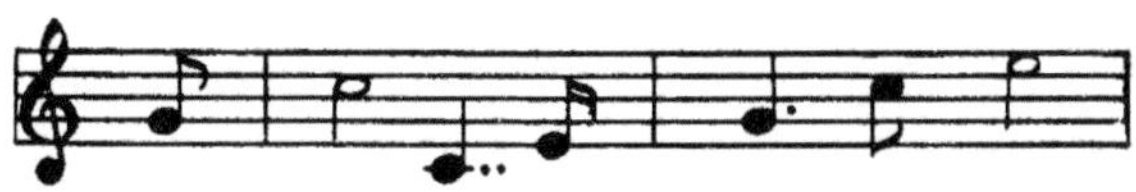

Toisaalta taas ne ovat "sopimusten maailman" ja vastaavasti "vapauden" symboleita, joiksi draaman "fundamentaaliset motiivit" oli "puristettava".

"Melodisia elementtejä" tuli siis olla runsain mitoin, jos kerran motiivisten yhteyksien kompleksin piti levittäytyä yli koko draaman sen sijaan, että se kattaisi vain rajallisia osia siitä. Toisaalta taas lukumäärän piti olla rajattu, jotta sinfonis-draamallinen muoto oli välittömästi ymmärrettävissä. Dilemma oli samanaikaisesti esteettinen ja tekninen, ja on järkeenkäypää olettaa sen olleen yksi syistä, miksi tetralogian sävellystyö viivästyi niin monilla vuosilla. Wagner tunsi itsensä ongelman puristamaksi ja lamaannuttamaksi. Ratkaisu löytyi ideasta kehittää tarvittu motiivien paljous muutamasta alkumotiivista, ja Wagner ymmärsi tämän ratkaisevaksi johtoaiheteknii-kan mukanaan tuomaksi uudistukseksi. *Sormuksen* päätöskirjoituksessa hän kirjoitti:

Reininkullassa astuin uudelle tielle, jolla ensin oli löydettävä motiiveja muokkaava plastinen luonne niiden kehittyessä yhä yksilöllisempään suuntaan, niitä johdattelevien intohimojen välineiksi, jotka motivoivat monitahoisen toiminnan ja sen puitteissa itseään ilmaisevat hahmot.

Alkumotiiveista johdettavien motiivien tekniikka saattaa sovintoon keskenään ristiriitaiset rajallisuuden ja runsauden vaatimukset, ja tämä, tunnistettavuuden ja draamallisen motivoinnin ohella, on kolmas olennainen ymmärrettävyyden osatekijä: monimutkainen motiivi monitahoisine liittymäkohtineen pysyy auditiivisen käsityksen puitteissa, koska sen kehityksen vaiheet alkuperäisestä yksinkertaisuudesta lähtien ovat olleet seurattavissa musiikissa; tunnistaessaan johtoaiheen alkuperän ja sen kehityskaaren kuulija ymmärtää sen merkityksen ja metaforisen sisällön.

Yli vuosisadan ajan (Dahlhausin teksti on peräisin vuodelta 1971, suom. huom.) Wagnerin "poeettinen intentio" ja johtoaiheen musiikillis-draamallinen ristikkäissuhde ovat olleet kohteena sinnikkäille eksegeettisille tutkimuksille, jotka ovat usein johtaneet vilkkaan mielikuvituksen ohjaamiin suuntiin ja saaneet osakseen enemmän vastaväitteitä kuin lisätutkimusta. Riittänee hahmotella muutamia motiivisia yhteyksiä, jotka ovat toisaalta spekulaatioiden ulkopuolella, ja joilla toisaalta on merkitystä teoksen päämäärälle eikä pelkästään peitetylle merkitykselle.

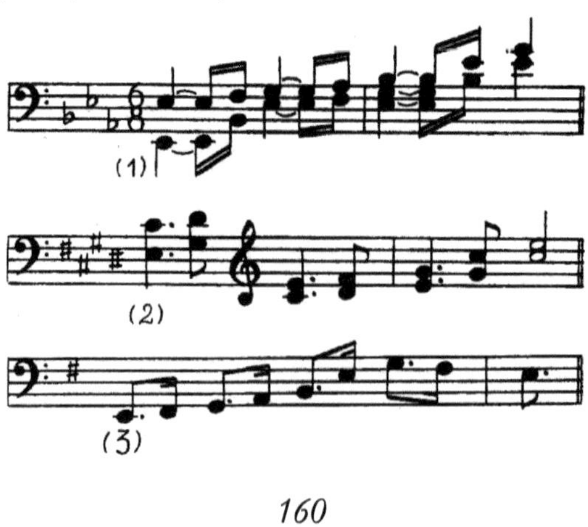

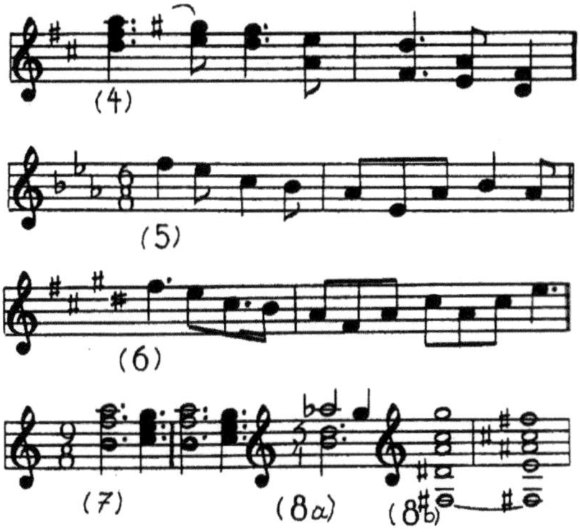

Luonnon motiivi (1), elementin, muinaisen fyysisen maailman syntysijan musiikillinen kuva, koostuu yksinkertaisista äänten aalloista, jotka saavat alkunsa murretusta Es-duuri-soinnusta, jota jatkuu 136 tahtia Reininkullan alkusoitosta lähtien ylevässä "monotoniassa". Erdan motiivi (2), maaäiti-jumalan musiikillinen kuva on pelkästään mollivariantti Luonnon motiivista. Erdan motiivin rytminen diminuutio (aika-arvojen pienentäminen, suom. huom.), Wotanin levottoman vaeltelun motiivi (3), symboloi Wotanin valtaavaa, Erdan jumalten tuomiota koskevan varoituksen herättämää pelkoa; kiirettä ilmaiseva diminuutio on psykologinen elementti, ja kytkös Erdaan on enemmänkin käsitteellinen. Ylöspäin johtava liike merkitsee kehitystä, alaspäinen rappiota: Luonnon motiivin inversio tuottaa jumalten tuhoutumisen motiivin (4), jonka näennäistä duurisävyistä kirkkautta varjostaa se, että se usein esitetään tummennettuna, alennetun supertoonikan (siis napolilaisessa, suom. huom.) roolissa mollisävellajin viitekehyksessä. Reinintytärten laulu (5) periytyy Luonnon motiivista, mutta eroaa pelkästä murretusta kolmisoinnusta aloitussävelensä takia: se viittaa dissonanssiin, mikä on ratkaiseva ero alkuperäiseen. Metsälinnun motiivi (6) samoin kuin Reinintyttärien laulu, luonnonolennon musiikillinen ilmaus, on yksinkertainen rytminen muunnos motiivista 5. Viidennen motiivin alun vihjaama, pidennetty dissonanssi, ulottuu lisätyksi nooniksi ”Rheingold”-huudon ensimmäiseen sointuun (7). Orjuuden motiivi (8a, b) on kromaattisesti tummennettu variantti ”Rheingold”-huudosta, sovitettu ilmaisemaan nibelungien kullasta muokatun sormuksen aiheuttamaa sorronalaista asemaa.

Kirjeessään Brahmsille Wagner rehvasteli, tosin ei ilman ironian hiventä, kyvystään ”rakennella kaikenlaista musiikillista teemamateriaalia *Reininkullan* lavasteista”. ”Plastiset luonnon motiivit”, joista kehittyvät ”intohimoja johdattelevat välineet”, ovat alkuelementtien, veden ja tulen tai maisemien, joenuomien tai vuorenhuippujen motiiveja. Mutta Wagnerin käsitys elementeistä ja maisemista oli antropomorfinen, inhimillistävä, ja pelkästään näin hän kykeni esittämään ne musiikillisesti. Musiikillinen maisemamaalari hän ei ollut missään nimessä. Luonnonilmiöiden kuvat – virtaava vesi *Reininkullan* alkusoitossa, Logen motiivin tulenlieskat – ovat psyyken kuvauksia. Ja koska Wagnerin käsitys luonnosta oli antropomorfinen, hän saattoi kääntää katseensa ongelmattomasti kehitelläkseen motiiveja, jotka kuvaavat luonnon ulkopuolisia karaktereja.

Kuten Nietzsche kirjoitti:

> Yleisenä kommenttina Wagnerista muusikkona voi sanoa, että hän on antanut kielen kaikelle luonnolle, jolla aiemmin ei ole ollut mahdollisuuttakaan saada puhua; hän ei usko, että joidenkin asioiden pitää välttämättä olla mykkiä. Hän sukeltaa jopa aamunkoittoon ja auringonnousuun, ikimetsiin, sumuun, rotkoihin, vuorten huipuille, yön sydämeen ja kuutamoon, ja löytää niistä kaikista salaisen kaipuun: ne haluavat puhua.

Valkyyria

1.

Valkyyrian tapahtumat on harsittu yhteen Wälsung-tragediasta ja Wotan-myytistä. Draamana se on epäyhtenäinen, ajatellaanpa sitä sitten itsenäisenä teoksena tai tetralogian osana. Sen musertava voima saa valtaansa jokseenkin kaiken paitsi kokonaisuuden, sillä kokonaisuutta ei ole; on vain kooste erillisistä näytöksistä, joista ensimmäinen ja kolmas ovat niin täydellisesti nivoutuneet musiikillis-draamallisin keinoin, että voisivat oikeuttaa suljetun draamallisen muodon kriteerejä avoimen muodon sijaan. (Tästä ei voi erehtyä, olivatpa ennakkoasetelmat miten klassisistiset hyvänsä.)

Draamallisesti jumalmyytin ja sankaridraaman välillä ei ole mitään yhteyttä, vaikka ne onkin teoriassa linkitetty. Siegmundin ja Sieglinden insestisen rakkauden tragedia; Siegmundin ja Hundingin vastakkaisuus, kulkurin ja talollisen, joista kumpikin on oikeassa käsityksessään toinen toisistaan; lainsuojattoman Siegmundin kieltäytyminen Valhallan kunniasta, jos hän ei saa mukaansa Sieglindeä; Siegmundin kuolema, välttämättömyys joka pohjautuu enemmänkin draamalliseen rakenteeseen, joka puolestaan ei salli muunlaista lopputulosta kuin Wotanin tahdon kääntäminen: lähestulkoon jokainen Wälsung-draaman motiivi on johdettavissa jumalmyyttiin, joka ei niinkään tuota taustaa ja perusteita inhimilliselle toiminnalle kuin luo sille tietyn valohämärän. Siegmundin löytämä, Wotanin hänelle jättämä miekka on sivuseikka Wälsung-draamassa, mutta yhtä suuressa määrin keskeinen ja ratkaiseva sen ongelman ratkaisussa ja tulevassa kehityksessä, johon hänen "kuningasajatuksensa" on hänet johtanut.

Saattaa todellakin näyttää siltä, kuin Wälsung-tragedia tuottaisi myyttiä paisuttavan sisällön; ilman sitä ei olisi tapahtumia, jotka vetävät mukaan Wotanin, Frickan ja Brünnhilden. Mutta tämä on harhauttavaa: Wotanin dialektisen pulman kannalta tarvitaan sen toteaminen, että "sopimusten herrana" hän tarvitsee toisaalta sankarin "vapaan teon" ja toisaalta on pakotettu estämään sen; tämän esittäminen näyttämöllä ei onnistuisi ilman Wälsung-draaman toteuttamista. Siegmundin ja Sieglinden rakkauden rooli Wotanin tragedian taustalla olevien motiivien sekamelskassa on havainnollistava, ei olennainen.

Ideat ja perusteet, joiden olisi pitänyt taata heterogeenisten tapahtumisen tasojen koherenssi, osoittautuivat mahdottomiksi esittää näyttämöllä ilman hienoista rakenteellista heikkoutta. *Valkyyria* on Wotanin draama – se on ainoa näkökulma, josta tarkasteltuna teos voi vaikuttaa yhtenäiseltä – muttei draama ollenkaan, siltä osin kuin se tiivistyy yhteen ainoaan hetkeen, siihen jossa Wotan toteaa, ettei hänen ongelmaansa ole ratkaisua. Wotanin toiminta *Valkyyriassa* on monodraama tai psykodraama (ja sen vuoksi huomio keskittyy teatterissa Wälsungien draamaan, vaikka se on käsitteiden tasolla vähemmän tärkeä); Brünnhilde ja Fricka katoavat allegorisiksi hahmoiksi, jotka esittävät Wotanin sisällä käynnissä olevan sodan kahta voimaa. Jos Brünnhilde on Wotanin tahto, joka kääntyy itseään vastaan ja yrittää pelastaa uhrattavaksi vääjäämättä joutuvan Siegmundin, Fricka on Wotanin omatunto, joka pakottaa tunnustamaan ristiriidan, jonka Wotan on yrittänyt olla huomaamatta. Wotanin on taivuttava Frickan kannalle, koska tämä sanoo ääneen sen, minkä hän sydämessään tietää todeksi, vaikkei sitä myönnäkään. Hahmojen vertauskuvallistaminen tällä tavoin on sopivampaa musiikilliselle draamalle kuin puhutulle, jonka alueella se saattaa vieraannuttaa kuulijan; musiikillisen ilmauksen osalta ei ole eroa sen välillä, personoidaanko tunnetta vai ideaa.

Brünnhilde on Wotanin tahto kahdessa mielessä. Ensinnäkin hän edustaa kaipuuta antaa tilaa emotionaalisille pyrkimyksille, jotka Wotanin on tukahdutettava itsessään.

> So tatest du,
> was so gern zu tun ich begehrt –
> doch was nicht zu tun
> die Not zwiefach mich zwang?
>
> ”Joten sinä teit, minkä itse niin mieluusti olisin halunnut, mutta minkä välttämättömyys vääjäämättä esti minua tekemästä?”

Toisaalta Brünnhilde mahdollistaa Wotanin ulottamaan tahtonsa omien mahdollisuuksiensa yli. Wotanin alistuessa asioiden päätökselle ja ottaessaan sen vastaan – ”und für das Ende sorgt Alberich” – Brünnhilde elää onnellisempaa tulevaisuutta odottaen (ja vaikka jumalien valta päättyy, sormus ei päädy enää Alberichin käsiin). Vaikka Siegmund on kaatunut kykenemättä Wotanin työvälineenä suorittamaan ”vapaata tekoa”, Brünnhilde tietää että Siegmundin vielä syntymätön poika tulee sen tekemään. Wotan puolestaan palaa jääräpäiseen toivottomuuteen:

> Schweig von dem Wälsungenstamm!
> Von dir geschieden
> schied ich von ihm:
> vernichten musst' ihn der Neid.

> ”Älä puhu minulle Wälsungeista! Luopumalla sinusta olen luopunut heistä: heidän on tuhouduttava pahaan kohtaloon.”

Mutta Wotanin luopuminen Wälsungeista vastakohtana dialektiikalle, joka johti Siegmundin tuomioon, on täsmälleen se välttämättömyys, jonka myötä Siegfried oivaltaisi ne toivot, jotka Wotan nyt hylkää: ilman Wotanin holhontaa Siegfried on vapaa ”jumalten laeista”, kun taas Siegmund – Wotanin yllyttäessä häntä rikkomaan ne – kaatuu niiden seurauksena.

2.

Lokakuun kolmantena 1855 Wagner kirjoitti Lisztille *Valkyyriasta*:

> Olen huolissani toisesta näytöksestä ja sen silkasta draamallisesta painosta: se pitää sisällään kaksi katastrofia, jotka ovat niin tärkeitä ja vakavia, että ne kumpikin tarvitsisivat oman näytöksen; mutta ne ovat niin riippuvaisia toisistaan ja toinen vetää toisen jatkokseen niin välittömästi, että olisi aivan mahdotonta erottaa niitä.

”Katastrofit”, joihin hän viittasi, Wotanin epätoivoinen alistuminen ja Siegmundin kuolema, ovat todellakin ”riippuvaisia toisistaan”, mutta nimenomaan käsitteellisesti ja koko tetralogian kontekstissa eivätkä draamallisesti ja välittömässä toiminnassa. Siegmund ei tiedä mitään Wotanista. Kun Siegmundin miekka särkyy nimenomaan Wotanin keihästä vasten, se ei vaikuta mitenkään Wälsungien draamaan, joka on sellaisenaan täydellinen. Wotan ei todellisuudessa tee muuta kuin toteuttaa tragedian muodollisten lakien asettaman tuomion. ”Kiihkottomina ja toivottomina hetkinä”, kertoo Wagner samassa kirjeessä Lisztille, ”olin peloissani ennen kaikkea Wotanin pitkästä kohtauksesta, erityisesti hänen paljastaessaan Brünnhildelle koko kohtalokkaan kertomuksen (kertomusjakso, joka alkaa "Als junger Liebe Lust mir verblich"), "– toden totta, Lontoossa koin hetken, jolloin olin valmis heittämään koko kohtauksen menemään; voidakseni tehdä päätöksen otin uudelleen käsiini [sävellys]luonnoksen ja lauloin itsekseni kohtauksen läpi kaikella tarvittavalla ekspressiivisyydellä; tällä tavoin onneksi huomasin kiukkuni olevan perusteetonta, ja että päinvastoin – kunnollinen esillepano sitoisi sen yhteen jopa pelkkänä musiikkina."

Wagnerin epäilykset eivät olleet aiheettomia; jopa musiikkidraaman kiihkeimpien kannattajien joukossa on aina ollut niitä, joiden mielestä Wotanin ja Brünnhilden kohtaus toisessa näytöksessä edistyy hitaasti, vaikka se Wagnerin mielestä "muodostaa koko suuren, neliosaisen draaman kehityksen kannalta tärkeimmän kohtauksen".

Kohtaus on olennaisesti monologi, vaikkakin näyttää dialogilta. Wotan puhuu Brünnhildelle kuin puhuisi itselleen. Heikkous kasvaa siitä ristiriidasta, että muoto on resitatiivi, mitä sen ei oopperan esteettisten sääntöjen mukaan missään nimessä pitäisi olla. (Teoria siitä, miten ero resitatiivin ja aarian tai arioson välillä hylätään täydellisesti Wagnerin "loputtomassa melodiassa", kuuluu niihin käsityksiin, joissa liioittelu muuttaa oivalluksen virheeksi; ero on varmasti pienentynyt, muttei pois pyyhkinyt, ja sen sijaan että se olisi väsyttävä reliikki perinteisestä muodosta, sillä on rakenteellinen tehtävä.) Ajatus, jonka mukaan suhde musiikin ja toiminnan välillä on molemmin puolin täydentävä – eli että näyttämötoiminnan tulisi edetä vilkkaasti resitatiivijaksojen aikana, näiltä kun puuttuu melodinen kiinnostavuus, ja päinvastoin, toiminnan pitäisi laantua aarian lyyrisen seisakkeen ajaksi – on yksi traditionaalisen oopperateorian opinkappaleista, joka on niin syvälle juurtunut yleisön esteettiseen vastaanottoon, että sitä pidetään musiikillisen draaman muuttumattomana sääntönä. ("Toiminta-aaria" ei suinkaan ollut tuntematon etenkään opera buffassa, mutta jo sen erityinen nimike osoittaa sen olleen poikkeus.)

Wagnerin hyökkäys kohti oopperaestetiikan totuttuja sääntöjä – jotka ovat aina vain vahvempia ollessaan suurelta osin tiedostamattomia – on täten ilmeinen: koska mitään ei tapahdu näyttämöllä Wotanin monologin aikana, sen pitäisi olla arioso, mutta se on enemmänkin resitatiivi, joka puhkeaa toisinaan ariosoksi. Mutta kohtauksen dramatiikan puutteesta huolimatta tilanne saattaisikin osoittaa esteettisten sääntöjen osuvuuden, jolloin niitä pitää tarkastella lähemmin.

Ensinnäkin draaman rinnastaminen voimaperäiseen tai vankkaan toimintaan – että kerronta ja pohdiskelu ovat "epädramaattisia" – on yhtä väärin kuin se on tyypillistäkin. Draaman muodolliset lait – ainakin suljetussa muodossa, jonka puitteissa Wagner yhä työskenteli – vaativat, että tapahtumien ja niiden motivaation pitäisi olla siten yhteydessä, että ne kulkevat kohti päämäärää, katastrofia tai kliimaksia. Mutta jos yleisön oletetaan tarttuvan juuri tähän yhteyteen, on tarpeen, että toiminta toisinaan seisahtuu ja antaa aikaa pohdiskella tapahtunutta ja miettiä tulevaa. Näin pohdiskelun hetket ovat läpikotaisin draamallisia, eivät eeppisiä, mikä pätee niin musiikilliseen draamaan kuin puhuttuunkin.

Toiseksi musiikillisessa draamassa nimenomaan kerronnan ja pohdiskelun jaksoissa käsitys nykyisestä ajasta, menneisyyden muistoista ja ennakointi tulevasta sekoittuvat ja liittyvät toisiinsa; toisin sanoen juuri siinä johtoaihetekniikan "yhdistävällä taialla", Wagnerin *Oopperassa ja draamassa* muistojen ja ennakkoaavistusten musiikillisella ilmauksella, on tilaisuutensa paljastua. Juuri se tekee Waltrauten kertomuksen jokaisen tahdin *Jumalten tuhon* ensimmäisessä näytöksessä – temaattisesti hyvin tiukasti liitoksissa Wotanin monologin kanssa – "sitovaksi pelkästään musiikkina". Sepä herättääkin kysymyksen, miksi motiivisen assosiaation tiivis, *Jumalten tuhossa* niin toimiva verkko ei toimikaan varsin samanlaisissa olosuhteissa *Valkyyriassa.*

Vaikuttaisi siltä, että jumalan näkyvä läsnäolo – vaikkakin tuolloin ihmisenä – himmentää musiikin motiivista, draamallista voimaa, vaikka sen tehtävä on nimenomaan muistuttaa jumalmyytistä, joka puuttuu tapahtumiin ylhäältä käsin. (Asiat ovat tietenkin toisin kuin *Reininkullassa,* tetralogian esittelyosassa, jossa jumalat ja myytit tuodaan esiin ilman mitään vaikutusta inhimillisten olentojen toimiin, mutta tämä ei ole tilanne *Valkyyriassa.*) Levottomuuden ja tyytymättömyyden motiivit (jälkimmäistä Robert Donington kuvaili ”Wotanin turhautuneeksi tahdoksi”) ilmaisevat Wotanin mielentilaa tilanteessa, jossa jumala on aivan ilmeisesti aivan muuta kuin jumala. Niitä kehitellään laajasti ja joissakin monologin kohdissa ne luovat sinfonisia kytköksiä. Mutta jumaliin ja myytteihin liittyvät motiivit, jotka ovat pääosassa muualla – Erdan, Valhallan ja sormuksen – näyttäytyvät satunnaisina lainauksina, jotka tietyt verbaaliset viittaukset kokoavat – mutta vailla musiikillista motivaatiota tai seuraamuksia. Ne ovat vähentyneet, sillä sen sijaan, että ne toisivat mieleen näkymättömät jumalat, ne esiintyvät yhteydessä näkyvään jumalaan, joka ei kykene auttamaan itseään. Aivan kuin Valhallan motiivin draamallinen merkitys sillä hetkellä, kun se osallistuu tapahtumiin ensimmäisessä näytöksessä (ja kun samaan motiiviin viitataan toisessa näytöksessä), olisi kuulostanut Wagnerin korviin musiikkia rapauttavalta ja johdattanut hänet pidättymään motiivin käytöstä. Tämä aiheuttaa musiikin kudokseen aukkoja, joita resitatiivin kaltaiset deklamaatiot täyttävät, mikä puolestaan luo vaikutelman kohtausta vaivaavasta monotoniasta.

3.

Olisi virhe olettaa musiikkidraaman hylänneen kaikki merkit oopperasta, vaihtelun yksinkertaisen ja dramaattisen resitatiivin, arioson ja aarian välillä. (Perinne on melkein aina musiikillisen todellisuuden – kuten kaiken todellisuuden – voimakkain tekijä.) Tämä ei ole tarkoitettu tueksi sellaisille kapeakatseiselle yleisölle, joka ei kykene tunnistamaan uutuutta musiikkidraamassa ja tarrautuu vanhan jäänteisiin, jottei jäisi tyhjän päälle; sellaiset kuulijat, vailla kykyä käsittää muuta kuin "päättymätön melodia", valitsevat erillisiä lyyrisiä jaksoja ja ihastelevat niitä nautittavana musiikkina samalla kun toteavat kaiken muun, ratkaisevan tärkeän, pelkäksi kääreainekseksi, merkityksettömäksi taustamateriaaliksi. Toisaalta olisi virhe jättää huomiotta ne hienoiset eroavuudet, jotka jossain määrin tuovat mieleen oopperan kohtauksen jakautumisen resitatiiveihin, ariosoihin ja aarioihin. Se olisi pelkästään yhdenlaisen yksinkertaistavan kuuntelemisen – lyyristen jaksojen etsimisen – upottamista hahmottomaan musiikin virtaan. Tyylillisen erottumisen hyväksyminen – mikä on joka tapauksessa väistämätöntä – ei tee esteettistä vääryyttä musiikkidraamalle sen enempää kuin uudistusten kääntäminen takaisin tutuiksi, perinteisiksi termeiksi särkee niitä tai kieltää niiden pätevyyden. Mutta erillistyminen päättymättömän melodian sisällä pitää tunnistaa ennen kuin muodon voi ymmärtää. Wagner painotti toistuvasti, että päättymätön melodia on muoto, vaikka hän halveksikin omien teostensa analysointia. Erillistyminen ei ole oleellisella tavalla jakamattoman brutaalia, pedanttia jakamista, vaan keino tuoda esiin osia kokonaisuuden kannalta: jaottelu tekee muodon havaittavaksi.

Wagner kuvaili melodiaa musiikkidraamassa "sanojen ja musiikin kieleksi" ("Wort-Ton-Sprache"). Kumpikin elementti on käsittämätön ilman toista: teksti on merkityksetön ilman musiikkia ja musiikki ilman sanoja. On aivan ilmeistä, että musiikkidraaman resitatiivi on yhteen liitettyjen sanojen ja musiikin muodostama rakennelma eikä ensisijaisesti musiikillinen muoto; mutta sama pitää huomata aariasta tai aarian aseman ottavasta ilmiöstä musiikkidraamassa. Frickan valitus "O, was Klag' ich um Ehe und Eid", hänen ja Wotanin välisen kohtauksen kulminaatio toisen näytöksen alussa sekä on että ei ole aaria. Ulkoisesti se muistuttaa aariaa noustessaan esiin henkilöiden välisestä dialogista sulkeutuvana, melodisena arioso-kompleksina. Sen täydellisyys ei ole kuitenkaan tulos sopeutuvien ja kontrastoivien melodisten komponenttien ryhmittelystä musiikillisen muodon määräämän kaavan mukaan, vaan olennaisesti musiikin retoriikan tuottamaa. Valitus rakentuu neljästä, suunnilleen samanmittaisesta jaksosta (17 + 16 + 15 + 16 tahtia), ja sen pääpiirteet ovat siksi välittömästi havaittavissa. (Lukumäärä musiikillisessa yhteydessä on laadun synonyymi.) Ensimmäiset kaksi jaksoa ovat yhdenmukaisia tekstin kanssa, etenkin mitä retoriseen asenteeseen tulee; toinen alkaa samalla melodisella fraasilla kuin ensimmäinen, mikä alleviivaa sanallista paralleelisuutta. Vastaavuus kestää vain kolme tahtia, mikä on liian vähän tukeakseen väitettä kertausmuodosta (A^1 A^2) pelkin musiikillisin perustein, mutta yhdessä tekstin ja ilmaistun asenteen kanssa se saa aikaan muodollisen yhteyden. Kolmas jakso on antiteesi ("Doch jetzt") ja neljäs päätelmä ("So führ' es denn aus"): päätelmä on musiikillisen muodon kategoriana Wagnerin lanseeraama niin teoriassa kuin käytännössäkin. Tätä olisi turha kuvailla esimerkiksi rakennelmaksi A^1 A^2 B C tavanomaisen terminologian mukaisesti, koska se ei selittäisi muuta kuin että kolmas ja neljäs jakso eroavat toisistaan ja kahdesta ensimmäisestä. (Yritys yhdistää B- ja C-jaksot Bar-muodon aikaansaamiseksi ja siten musiikillisesti kokonaiseksi tekee väkivaltaa todelliselle muodolle.) Vasta kun musiikillinen analyysi on omaksunut retoriikan sellaiset kategoriat kuten yhdenmukaisuuden, antiteesin ja päätelmän, Frickan valitusta voidaan pitää tyydyttävästi analysoituna.

Musiikkidraamassa resitatiivilla ja aarialla, tai niiden vastineilla, on lähtökohtanaan sama periaate, "sanojen ja musiikin kieli", joka – sen sijaan, että nämä kaksi olisivat erillisinä muotoina toistensa vastaisia siten, että niillä olisi erilaiset tehtävät (toiminta ja kontemplaatio) – luo perustan tyylilliselle yhtenäisyydelle, jota ilmaus "päättymätön melodia" viime kädessä merkitsee. Se on yhtenäisyyttä, joka ei sulje pois hienosyisyyttä, vaan pikemminkin tukee sitä. Niinpä kohtauksessa, jossa Wotan ja Fricka käyvät dialogin, aariamaiset ja resitatiiviset osuudet ovat tarpeeksi selväpiirteisiä antaakseen muotoa. Ja muoto on puolestaan dialogirakenteessaan dramaturgisesti perusteltua. Juuri arioson kautta Fricka pyrkii pateettisuuteen. Wagner ei siis ole sen paremmin hylännyt kuin varauksettomasti omaksunutkaan perinteisen oopperan kontrastisuuden periaatetta vaan "Wort-Ton-Sprachen" muuttuneiden edellytysten johdosta palauttanut sen.

Siegfried

1.

Vain muutama päivä kuluu *Siegfriedin* alun, kun Siegfried takoo uuden aseen Wälsungien miekan pirstaleista, ja *Jumalten tuhon* lopun välillä, kun Valhalla palaa; nämä kaksi teosta miltei toteuttavatkin ajan ykseyden vaatimuksen. Mutta niin lyhyt kuin jänneväli onkin ulkoisella ajalla mitattuna, sisäisesti jakso on mittaamaton. *Jumalten tuhon* Siegfried on alusta asti vieraantunut nuoresta lohikäärmeentappajasta *Siegfriedissä* tavalla, joka tuskin voisi olla jyrkemmin rajattu – eikä siis vasta sen jälkeen, kun taikajuoma on vieraannuttanut hänet todellisesta luonteestaan. Ne poikkeavat tavalla, jota luonnehtivat yhtäällä Siegfriedin viaton torvisignaali, toisaalla *Jumalten tuhossa* ilmaantuva pahaa enteilevä sankariteema, jonka kalmankalina on lähes kuultavissa.

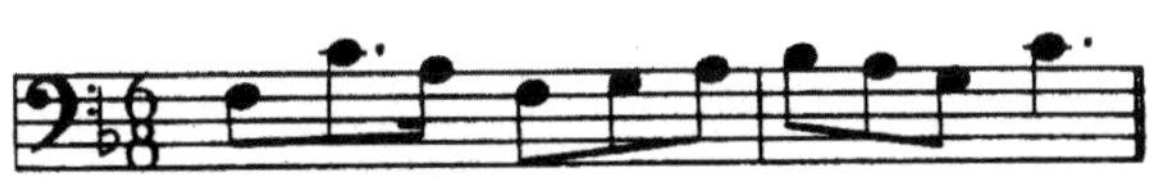

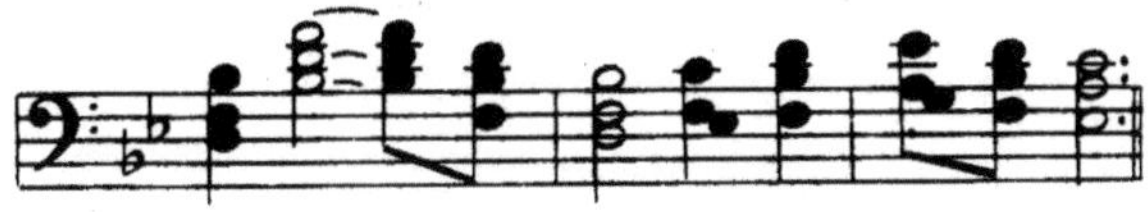

Siegfried tapahtuu maailmassa, jota kontrastoivat ja täydentävät *Jumalten tuhoa* painavan ja hallitsevan traagisen myytin tapahtumat; itse *Siegfried* on satu. Wagnerin kokema "järkytys", jonka hän koki oivaltaessaan yhteiset piirteet, itse asiassa identtisyyden, nuoren Siegfriedin ja sen Grimmin sadun välillä, jossa poika "lähtee kotoaan oppiakseen tuntemaan pelon" (sellaisena kuin Theodor Uhlig kertoi sen toukokuussa 1851), oli intuition leimaus, joka määräsi teoksen luonteen ja sävyn aivan yllättäen ja kertakaikkisesti.

Siegfriedin sadunomaisen luonteen oivaltaminen tarjoaa mahdollisuuden suurempaan täsmällisyyteen, mitä tulee sisäiseen aikaväliin sen ja *Jumalten tuhon* välillä. Saagoista ja legendoista poiketen sadut tapahtuvat historiallisen tai myyttisen ajan ulkopuolella – ei koskaan eikä missään tai aina ja kaikkialla. Sadun ajattomuus myytin ajallisen asetelman vastakohtana luo *Siegfriedin* ja *Jumalten tuhon* välille eron, jota mikään ei voi yhdistää. Tosin kohtaukset, joissa Wotan Wandererin hahmossa keskustelee Mimen, Alberichin ja lopulta Siegfriedin kanssa, toimivat linkkinä sadun ja myytin välillä ja ovat siten omiaan tuomaan sadun lähelle myyttiä. Mutta ensinnäkin, Siegfried poikamaisessa typeryydessään on suojattu myyttisen tragedian maailmalta siten, ettei hän tunnista – saati ymmärrä – sitä joutuessaan sen kanssa tekemisiin, ja toiseksi, Wotan kulkien ympäriinsä "vaeltajana", itsensä haamuna, on vetäytynyt tapahtumista "itsekieltäymykseensä" ja on nykyään olemassa eräänlaisessa ajattomuudessa, mietiskelyssä.

Ero *Jumalten tuhoon* ja *Valkyyriaan* on kuultavissa musiikissa – yksityiskohtia myöten. *Siegfriedin* musiikin karakteristiset motiivit – Metsän humina, Metsälinnun laulu ja Siegfriedin torvisignaali – kokonaisuuksina musiikin jatkumossa ovat poikkiteloin ratkaisuun johtavan kadenssiharmonian kanssa. Ne eivät johda eteenpäin vaan pitäytyvät itsenään ja siten ilmaisevat historian ulkopuolisen luonteensa.

Nuori Siegfried on tyypillinen satusankari ilman muistia tai estoja, ja siksi häntä vetävät puoleensa vaarat ja ihmeelliset kokemukset, joita hän tuskin tunnistaa sellaisiksi. Sitä vastoin luonnollisen ja yliluonnollisen sekoittuminen mutkattomasti on sadun olennainen elementti, mutta jotta ihmeellinen voisi tapahtua luonnollisena ilmiönä – jotta lintujen kieli voisi olla ymmärrettävää samoin kuin lohikäärmeenkin (joka itse asiassa on jättiläinen) – sadulla täytyy olla tyypillinen sankarinsa, jonka "hölmöys" avaa hänelle pääsyn "toiseen" todellisuuteen. (Siegfried ei kajoa saatavillaan olevaan aarteeseen, mikä on myös tyypillinen sadun piirre: saduissa valta ja rikkaus ovat tunnusmerkkejä, upeita koristeita eivätkä hyödynnettävissä olevia etuja; ratkaisevaa on niiden saavuttaminen, ei niiden käyttäminen.)

Niin ajaton kuin satu onkin, silläkin on rajansa. Brünnhilden herättäminen Prinsessa Ruususen tapaan merkitsee loppua, jonka jälkeen kehitys ei ole mahdollinen, sillä täydellisyys ja täyttymys on saavutettu. Tällä nimenomaisella sadulla on jatko-osa, mutta se tapahtuu sadun maailman ulkopuolella ja tuhoaa sen. Nuoren Siegfriedin satu on kuin satu Onnellisten saaresta, jonka myytti nielaisee.

2.

Musiikillisia muotoja ei ole jäsennetty vain sitä silmällä pitäen, että ne voi esitellä aakkosten kirjainten sekvensseinä, vaan niillä on yksilölliset karakterinsa, joita leimaavat sävellysajankohtaan soveltuvat ja historiallisesti mahdolliset melodisen ja temaattisen materiaalin lajit. Laulu- ja rondomuodon perusrakenteet, A B A ja A B A C A, perustuvat kontrastille (AB ja AC) sekä kertaukselle (A joko B:n tai C:n jälkeen); osien on oltava sellaisinaan suhteellisen suljettuja ja myös helposti toisistaan poikkeavina tunnistettavissa, jos minkään yksittäisen osan merkitys ei ole asettua ristiriitaan sellaisen kokonaisuuden kanssa, joka rakentuu ryhmittelylle, ei kehittelylle. Laulu- ja rondomuoto ovat metaforisesti puhuen "arkkitehtonisia", eivät "loogisia". Rondon ritornello, joka osoittaisi eriytymisen ja kontrastin itsessään, mitätöisi oman tehtävänsä, sillä sellainen temaattinen materiaali vaatii kehittelyä ja muokkausta; havaittava kesuura ritornellon (A) ja seuraavan jakson (B) välissä vaikuttaisi murtavan musiikillisen jäsentelyn sen sijaan, että se toimisi normaalissa funktionaalisessa tehtävässään. Jos taas ritornello toistettaisiin muuttumattomana, se vaikuttaisi tuottavan pettymyksen jättämällä käyttämättä mahdollisuuden kehittelyyn ja noudattamalla sen sijaan selvästi arkkitehtonisen symmetrian periaatetta. ("Loogisen" muodon vahvuudet ovat "arkkitehtonisen" muodon heikkouksia ja päinvastoin.) Mutta vaikutuksella, joka muodolla näin on melodisen ja temaattisen materiaalin luonteeseen on seurauksensa musiikin sisällössä. Kaikki muodot eivät sovellu minkä hyvänsä sisällön palvelukseen – olisi hölmöä ilmaista jotain monimutkaista tai vaikeaselkoista laulu- tai rondomuodolla. Yksinkertaisuus on kertaavien muotojen vääjäämätön, perustavanlaatuinen ominaisuus. Siksi ei olekaan mikään onnekas sattuma, vaan osoitus Wagnerin muototajusta, että *Siegfriedissä* – sinänsä paremminkin satu kuin sankarimyytti oopperaksi – dialogi hahmottuu toistuvasti laulu- tai rondomuodoksi ilman, että teksti ennakoisi sellaisia: musiikin muodoilla on jotain sanottavaa omasta luonteestaan, riippumatta sen tekstin sisällöstä, johon ne on sävelletty.

Mimen ja Siegfriedin ensimmäisessä, esittelevässä kohtauksessa, jossa sadunomainen ilmapiiri on lähes kokonaan suljettu pois, joukko erotettavissa olevia lauluja on havaittavissa ilman, että rakenteelle tehtäisiin väkivaltaa. Niiden muodon yksinkertaisuus saa ne erottumaan draamallis-sinfonisesta kontekstista, ja Wagner selvästikin näki vaivaa antaakseen niille omanlaisensa sävelen, olipa kyseinen sävel sitten parodia, kuten Mimen ”Kottaraislaulu”, ”Aus zullendes Kind zog ich dich auf” tai teeskentelemätön ja suorasukainen, kuten Siegfriedin ”Es sangen die Vöglein so selig im Lenz”. (Naiivius on tietenkin keinotekoista, mikä ei kuitenkaan vähennä sen tehoa hiukkaakaan – sitä vastoin on houkuttelevaa kuvailla ”toissijaista” välittömyyttä ”autenttisemmaksi” kuin se oli ”ensi kerran” tavattaessa.)

Jotkut kohtauksen laulumuodoista ovat muunneltuja pyrkimyksen ollessa kohti kehittyvää muotoa eli kohti ”loogista” muotoperiaatetta. Tämä näennäisesti yhteen sopimattomien elementtien yhdistäminen ei ole virhe, vaan sillä on musiikillis-draamallinen merkitys. Mimen laulua ”Jammernd verlangen Junge”(jossa on neljä jaksoa A1 A2 B A3 -hahmossa), ja Siegfriedin laulua ”Es sangen die Vöglein”(joka koostuu kahdesta säkeistöstä) ei vain aseteta vastakkain ilman mitään yhteyttä toisiinsa, vaan niillä on yhteinen ritornello, jonka eksegeetit ovat määritelleet Siegfriedin rakkauden kaipuun motiiviksi.

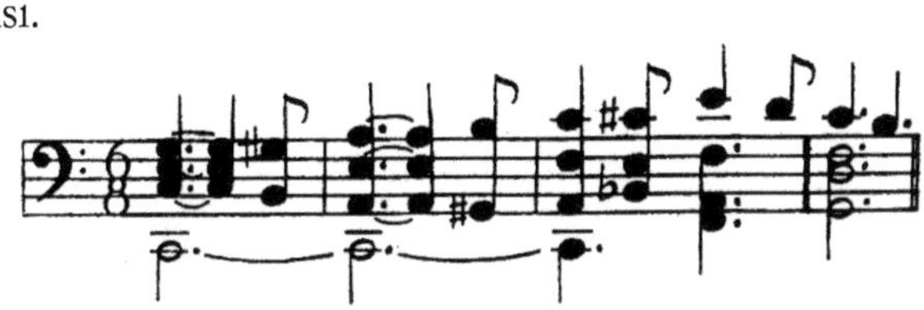

Mimen laulussa ritornello ilmaantuu välietappina, ikään kuin Mime etsisi mielessään tulossa olevaa ajatusta. Vasta Siegfriedin säkeistölaulussa se paljastuu, avattuna laajasti ja empaattisesti orkesterisäestyksessä. Tapa jolla motiivia on työstetty – perinteisin kehittelyn tekniikoin, sekvenssein ja motiivin osasiksi purkamisin – on epäjohdonmukainen yksinkertaisen säkeistörakenteen kanssa, muttei kuolleesti ja mitäänsanomattomasti vaan motivoidusti ja kaunopuheisesti. Laulu hyötyy tilanteessa sekä musiikillisesti että draamallisesti, kun kehittelytekniikoiden sallitaan tunkeutua sen muodolliseen rakenteeseen: se jalostuu musiikillisesti motiivin eriytellystä kromaattisesta kehittelystä, ja sen draamallinen rooli saa lisää tehoa tietoisen ja tiedostamattoman erottamisesta, joka heijastuu laulu- ja instrumentaalimelodioiden välisestä tyylillisestä kontrastista. Kromatiikka tiedostamattomien impulssien musiikillisena symbolina on vastakkain laulumuodon implisiittisen naiiviuden kanssa. Vokaali- ja soitinmelodioiden karakterin erilaisuus antaa muodolle kaksijakoisen, jopa moniselitteisen leiman, sillä se on samanaikaisesti laulumuoto vokaaliosuudeltaan ja kehittelymuoto orkesterissa.

3.

Resignaation ja pettymyksen vallassa Wagner kirjoitti Lisztille 28. kesäkuuta 1857, jolloin hän oli keskeyttänyt *Siegfriedin* säveltämisen kesken toisen näytöksen:

> Olen johdattanut nuoren Siegfriedini syvään yksinäisyyteen metsän kauneuteen; sinne olen jättänyt hänet lehmuksen alle ja hyvästellyt hänet sydämen kyynelin: hänen on siellä parempi olla kuin missään muualla.

(Hän tarkoitti hylänneensä sävellysluonnoksen kahdeksan tahtia Metsän huminan alusta ennen Siegfriedin fraasia ”Dass der mein Vater nicht ist, wie fühl' ich mich drob so froh”.)

Wagner oli luonteeltaan jääräpäinen mies kaikissa asioissa, joihin hän tarttui. Sitä hämmästyttävämpää on, että hän päätti hylätä *Siegfriedin*, vaikka ulkoiset paineet eivät sietämättömyydestään huolimatta olleet nyt yhtään sen kovemmat kuin aikaisempinakaan vuosina. Itse asiassa hän muutti mielensä toisen näytöksen valmiiksi saattamisesta perusteellisesti muutaman viikon sisällä. Hän kirjoitti ruhtinatar Marie Wittgensteinille elokuussa 1857:

> Tauon jälkeen edessäni oli eräänä aamuna paperi valmiina *Tristanin* luonnostelua varten, kun minut äkkiä valtasi jäytävä kaipaus ottaa *Siegfried* jälleen esille ja päätin vihdoin viimeistellä toisen näytöksen. Se on nyt tehty: Fafner on kuollut, Mime on kuollut ja Sigfried on juossut Metsälinnun jäljille sen liihoteltua tiehensä.

Teos lojui valmistumattomana 12 vuotta, vuoteen 1869 saakka. Vain kerran koko tänä aikana, heinäkuulta 1859, on löydettävissä viitteitä *Siegfriediin* liittyvistä musiikillisista ideoista. Wagner työskenteli *Tristanin* kolmannen näytöksen kimpussa, kun hänen mieleensä juolahti melodiafraasi, jota hän oli luonnehtinut "ei kuulu Tristanin paimenelle vaan itselleen Siegfriedille", joten se, mistä olisi saattanut tulla paimenen "hilpeä sävelmä", saikin lopulta sanat "Sie ist mir ewig, ist mir immer Erb und Eigen, Ein und All"' *Siegfriedin* kolmannen näytöksen päätösduetossa.

Ei ole selvää, miksi Wagner keskeytti *Siegfriedin* säveltämisen ilman varmuutta, saisiko hän sitä koskaan valmiiksi tai saisiko *Reininkultaa* ja *Valkyyriaa* esitetyiksi tetralogian osina. Vuonna 1857 hän vaikuttaa olleen pakkomielteisesti sellaisen populaarin teoksen säveltämisen halun vallassa, joka murtaisi hänen alati painostavan tunteensa jäämisestä eristetyksi muusta maailmasta. (1857 hän sai kummallisen ja itsepetoksellisen idean säveltää *Tristan* italialaiseen librettoon ja tehdä siitä yksinkertainen ooppera.) *Siegfriedin* ensimmäisen näytöksen valmistuttua hän kirjoitti Julie Ritterille toukokuussa 1857 olevansa vakuuttunut sen olevan teoksistaan ylivoimaisesti suosituin ja vakiinnuttavan nopeasti asemansa ohjelmistossa sillä seurauksella, että se vetäisi mukaansa muutkin tetralogian osat, yksi kerrallaan. Hän oli väärässä: *Siegfried* ei ole koskaan ollut yhtä suosittu kuin *Valkyyria.* Merkityksellisempää kuitenkin on, että hän harkitsi *Siegfriedin* lanseeraamista omana teoksenaan uskoessaan sen erityiseen suosioon; hän vaikuttaa olleen valmis hylkäämään idean tetralogian tai kokonaisen syklin ensisijaisuudesta. Varsin pian hän ymmärsi *Siegfriediä* koskeneet toiveensa pelkiksi haaveiksi, ja luultavasti hänet vallannut resignaation tunne kesäkuussa 1857 liittyi sen hyväksymiseen, että kolmas näytös, jossa tapahtumat siirtyvät sadusta myyttiin, ei sopinut yhteen sen kanssa, että *Siegfried* voisi koskaan olla populaari teos tai itsenäinen kokonaisuus.

Kun vertaa Metsälinnun kohtausta toisessa näytöksessä ja Wotanin Erdaa kutsuvaa manausta kolmannen näytöksen alussa, sadun ja myytin välinen ero on karkea ja äärimmäinen, vaikka Wagner ilmiselvästi yrittikin löytää välittävän tekijän kahden erillisen maailman välille lisäämällä mukaan Wotanin kohtaukset Mimen kanssa ensimmäisessä näytöksessä ja Alberichin kanssa toisessa, jotka muutoin olisivat heikosti motivoituja draamallisen rakenteen kannalta. Teoksen yhtenäisyys oli jo vaarannettu; *Tristanin* ja *Mestarilaulajien* kirjoittamisen aiheuttama keskeytys sävellystyössä olisi saattanut johtaa vääjäämättömään täydelliseen luhistumiseen. Hämmästyttävästi Wagner kykeni varjelemaan *Siegfriedin* partituuria tällaiselta; teknisesti ottaen yhteisten johtoaiheiden käyttö teoksen eri osien välillä riitti suojelemaan jatkumon tyylillisen eroavuuden aiheuttamalta keskeytymisen tunnulta. *Tristan* ja *Mestarilaulajat* ovat jättäneet selvät tyylilliset merkkinsä *Siegfriedin* kolmanteen näytökseen, mutta teoksen yhtenäisyyttä ei mitenkään voi asettaa kyseenalaiseksi, vaikka yhtenäisyys onkin tekninen rakennelma.

Tristanin tyyli, peripeteia ellei suorastaan katastrofi 1800-luvun musiikin historiassa, nousee mieleen *Siegfriedin* kolmannessa näytöksessä esimerkiksi Siegfriedin sanojen ”Noch bist du mir die träumende Maid” sanoissa.

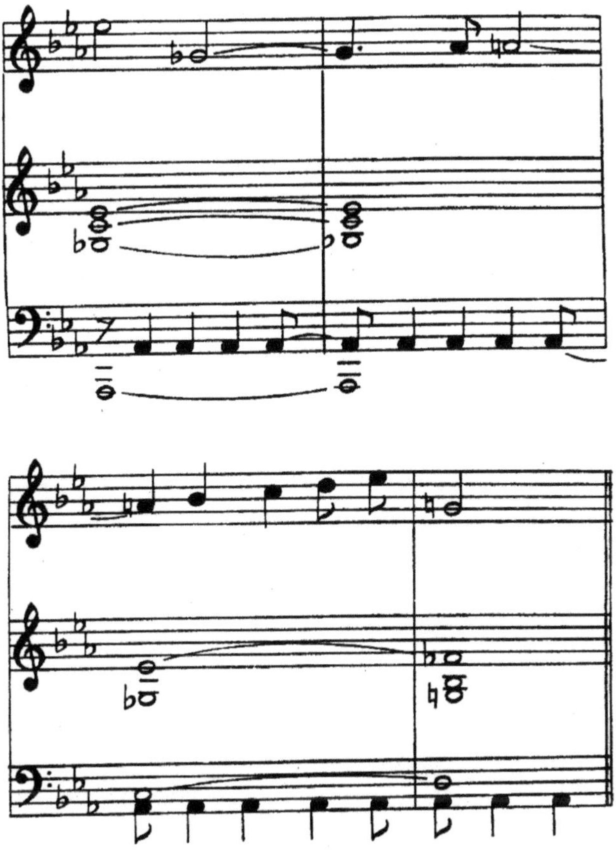

Tarkoin ja analyyttisesti kuunneltuna motiivi on hahmotettavissa Siegfriedin ja Brünnhilden rakkautta ilmaisevan motiivin kromaattiseksi muuntumaksi.

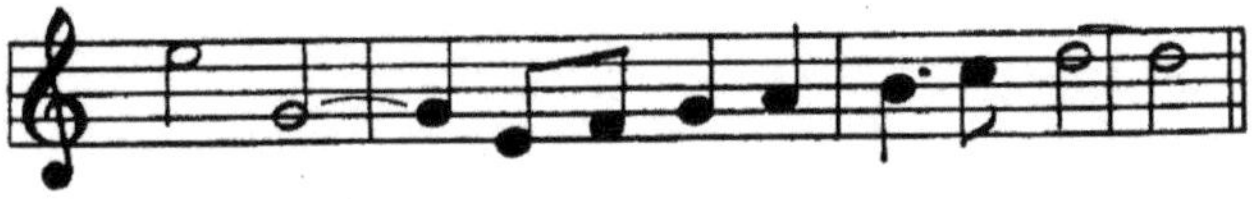

Kromaattinen muuntuma muokkaa teeman ekstrovertin luonteen vastakohdakseen; kuten *Tristanin* toisessa näytöksessä musiikki näyttää vetäytyvän maailmasta, havaittavasta itse olemukseen, jonka äänellinen kuva se Schopenhauerin metafysiikan hengessä on.

Esimerkiksi teknisestä erityispiirteestä, jolla on perinpohjainen esteettinen merkitys, käy dissonanssin käsittely tässä *Siegfriedin Tristan*-tyylisessä kohdassa. Jatkettu dissonanssi A-nuotissa (”mir”) purkautuu toiselle dissonanssille, vaihtosävelelle B, ei konsonanssille, ja pohjana oleva septimisointu liikkuu toiseen septimisointuun kolmisoinnun asemesta. Painotus on siis dissonansseissa, ei purkauksessa. Konsonanssi on läsnä vain sanomattomana ajatuksena taustalla: dissonanssin identiteetti ja allegorinen tai ekspressiivinen merkitys ovat seurausta sen ”määräävästä negaatiosta” ja siitä, että se poikkeaa konsonanssista, mutta itse konsonanssin ei tarvitse olla kuultavissa.

Jos sen takia sanomaton mutta alati tiedostettu suhde on premissi tai implikaatio yksinkertaiselle diatoniikalle ja konsonanssille, joka antaa *Tristanin* tyylin kromatiikalle ja purkautumattomalle dissonanssille niiden ekspressiivisen luonteen ja vangitsevan emotionaalisen tehon, sama on totta myös käänteisesti – ja tämä on karakteristista *Mestarilaulajien* tyylille: kromaattisuus ja dissonanssi voidaan aistia kuulumattomana taustana diatoniikalle ja konsonanssille. Jos yleisesti ottaen yksinkertaisuus on monimutkaisuuden kääre, Wagnerin kohdalla monimutkaisuus vaikuttaa toisinaan luovan taustan yksinkertaisuudelle. *Mestarilaulajien* voittoisa diatoniikka, joka ilmaantuu uudelleen *Siegfriedin* päätösduetossa, on ”toista” diatoniikkaa samassa mielessä, jossa Hegel puhui ”toisesta” luonnosta: diatoniikkaa, joka on laajentunut kattamaan sisäänsä kromatiikan. Siegfriedin sanojen ”Sie ist mir ewig, ist mir immer Erb und Eigen, Ein und All”” melodia, vankan diatoniikan paradigma, valkeni Wagnerille, kuten todettua, hänen säveltäessään *Tristanin* kolmatta näytöstä, kromatiikan äärimmäisyyttä.

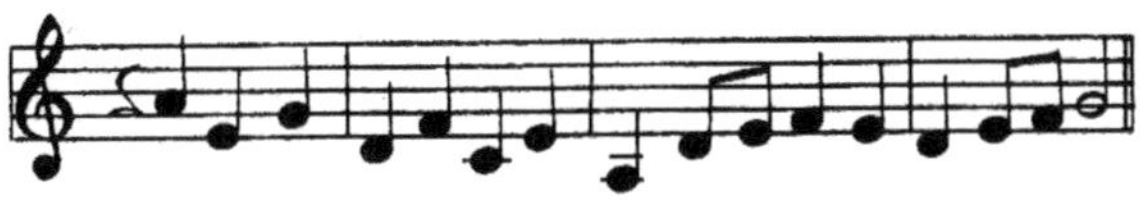

Melodian naiivius on keinotekoista ja siten se sivuuttaa rinnastuksen kansanmusiikkiin.

Toinen *Mestarilaulajien* tyylin piirre *Siegfriedin* viimeisessä näytöksessä "toisen" diatonismin rinnalla (johon se on läheisesti liittynyt) on finaalin kontrapunktiikka, joka latoo toistensa päälle toisistaan riippumatta syntyneitä teemoja – juhlinnan, rakkauden ja itse Siegfriedin – ylimmäksi, keskimmäiseksi ja matalimmaksi stemmaksi.

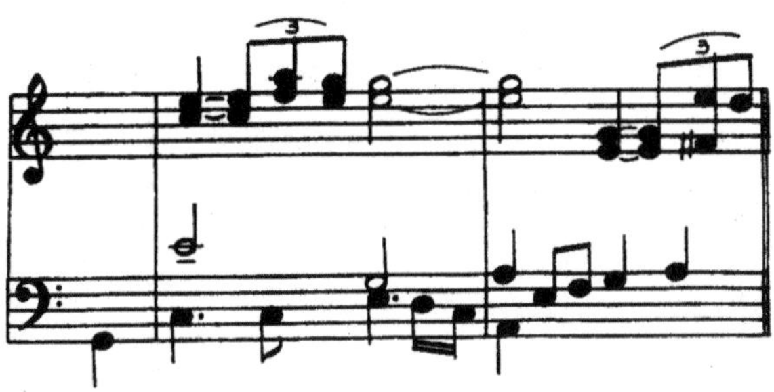

Tähän kontrapunktiin sisältyvä heterogeenisten elementtien pakottaminen yhteen sisältää epäilyksettä viitteitä väkivallasta, eikä olekaan sattumaa, että se sai Richard Straussin ylistyksen uppiniskaisen konservatiivisen Heinrich Schenkerin kritisoidessa sitä. Kyseessä on musiikillis-poeettinen prosessi pikemmin kuin puhtaasti musiikillinen; ratkaiseva tekijä ei ole, miten eri stemmat liittyvät toisiinsa (niiden musiikillinen suhde keskenään on lähes pelkästään seurausta siitä, että ne kaikki pitävät sisällään saman soinnun sävelkorkeuksia), vaan se, mitä niiden yhdistäminen ilmaisee.

Jumalten tuho

1.

Alkujaan nimeään kantaneessa tragediassa Siegfried ei ole muuta kuin työkalu Hagenin juonessa, eikä esitä juurikaan sen itsenäisempää osaa kuin Gutrune ja Gunther, jotka vain heidän ambivalenssinsa pelastaa olemasta pitkästyttäviä. *Jumalten tuhossa* Siegfriedille ominaisimmat johtoaiheet ovat Tarnhelmin ja Taikajuoman motiivit, kalpeille, petollisille harmonioille rakennetut musiikilliset arvoitukset. Vieläpä päähenkilö ja vastahenkilökin, Hagen ja Brünnhilde, joiden välillä toiminta todella tapahtuu, ovat hahmoina jollain tavoin kankeita ja epätäydellisiä: he eivät näytä juurikaan persoonallisilta, eriytyneiltä henkilöiltä vaan pikemminkin pelkiltä lieventymättömien himojensa kantajilta. Hagenin kunnianhimo kohdistuu yksinomaan sormukseen ja sen edustamaan valtaan eli, Wagnerin sanoin, silkkaan kateuteen. Brünnhilden kohdalla pidäkkeetön, varaukseton rakkaus, joka pyyhkii pois kaiken muun harkinnan, muuttuu äkillisesti mielettömäksi vihaksi Siegfriedin pettäessä hänet, vain muuntuakseen aivan yhtä äkisti takaisin rakkaudeksi hänen oivaltaessaan petoksen, jonka uhriksi Siegfried on itse joutunut. Poiketen sanan "henkilö" varsinaisesta merkityksestä nämä tyypit ovat pelkkiä pidäkkeettömien tunteiden esittelykenttiä, joiden sielu tursuaa ulos ulkokuoren läpi ilman mitään inhimillisten piirteiden pidäkkeitä.

Sen seurauksena tilaa millekään pää- ja vastahenkilöiden väliselle suhteelle ja draamalliselle dialektiikalle ei ole. Sekä Hagen että Brünnhilde ovat joko jyrkässä ristiriidassa vastakkain tai he kohtaavat toisensa – toisen näytöksen salaliittokohtauksessa – petollisessa yhteisymmärryksessä. Heidän juonittelunsa ilmaisun Wagner toteutti hahmossa, jonka hän oli eksplisiittisesti päättänyt hylätä musiikkidraamassa, duetossa – tai triossa, sillä Gunther on mukana salaliitossa – mikä ei ole missään nimessä sattuma. Musiikkidraama, jossa henkilöt ovat pelkkiä intohimon välineitä ja dialogi jähmettyy kuvaelmaksi, jossa yhtenevät ja vastakkaiset tunteet kätketään sopivalla musiikillisilla värityksellä, ei ole mitään muuta kuin oopperaa.

Kuitenkin, samalla kun moniselitteisyys leimaa teoksen musiikillis-dramaturgista luonnetta, *Jumalten tuho* on draamallinen sinfonia: "draamallisuus" ei ole vain pinnallista, sitä että sinfonia, "orkesterin melodia", säestää draamaa, vaan myös sitä, että sinfoninen funktio ja paino on rakennettu teoksen erityisiin konseptuaalisiin ja draamallisiin perusteisiin, jumalmyytin ja sankaridraaman väliseen suhteeseen. Kohtaukset, joissa jumalmyytti hallitsee toimintaa – nornien kohtaus prologissa, Waltrauten kertomus, Hagenin uni Alberichin kanssa – eivät niinkään suorasti vaikuta tapahtumien kulkuun kuin tukevat tapahtumia ajallisessa ympäristössä. Mutta niillä on myyttinen merkitys, joka antaa niille niin sanotusti kauas välittömän piirinsä tuolle puolelle levittyvää kaikupohjaa. Samalla ne toimivat muokaten *Jumalten tuhon*, draaman Siegfriedin kuolemasta, osaksi tetralogian kontekstia. Musiikilla on samalla toinenkin funktio, sinfoninen "orkesterimelodia", joka kutoo tapahtumille valtaisan taustaverkon muistumista ja väläyksenomaisista alluusioista ja jonka myyttisten motiivien varasto – sormuksen, Valhallan, Erdan, jumalien tuhon, sopimusten ja kirouksen – liittää nykyiset tapahtumat niiden muinaisiin lähtökohtiin ja alkuperiin. Näin ollen, vaikka niissä kohtauksissa, joissa jumalmyyttiin viittaaminen vaikuttaa näennäisen toisarvoiselta draamalliseen rakenteen kannalta, kun ajatellaan pelkästään niiden suhdetta näyttämötoimintaan, ne ovat kaikesta huolimatta musiikillisesti keskeisiä: ne luovat kehykset motiivisten assosiaatioiden kompleksille, joka levittäytyy yli koko draaman. Jos jumalmyytti on minkäänlaisessa vaarassa menettää merkitystään sankaridraaman rinnalla – sehän ei saa fyysistä hahmoa näyttämöllä – musiikki palauttaa sen ja koko syklin kontekstin oikeaan draamalliseen asemaansa.

Jumalten tuhon musiikillis-draamallinen rakenne – draamallinen rakenne, joka riippuu yhtä paljon musiikillisesta kuin musiikillinen draamallisesta – perustuu näin ollen jumalmyytin ja sankaridraaman, syklisen kokonaisuuden ja yksittäisen teoksen, musiikillisen symboliikan ja näyttämöllisen nyt-hetken, sinfonian ja oopperan ristiriitaiseen suhteeseen. Monimutkaisuutta lisää se ajallinen etäisyys, joka oli tekstin kirjoittamisen ja musiikin säveltämisen välillä.

2.

Jumalten tuhon musiikki ulottuu kahden ääripään – sinfonisen motiivikudoksen ja oopperan suljettujen muotojen – välille, mutta näiden äärimmäisyyksien välillä on välittävä tekijä sen sijaan, että ne vain olisivat olemassa irrallisina ja vailla yhteyttä. Mitä tiiviimmin motiivit näyttävät toisiinsa sidotuilta – ja koko tetralogian motiivit on koottu *Jumalten tuhoon* – sitä varmemmin kuulija on taipuvainen hylkäämään kriittisen valppauden ja huomion musiikin muotoihin ja antautumaan ”yhteyksien taikuudelle”, ja sitä olennaisempaa on toisaalta myös tietoisuus motiiviverkkojen ja -ketjujen pohjana olevasta syntaktisesta kehyksestä, joka antaa niille taustan ja muodon – "loputtoman melodian" jaottelun retorisiksi jaksoiksi musiikin tarpeen mukaan.

Jumalmyytin musiikilliset motiivit kasautuvat tiivisti yhteen Waltrauten kertomuksessa *Jumalten tuhon* ensimmäisessä näytöksessä ("Höre mit Sinn, was ich dir sage") Se koostuu seitsemästä jaksosta, jotka ovat kyllin lyhyitä havaittavaksi sellaisinaan (17 + 18 + 17 + 24 + 16 + 33 + 31 tahtia). Määrällinen tekijä on ratkaiseva: jos sekaannusta halutaan välttää, kuulijoiden pitää kyetä edellyttämään, että musiikillisina yksikköinä hahmottuva kokonaisuus pysyy rajatun mittaisena.

Kielellinen syntaksi ja musiikki muodostavat yhdessä Waltrauten kertomuksen periodisen jakauman täydellisen selväksi. Kutakin jaksoa hallitsee musiikillisesti yksi pääasiallinen motiivi, joka sekä varmistaa kunkin jakson koherenssin että erottelee sen selvästi viereisistä. Ensimmäisen jakson päämotiivi on Wotanin tyytymättömyys tai turhautuminen. Seuraavassa ("Jüngst kehrte er heim") se on Valhallan motiivi kroomaattisesti vääristettynä. Sivumotiivit – rytminen valkyyrioiden figuuri ensimmäisessä jaksossa, keihään ja Maailman saarnen toisessa – on koottu tekstin detaljien mukaan, ja siksi ne ovat luonteeltaan sitaattimaisia; usein ne eivät ole muuta kuin lisäyksiä mitä musiikilliseen muotoon tulee: ne tulevat esiin, kuten Shaw moitti johtoaihetekniikkaa ylipäänsä, kuin jonossa.

Pää- ja sivumotiivien eriyttäminen toisistaan, mikä on musiikin muodon ymmärtämisen kannalta olennaista, on funktionaalista, ei essentiaalista. Yhden jakson päämotiivi saattaa ilmaantua sivumotiivina jossain toisessa. Tämä funktion vaihtaminen on jopa yksi keinoista sekä kahden jakson yhdistämisessä (niiden ilmaantuessa uudelleen) että niiden eriyttämisessä (statuksen vaihtamisen kautta). Toinen keino samaan kaksinaiseen päämäärään on motiivien varioiminen, muuntaminen joksikin toisenlaiseksi ilman että yhteenkuuluvuus muuttuu tunnistamattomaksi. Vaihtoehtoisesti muunteluprosessi voi tuoda lähemmäs toisiaan kaksi alun perin toisistaan riippumatonta motiivia niin, että toinen näyttää olevan peräisin toisesta. Waltrauten kertomuksen (”Seine Raben beide”) viidennen jakson päämotiivi on ”Rheingold”-huuto sekä alkuperäisessä muodossaan että kromatiikan tummentamana ja vääristämänä. Nämä kaksi muotoa – jälkimmäiselle on annettu itsenäisen motiivin status, ”Orjuus” – on jyrkästi kontrastoitu ja silti ne tuntuvat muodostavan yhden ja saman päämotiivin tässä jaksossa. Kuudennessa jaksossa (”Seine Knie umwindend”) huuto on alennettu sivumotiiviksi, orkesterisitaatiksi, mutta kuitenkin se on liitoksissa uuteen päämotiiviin, Wotanin tyytymättömyyteen yhteisellä piirteellä, aksentoidulla ja pidennetyllä alaspäisellä puoliaskeleella, vaikka motiiveja ei olekaan alun perin johdettu toinen toisistaan. Assosiaatio on toissijaista.

Jumalten tuhon sinfonista ominaisuutta, eriytettyä motiivitekniikkaa, tasapainotetaan paluulla perinteisiin oopperamuotoihin, kuten *Siegfriedin* kolmannessa näytöksessä: duetto *Siegfriedin* lopussa, *Jumalten tuhon* toisen näytöksen päättävä trio. Selitys löytyy teoksen syntyhistoriasta – *Siegfried* ja *Jumalten tuho* suunniteltiin ensimmäisinä, mutta sävellettiin viimeisinä. *Reininkullassa* ja *Valkyyriassa* Wagner karttoi selvästi toisistaan poikkeavien henkilöiden äänten käyttöä rakentaessaan duettoja tai trioja kaksi- tai kolmiäänisessä harmoniassa, sillä henkilöjen puhuminen samanaikaisesti on ristiriidassa puhedraaman dialogin periaatteen kanssa, jota hän halusi soveltaa myös musiikkidraamassa. (Reinintyttäret tai valkyyriat ovat tuskin yksilöitävissä, joten on dialogin periaatteen mukaista, jos he kombinoituvat yhtyemusiikissa sen tyyppisissä tekstijaksoissa, jotka saattaisivat olla laulettuja myös puhenäytelmässä.) Mutta *Siegfriedin* kolmannesta näytöksestä alkaen Wagner kumosi oman oopperan vastaisen esteettisen teoriansa. Hänen piittaamattomuutensa musiikkidraaman opeista voi ainakin osittain selittää sillä, että *Siegfriedin* ja *Jumalten tuhon* tekstit kirjoitettiin aikaisemmin kuin *Reininkullan* ja *Valkyyrian,* ajankohtana, jolloin musiikkidraaman periaatteet eivät olleet niin lukkoon lyötyjä kuin myöhemmin. Joka tapauksessa perinteiset muodot ovat niin selkeästi hahmoteltuja Siegfried-Brünnhilde -duetossa ja Hagen-Brünnhilde-Gunther -triossa syntaktisin ja semanttisin, yhdenaikaista laulamista vaativin rinnakkaisuuksin, että olisi ollut mahdotonta toteuttaa ne dialogina. Lisäksi Wagner oli *Tristanissa* osoittanut valmiutensa perääntyä dialogista duettoon, milloin vain draama sen salli ja keskustelu muuntui täydellisen yhteisymmärryksen ilmaukseksi. Samaten duetto *Siegfriedissä* ja trio *Jumalten tuhossa* on tulkittavissa yhteisymmärryksen ilmaukseksi – oli sitten kyseessä rakkaus tai viha; draamallinen dialektiikka saa väistyä. Tämä merkitsee, että etääntyminen pois dialogin periaatteesta ja kohti oopperamaista käytäntöä oli itse asiassa pieni, sillä oopperaensemblen suurin musiikillis-draamallinen kyky on voima ilmaista vastakkaisia näkemyksiä samanaikaisesti (mikä olisi absurdi, käsittämätön sekasotku puhutussa draamassa mutta täydellisen toteuttamiskelpoinen ja ilmaisuvoimainen oopperassa, jossa musiikki eriyttää ja samanaikaisesti yhdistää äänet), mutta sitä kykyä Wagner nimenomaisesti ei palauttanut näissä ensembleissä.

3.

Wagner muutti *Jumalten tuhon* loppua yhä uudelleen, ikään kuin yhden draaman puitteissa ilmaistavissa oleville, drastisesti erilaisille poliittis-filosofille vakaumuksille ei olisi mitään rajaa. Tämä on suuri hämmennyksen aihe eksegeeteille, jotka mieluummin hyväksyisivät tekijän ”viimeisen sanan”. Wagner itse ei ollut missään nimessä varma oman teoksensa merkityksestä, ja on turvallisempaa luottaa dramaatikko-Wagneriin kuin häneen filosofina, joka rakensi ideologiansa itse.

Kulta on palautettu Reinintyttärille ja kirous näin muodoin purkautunut, joten utopia vaikuttaa olevan käden ulottuvilla. Mutta Reinintyttäret ovat vain alkeellisia olentoja, esi-inhimillisiä eivätkä inhimillisiä. Valhallan esittämä jumalien maailma on tuhoutunut Wotanin tahdon mukaisesti; tämä toteutti oman tuomionsa, jota ei kyennyt pakenemaan. Mutta ihmisistä ei tiedetä mitään, paitsi että he ovat selvinneet katastrofista: ”Luhistuneen linnan raunioista miehet ja naiset katsovat lumoutuneina katsellen tulta, joka kasvaa täyttäen taivaan.” Merkitseekö vanhan maailman tuhosta lumoutuminen samanaikaisesti tietoisuutta uuden ajan sarastuksesta?

Vuoden 1852 tekstiversiossa oli muutamia Brünnhilden päätössanojen säkeitä, jotka Wagner myöhemmin hylkäsi.

> Nicht Gut, nicht Gold,
> noch göttliche Pracht;
> nicht Haus, nicht Hof,
> noch herrischer Prunk;
> nicht trüber Verträge
> trügender Bund,
> nicht heuchelnder Sitte
> hartes Gesetz:
> selig in Lust und Leid
> lässt – die Liebe nur sein.

> ”Ei varallisuutta, ei kultaa tai jumalaista loistoa; ei taloa, ei maita eikä ylhäistä mahtia; ei hämärien sopimusten pettävää sitoumusta, ei valheellisten tapojen ankaria lakeja: autuus nautinnossa ja tuskassa – vain rakkauden kautta.”

Vuonna 1856 Wagner korvasi säkeistön, jossa Vapauden valtakunnan julistetaan astuvan esiin ”hämärien sopimusten” tuottamasta maailman perikadosta seuraavilla säkeillä, jotka on kirjoitettu Schopenhauerin hengessä:

> Aus Wunschheim zieh ich fort,
> Wahnheim flieg' ich auf immer;
> des ew'gen Werdens
> offne Tore
> Schliess ich hinter mir zu:
> nach dem wunsch- und wahnlos
> heiligsten Wahlland,
> der Weltwanderung Ziel,
> von Wiedergeburt erlöst,
> zieht nun die Wissende hin.
> Alles ew'gen
> sel'ges Ende,
> wisst ihr, wie ich's gewann?
> Trauender Liebe
> tiefstes Leiden
> schloss die Augen mir auf:
> enden sah ich die Welt.

> "Lähden unelmakodista, pakenen petoskodista ikuisesti; suljen takanani ikuisen syntymisen avoimet ovet: missä ei ole toiveita eikä harhoja pyhimmästä unelmamaasta, maailmojen samoamisen päämäärästä, vapautettuna uudelleensyntymästä, tietoisena tästä nyt lähden. Kaikki ikuinen, autuas loppu – tiedättekö, miten sen saavutin? Sureva rakkaus, syvin kärsimys sulki silmäni: loppuvan näin maailman."

Jälleen kerran Brünnhilde on ihmiskunnan tulevaisuuden perikuva. Mutta hänen kaipaamansa utopia on negatiivinen: sovinto on saavutettavissa vain luopumisen, ei rakkauden kautta. Maailman, joka ei ole muuta kuin ennakolta määrättyä kohtaloa ja sovittamattomia sotkuja, on loputtava täydelliseen resignaatioon ja itsekieltäymykseen.

Loppuun Wagner ei asettanut sen enempää utooppista kuin vetäytyvääkään päätöstä. (Hän rakensi 1852 kuningas Ludwigille yksityisesti erityisen lopun, mutta se ei kuulu tähän.) Hän uskoi, että Schopenhauerin ilmaus kertoi päätöksen soveltuvammin, mutta ”poeettinen intentio” ei tarvinnut tähän sanallista muotoa, sillä se ”toteutui” draamassa.

> Lopulta se ei voisi jäädä huomiotta säveltäjältä, sillä näiden säkeiden merkitys on jo ilmaistu mitä suurimmalla tarkkuudella musiikkidraaman tenorin osuudessa, niiden varsinainen toteuttaminen piti poistaa elävästä esityksestä.

Mutta hänen oman teoksensa merkitys näyttää pettäneen hänet. Alkuperäinen päätös on itse asiassa vuoden 1852 versiossa, joka oli jo hahmoteltuna ensimmäisessä konseptissa, proosaluonnoksessa vuodelta 1848.

Ensinnäkin Wagner muutti mielensä vuoden 1852 päätöksestä, tosin huomiota herättämättä. Kirjeessään Röckelille 23. elokuuta 1856 hän kuvaili sitä ”tarkoitushakuiseksi”: se vääristää draamaa ulkoa tulevilla poliittisilla ja filosofisilla näkemyksillä samaan aikaan, kun draama itsessään on menossa toiseen suuntaan. Kun teksti julkaistiin *Koottujen kirjoitusten* osassa 1873, tämä leimattiin vain mahtipontiseksi pohdinnksi (*sentenziös*), siis yritykseksi muotoilla sanoiksi sellaista, mitä ei tarvitse, sillä se paljastuu toiminnasta. Sana ”sentenziös” soveltuu kuitenkin hyvin Schopenhauer-parafraasiin.

Toiseksi orkesterin teema, jolla *Jumalten tuho* päättyy, ei ole kieltäymyksen ja ”tahdon negaation” vaan vuoden 1852 ylistetyn ”hurmioituneen rakkauden” teema.

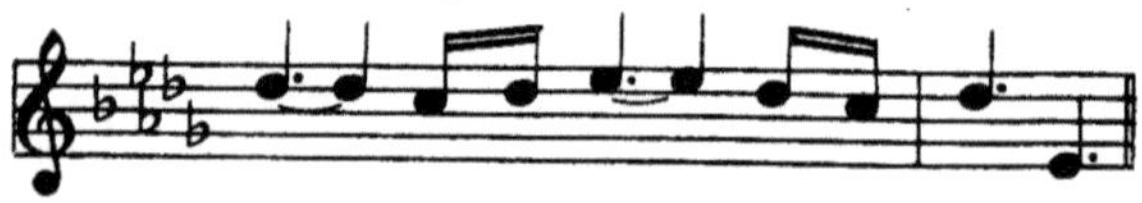

Teema on kuultu ensimmäisen kerran *Valkyyriassa* Sieglinden sanoissa "O hehrstes Wunder" Brünnhilden ennustettua Siegfriedin syntymän.

Kolmanneksi, vuoden 1856 Schopenhauer-parafraasin on sanottu rakentavan dramaturgisesti vajaaksi jäävän lopun. Brünnhilden kieltäymys maailmanmenon turhuudesta on ilmaistu kumpuavan "surevan rakkauden syvimmästä tuskasta". Tämä luo toki päätöksen *Jumalten tuholle* sinänsä, mutta koko tetralogialle se ei riitä. *Jumalten tuhossa* – poikkeuksena prologin Siegfriedin ja Brünnhilden kohtaus, jossa nämä jättävät toisilleen hyvästit – rakkauden kuvataan "luovan jotain kaunista hävityksen kautta"; näin Wagner ilmaisi asian samaisessa kirjeessään Röckelille. Mutta kokonaisuudessaan *Valkyyrian* viimeisen näytöksen, *Siegfriedin* viimeisen näytöksen samoin kuin *Jumalten tuhon* prologin ja päätöksen kontekstissa Brünnhilden rakkaus Siegfriediin ilmenee vaihtoehtona Wotanin resignaatiolle ja kieltäymykselle maailmasta sekä odottaa sovinnon tekoa tulevaisuudessa. Vuoden 1848 proosaluonnoksessa Wagner oli kirjoittanut jumalien tarkoituksen

> tulleen saavutetuksi heidän tuhottuaan itsensä ihmisen luomuksessa, nimittäin heidän saarrettuaan suoran vaikutuksensa inhimillisen tietoisuuden vapaudella.

Wagnerin vuonna 1874 *Jumalten tuhon* päätökseksi säveltämä musiikki ilmaisee juuri tämän. Hänen ensimmäinen konseptinsa oli myös viimeinen.

Parsifal

1.

Syyskuun 28. päivänä 1880, puolitoista vuotta ennen *Parsifalin* valmistumista, Wagner kirjoitti kuningas Ludwigille:

> Minun on nyt pitänyt vetäytyä kaikista suurin ihantein omaksumistani töistä sen hyväksi, mitä pidän siveellisesti täysin sopimattomana teattereillemme ja yleisöillemme (hän tarkoitti tavanomaisen ohjelmiston teoksia, joiden vastakkainasettelu kyseenalaisti toinen toisensa olemassaolon), joten minun on pitänyt kysyä itseltäni vakavasti, onko minun velvollisuuteni varjella tämä viimeinen ja kaikkein pyhin teoksistani kohtalolta joutua tavanomaisen oopperaohjelmiston osaksi. (Esitettynä osana tavallista oopperasesonkia, niin "uskonnollinen juhladraama kuin onkin", siitä tulisi vain yksi ooppera muiden joukossa.) En voi enää jättää huomiotta ratkaisevaa, tämän mielipiteen määräävää tekijää, *Parsifalini* aiheen puhtautta.

Wagner näyttää siis tehneen eron "kaikkein pyhimmän" teoksensa ja sen edeltäjien välillä – tosin vain aste-eron, ei periaatteellista – ikään kuin myös *Tannhäuser*, jossain mielessä *Parsifalin* prototyyppi, olisi myös "pyhä", vaikkakin vähemmän korostetusti. Vai onko *Parsifal,* "pyhitysjuhladraama", jonka Wagner halusi varata vain

Bayreuthia varten (ei festivaalin pelastamisen vaan teoksen suojelemisen vuoksi), uskonnollista teatteria siinä missä *Tristan* ei ole – siinä sana "Jumala" ei esiinny kertaakaan?

Nietzsche syytti Wagneria, joka oli kirjoittanut *Sormuksen*, antiteologisen jumalten tuhon myytin, "lankeamisesta ristin edessä" *Parsifalissa*. Se oli yhtä perverssi kannanotto ja paljasti yhtä vakavan taiteellisen käsityskyvyn puutteen kuin vastakkainen syytös, jonka mukaan Wagner oli häikäilemätön, efektejä jahtaava teatromaani, kristillisten myyttien ja symbolien polkija. Jälkimmäinen moite kumpuaa dogmaattisesta kristillisyyskäsityksestä ja teatterin halveksimisesta; Wagnerin kristillisyyteen liittyvä näkemyshän oli filosofinen, ja hän suhtautui teatteriin antiikin Kreikan hengessä. "Taiteellisen puristisuuden" ja "sitoutumisen" välinen suhde on aivan liian monimutkainen ratkaistavaksi yksinkertaisin standardiratkaisuin: ajatus siitä, että teoksen pohjana olevan pyrkimyksen pitäisi olla niin täydellisesti sulautettu lopulliseen taideluomukseen, ettei merkkiäkään tavoitteesta ole havaittavissa, on dogmaattinen ja samalla täysin vastakkainen sille näkemykselle, että taideteos on vain ja ainoastaan viestin välittämisen keino. Argumentoinnin premissit ja viittaukset muuttuvat aikakaudesta toiseen. (Ottaaksemme esimerkin mahdollisimman etäältä Wagnerista: onko Brechtin marxismi keinovara näytelmien kirjoittamiseen, kuten Max Frisch epäili, vieläpä täydellinen, vai päinvastoin, onko näytelmien kirjoittaminen väline asioiden muuttamiseksi marxistisen ideologian mukaisiksi – käytännöllinen tai muunlainen väline? Näin esitettynä vaihtoehtoisuus on väkipakolla muokattu: se erottaa toisistaan asioita, joita ei voi erottaa.)

Wagnerin vakaumus oli filosofinen, ei uskonnollinen, metafyysinen muoto myötätunnosta ja uhrauksesta, ja se peri olennaiset elementtinsä Schopenhauerin teoksesta *Maailma tahtona ja mielteenä* ja Schopenhauerin tavoin buddhismista. Wagner havaitsi näiden elementtien läsnäolon myös kristinuskossa, ja siinä mielessä hän oli kristitty. Mutta 1800-luvun vallitseva henki oli vieraantunut fundamentaalisesta uskosta, ja Wagnerkin omaksui historiallis-filosofisen käsityksen uskonnosta kehittyvänä totuutena, joka muutti ulkoista muotoaan läpi historian. Aikoinaan kirjaimellisena totuutena omaksuttu myytti oli muuttunut metafyysisen käsityksen metaforaksi; aiemman aikakauden rituaalit olivat käyneet sellaisenaan ontoiksi ja merkityksettömiksi, siirtyneet taiteeseen voidakseen säilyttää tai palautua kuvastaen merkitystä ja vakuuttavuutta, jonka ne olivat menettäneet papillisessa tehtävässään. Vuonna 1880 Wagner kirjoitti *Parsifalin* filosofisessa liitteessä *Uskonto ja taide*:

> Voi sanoa, että kun uskonto on käynyt keinotekoiseksi (hegeliläisin termein lakannut olemasta olennainen), taiteen tehtävä on pelastaa uskonnon ydin omaksumalla myyttiset symbolit, jotka aiempi (uskonto myyttisessä menneisyydessään) halusi levittää totuutena niiden symbolisen arvon vuoksi, paljastaakseen niihin syvälle kätketyn totuuden saman asian ideaalina toteutuksena.

Parsifal on siten kiistatta osoitus 1800-luvun ”taiteesta uskontona”. Tämä ei tarkoita, että taidetta tulisi pitää uskonnon tavoin pyhänä – tai pseudouskontona fundamentalistikristillisten tukijoita ajatellen – ja että taideteoksia pitäisi palvoa uskonnollisina ikoneina, vaan että uskonto – tai sen totuus – on muuntunut myytistä taiteen muodoiksi. Taiteen historiallis-filosofinen hetki oli tullut käsille, ja Wagnerin käsityksen mukaan taiteen ydin oli draama.

2.

Parsifal on loppupäätelmä, jossa säveltäjä kokosi ja yhdisti menneisyytensä aikaansaannosten juonteet. Aihe oli ollut hänen mielessään

1840-luvulta, *Tannhäuserin* päätöksestä ja *Lohengrinin* idusta alkaen, ja sisäinen kontakti noihin teoksiin on ilmeinen. (Wagnerin tuotannossa kokonaisuutena, sellaisena kuin hän itse sen ymmärsi, on pyrkimys mytologian systematisointiin, ikään kuin runolliseen johtoaiheiden tekniikkaan, joka kattaa kaikki yksittäiset draamat.) Kundry, "helvetinruusu", on uusi Venus; Klingsorin taikapuutarha palauttaa Venusvuoren; ja Graalin linnoitus Montsalvat on jo kertaalleen jopa musiikillisesti muotoiltu *Lohengrinissa.*

Toisaalta *Parsifal*, silkka erämaassa kasvanut, maailman pelastajaksi kutsuttu typerys – maailman, josta hän ei tiedä mitään – on uusi Siegfried. Kundry kertoo hänestä:

> Schächer und Riesen traf seine Kraft:
> den freislichen Knaben fürchten sie alle.
>
> "Roistot ja jättiläiset kaatuivat hänen voimastaan: pelotonta poikaa säikkyvät he kaikki."

Mutta "tahto", joka ajaa Parsifalia sankaritekoihin murtuu myötätunnon iskiessä häneen, hänen päämääränsä ei ole "teoista vapain" vaan luopuminen. Siegfried takoo miekan tappaakseen lohikäärmeen, mutta Parsifal särkee jousipyssynsä ymmärtäessään syntinsä tapettuaan joutsenen. Siegfriedin suudelma herättää Brünnhilden "kirkkaaseen päivään"; Kundryn suudelma herättää Parsifalin "kosmiseen ymmärrykseen" ("welthellsichtig"), tajuamaan pimeyden ja yön, "harhan", joka saa valtaansa kaikki paitsi ne, jotka hylkäävät "tahdon" ja heittävät yltään sokean pyrkimyksen ja pakollisuuden taakan.

Mutta *Tristan* on teos, johon *Parsifal* on epäilyksettä lähimmin yhteydessä. Vuonna 1854 Wagner luonnosteli kohtauksen, jossa Parsifal harhailevana, Graalia etsivänä ritarina saapuu Kareoliin, jossa Tristan makaa kuolettavasti haavoittuneena. Wagner kirjoitti Mathilde Wesendonckille 30. toukokuuta 1859:

> Oivalsin hiljattain uudelleen, että tämä (*Parsifal*) tulee taas vääjäämättä olemaan viheliäinen tehtävä. Suoraan sanottuna, Amfortas on teoksen keskus ja tärkein tekijä. Eikä se olekaan huonompi juttu. Ajatelkaas Herran tähden, mitä onkaan tapahtunut! Kaikki on käynyt äkkiä kauhean selväksi: hänhän on kolmannen näytöksen Tristanini, mutta uskomattomalla tavalla voimistuneena. Keihään haavoittamana ja kantaen ehkä myös toista haavaa – sydämessään, kauheassa tuskassaan miesparka ei kaipaa muuta kuin kuolemaa; saavuttaakseen tämän lopullisen huojennuksen Graal vetää yhä uudelleen häntä puoleensa, jotta se lopulta sulkisi hänen haavansa, sillä mikään muu ei voi sitä tehdä, mikään, ei mikään voi auttaa häntä: mutta yhä uudelleen Graal kieltää häneltä saman, mahdollisuuden kuolla.

Tämä traaginen paradoksi – valittu polku kohti pelastusta johtaakin tuhoon, mikä muistuttaa *Sormuksen* ideaa – kiihotti Wagnerin innostusta tähän aiheeseen. Myös Kundry on joutunut samankaltaiseen loukkuun: etsiessään vapautusta synneistään hän kaipaakin Parsifalin syleilyyn, mutta jos Parsifal antautuu hänelle Amfortaan tavoin, hän syöksyy yhä syvemmälle kiroukseen, josta hän yrittää paeta.

> O, Elend! Aller Rettung Flucht!
> O, Weltenwahns Umnachten:
> in höchsten Heiles heisser Sucht
> nach der Verdammnis Quell zu schmachten!
>
> ”Voi tätä kärsimystä! Vapahdusta paenneena! Maailman hulluuden yöhön uponneena! Kiihkeässä pelastuksen kaipuussa, janoten kadotuksen lähdettä!”

Rinnakkaisuus *Parsifalin* ja Wagnerin Dresdenin vuosinaan kehittelemän Kristuksen elämään liittyvän näytelmäsuunnitelman *Jesus von*

Nazareth välillä on ilmeinen; oopperan kolmannen näytöksen kohtauksessa Kundry esiintyy katuvana Magdalenana, Parsifal Kristuksena ja Gurnemanz Johannes Kastajana. Vuodelta 1856 on myös peräisin Wagnerin buddhalainen draama *Die Sieger*, joka ennakoi Kundryn uudelleensyntymän ja lopulta synninpäästön motiivia.

Siitä huolimatta, että *Parsifalilla* on monimutkaisia kytköksiä aiempiin teoksiin ja toteutumattomiin projekteihin, itse teos, vuonna 1877 kirjoitettu teksti ja 1882 loppuun saatettu musiikki, on piirteiltään yksinkertainen. Sen ulkoisen muodon tiukka symmetria – kolmas näytös toistaa ensimmäisen kaavan toisen rakentaessa kontrastin – on arkkitehtoninen, mutta se sisältää lineaarisen sisäisen toiminnan, joka noudattaa askel askeleelta puoliksi oraakkelimaista, puoliksi motoksi muodostuvaa kirjallista selitystä: "Durch Mitleid wissend, der reine Tor" ("Myötätunnon kautta ymmärtämään oppiva puhdas houkka").

Ensimmäisessä näytöksessä "pyhällä maaperällä" Graalin linnan liepeillä Parsifal tuntee ensimmäisen kerran sydämessään säälin liikutuksen surmattuaan joutsenen. (Joutsenkohtaus on sivuseikka ulkoisten tapahtumien osalta, mutta välttämätön sisäisen kannalta.) Katsellessaan linnassa Amfortaan tuskaa Graalin seremoniassa Parsifal tuntee pakottavaa kipua sydämessään, muttei vielä tohdi esittää "vapahtavaa kysymystä": hänen myötätuntonsa on yhä sameaa ja jäsentymätöntä. (Motivaatio vaikuttaa sekoittuneen: vapautuisiko Amfortas tuskastaan, jos Parsifal kysyisi sen syytä tässä vaiheessa? Vai pitääkö hänen odottaa, kunnes saa taas keihään, jonka hän menetti Klingsorille sen jälkeen, kun oli antautunut Kundryn viettelyksiin? "Die Wunde schliesst der Speer nur, der sie schlug." ["Vain haavan iskenyt keihäs voi sen parantaa."] Vastaus löytyy pragmaattisten ja symbolisten elementtien keskinäisestä suhteesta, jonka päälle *Parsifalin* draamallinen rakenne perustuu: haavan parantava keihäs on myötätunnon symboli, "tahdon vastakohta", kuten Schopenhauer sen ymmärsi. Myötätunto ei ole negatiivinen tunne vaan oivallus maailman kärsimyksistä, ja ainoa lohtu on oivaltaa kaikenlaisen lohdutuksen puute maailmassa, toisin sanoen resignaatio.) Toisessa näytöksessä Parsifal, "puhdas houkka", muuttuu "kosmisesti ymmärtäväksi" Kundryn suudelman kautta. Hän tuntee itsessään houkutuksen, kaipauksen ja Amfortaan kärsimyksen ja hahmottaa maailman yhteisen syyllisyyden kasaumana ja loputtoman kurjuuden kehänä, jonka voi murtaa vain myötätunto ja kieltäymys, tahdon ja sen sokean painostavan velvoittavuuden hylkääminen. Kolmannen näytöksen tapahtumat, Kundryn kaste, Amfortaan parantaminen ja Graalin pelastuminen "syyllisyyden tahrimista käsistä" – Amfortaan, maailman sekaannusten ja kompromissien edustajan käsistä – ovat pelkästään sen toteutumaa, mikä nähtiin jo toisen näytöksen lopussa Parsifalin saatua haltuunsa keihään. (Kolmannen näytöksen alkusoitossa kuvailu Parsifalin harharetkistä Graalin etsinnässä on viivästyttävä elementti tapahtumien kehityksessä, mutta se ei vaikuta lopputulokseen.) Mutta vaikkakin tämä viimeinen näytös on "tapahtumaton" tavanomaisen draaman kriteerein, se ei ole vain rituaali, pelkkä jo ajat sitten loppuun saatetun toiminnan täytäntöönpano ja symbolinen esiin tuominen, vaan se edustaa kolmatta tasoa sisäisessä toiminnassa. Myötätunto, ensimmäisessä näytöksessä epämääräinen, sanaton tuntemus, laajenee tunnistamiseksi, "kosmiseksi käsittämiseksi" toisessa ja vihdoin suuntautuu ulospäin kolmannessa "vapauttavana tekona". Parsifalista tulee Graalin kuningas, ei mikään erakko, eikä hän käännä selkäänsä maailmalle. (Onko Wagnerin "teoria uudelleen syntymisestä" Schopenhauerin tahtoa ja luopumista käsittelevän metafysiikan täydentämistä ja osittain kiistämistä, onko se *Parsifalin* draamallisen rakenteen perusta vai toisin päin – toisin sanoen, kasvoiko filosofinen ulottuvuus dramaturgiasta vai päinvastoin, se on epävarmaa.)

3.

Parsifalin hahmo on peräisin paremminkin legendasta kuin saagoista. Hän on passiivinen hahmo: draaman käännekohtaa merkitsevä ratkaiseva teko on kieltäymys. Toiminta tapahtumien keskipisteessä, jonne hän tahattomasti kompastelee, ei ole muuta kuin hänen tiedostamiseen tähtäävän kehityksensä aloituskohta ja ulkoinen aspekti. *Parsifal* edustaa lähestulkoon pyhimysdraaman ristiriitaisuutta.

Sankarin passiivisuudesta johtuvat dramaturgiset seuraamukset määrittävät teoksen "pyhitysjuhladraamaksi" erotuksena draamasta. Koska Parsifal ei toimi eikä ohjaa tietään mitään päämäärää kohti (paitsi etsiessään Graalia, jonka hän löytää armon, ei suinkaan harharetkiensä kautta), ja koska hän löytää itsensä reaktion eikä päättelyn kautta, draamaa edeltävät tapahtumat on selitettävä eeppisesti sen sijaan, että ne olisi liitetty toiminnan kudokseen motivoitujen juonenkäänteiden kautta. Tämän tuloksena kertojalla, Gurnemanzilla, dramaturgisesti arkisen karulla hahmolla, on teoksen suurin osuus. Säännön vahvistava poikkeus on Kundryn kertoma tarina Herzeleidesta, Parsifalin äidistä toisessa näytöksessä: näennäisesti menneisyyteen liittyvällä kertomuksella onkin merkittävä tehtävänsä viettelykohtauksessa, jolle se antaa psykoanalyyttisen merkityksen. (Ei kuitenkaan olisi mahdotonta, että *Parsifalin* toisella ja *Siegfriedin* kolmannella näytöksellä on jokin salattu merkityksensä psykoanalyyttisen teorian kehityksen kautta.)

Gurnemanzin kertomuksen sisältävä esittelykohtaus, joka täyttää suuren osan ensimmäisestä näytöksestä, on sarja kuvaelmia. Siinä eeppisyys yhdistyy visuaalisuuteen, jonka anti draamalliselle muodolle on kuvaileva, ei niinkään rakenteellinen. Syy visuaalisen materiaalin lisäämiseen on ainakin osittain musiikillinen, sillä se tarjoaa mahdollisuuden käsitettävälle ja muistiin jäävälle johtoaiheiden esittelylle. Tavoitellessaan intohimoisesti selkeyttä ja täydellistä ymmärrettävyyttä Wagner oli tavallisesti tyytymätön, jos uuden johtoaiheen merkitys esiteltiin vain tekstissä; jos suinkin mahdollista hän täydensi sitä jollakin näkyvällä elementillä näyttämöllä. Tämä visuaalinen tekijä ei välttämättä ollut edistyminen tapahtumissa – se saattoi yhtä hyvin olla tableau (kuvaelma, suom. huom.).

Graalin ja Uskon motiivien ensimmäisiä esiintymisiä ei ole muokattu noudattamaan tekstiä, vaan ne kuullaan näyttämön ulkopuolelta, herätyksenä aamurukouksessa, jonka kautta Graalin ympäristö kuvaillaan lähes sanattomasti.

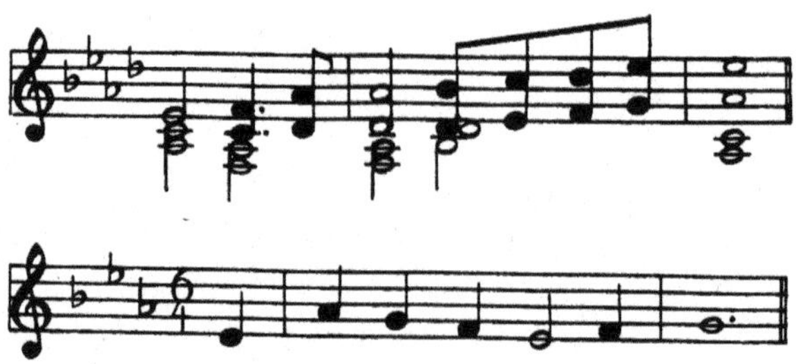

Kundryn motiivit, laukkaava kuvio ja laskeva, luhistuva kuvio, ovat musiikillisia kuvauksia hänen sisääntulostaan.

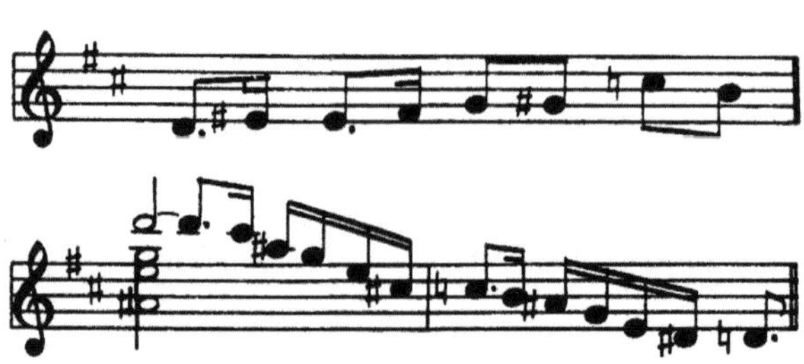

Sen sijaan, että vain kuulisimme sairaasta Amfortaasta Gurnemanzin kertomana, hänet kannetaan näyttämön poikki kantotuolissaan.

Tämän lyhyen kohtauksen aikana hän saa Kundrylta ainoastaan parantavaa yrttiä, joka ei kuitenkaan auta häntä, mutta kuvaelma tuottaa visuaalisen assosiaation hänen motiiviinsa, joka pohjautuisi muutoin vain tekstiin.

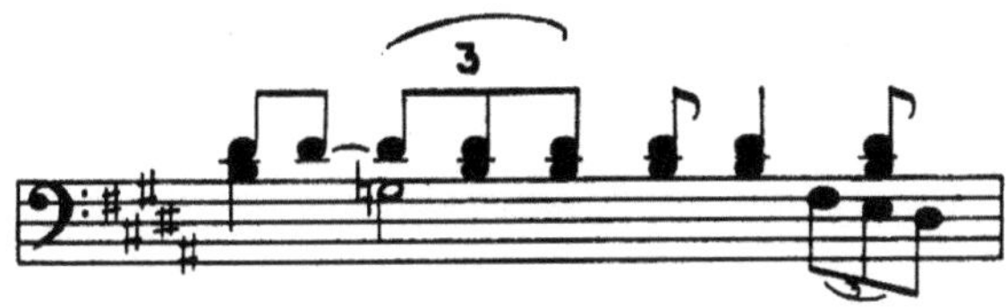

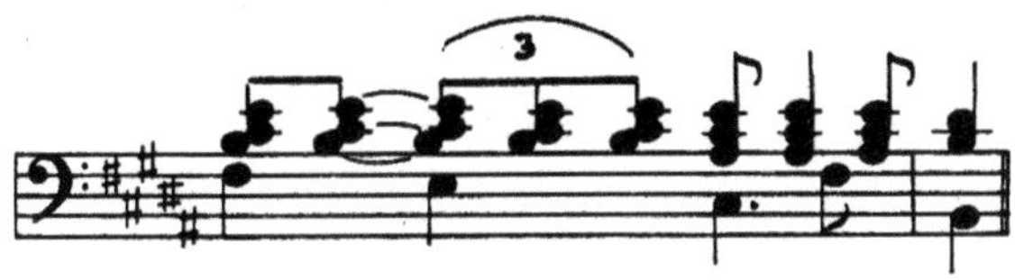

Amfortas siteeraa ennustusta tulevasta ”puhtaasta houkasta” (”Durch Mitleid wissend, der reine Tor”), ja ennustuksen tavoin motiivi saa musiikin sisäisin painotuksin aikaan yhtä suuren vaikutuksen kuin näkyvä elekin.

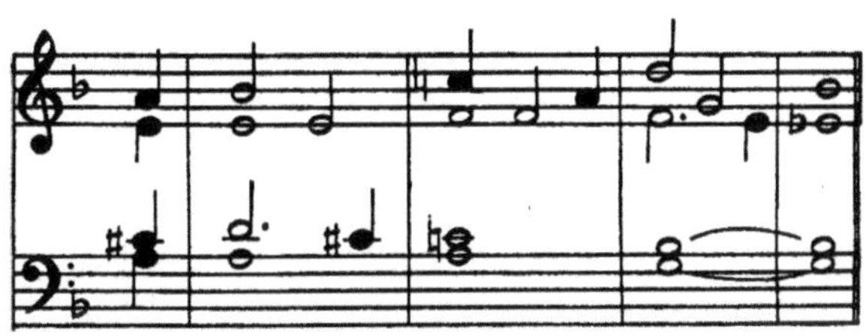

Gurnemanz on jo ennakoinut Amfortaan ja ”houkan” motiivit knaapeille kertomuksensa ensimmäisessä osassa ennen kuin Amfortas kannetaan esiin, mutta se ei ole merkittävää. Vaikka motiivit ovat noudattaneet tekstin eksplisiittistä sisältöä, ne ovat vain puoliksi sitä, mitä Wagner kutsui ”aavistuksiksi” *Oopperassa ja draamassa*. Motiivin esitteleminen ei tarkoita ensimmäistä kertaa, jolloin se kuullaan, vaan vasta tilannetta, jossa se tuodaan näyttämölle jollain tavoin.

Viime kädessä on kuitenkin motiiveja, jotka esitellään ja joiden merkitys ilmaistaan vain sanoin eikä millään näkyvällä keinolla. Ensimmäisessä näytöksessä Gurnemanzin puhuessa taikapuutarhasta ja houkutuksista, joihin Amfortas siellä antautui, Noituuden motiivi, jonka sointupohja muistuttaa toisesta petoksen ilmauksesta, Tarnhelmin motiivista *Sormuksessa*, ja Klingsorin motiivi, jonka kolmas tahti toistaa Noituuden motiivin ensimmäisen tahdin, jonka kolmas ja neljäs nuotti on transponoitu oktaavin alemmas, eivät ole näyttämöllisiä vaan eeppisiä motiiveja.

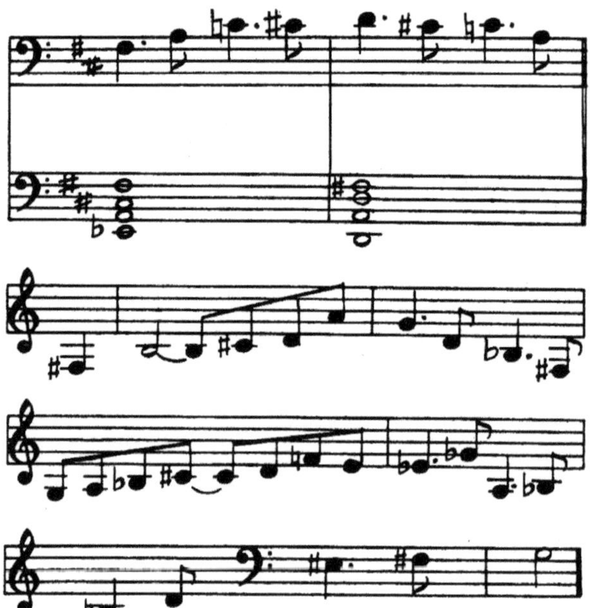

Tärkeää eivät ole poikkeamat yhdistetyn musiikillisen ja näyttämöllisen esittelyn säännöstä vaan se, että ne ovat poikkeuksia, eivät sääntö. *Parsifalissa* esittely ei ”todellisuudessa” ole muuta kuin kerrontaa: tarkalleen ottaen omilla ehdoillaan kertomus ei tarvitse lisäkseen kuvitusta, mutta kuvaelman mukanaolo on osuva esimerkki Wagnerin musiikkidraaman rakenteellisista periaatteista.

Kuvaelman luonne sopi nimenomaan musiikkidraamaan, josta kasvoi "uskonnollinen juhladraama". Mathilde Wesendonckille 30. toukokuuta 1859 osoitetussa kirjeessä, jota jo siteerattiinkin, Wagner kirjoitti ensin: "Suoraan sanottuna Amfortas on teoksen keskus ja päähenkilö." Kuitenkin myöhemmin, perehdyttyään puutteisiin Wolfram von Eschenbachin runoelmassa, joka puolestaan paljastaa puutteet arvonannossa eeppisen lyriikan yleisille periaatteille, hän jatkoi:

> Ja *Parsifalissa* on muuan muukin hankaluus. Hän on täysin korvaamaton Amfortaan kaivattuna pelastajana, mutta jos Amfortas esitellään siinä valossa, jonka hän todella ansaitsee, hän joutuu niin valtavan traagisen huomion kohteeksi, että on miltei mahdotonta saada aikaan vastaavaa kiinnostusta toiseen hahmoon; ja kuitenkin Parsifalin on oltava yhtä kiinnostava, jottei hänen osallistumisestaan tapahtumiin tule pelkkä deus ex machina, joka jättää kaikki kylmäksi. Ja näin Parsifalin kehitys, hänen ylevä muuntumisensa – vaikkakin predestinoitu kaikin osin hänen ajattelevaiseen, syvästi myötätuntoiseen luonteeseensa – täytyy pitää etualalla.

Jos Amfortas on uusi Tristan, määrätty musiikkidraaman traagiseksi sankariksi *par excellence*, painotuksen siirtyminen Amfortaasta Parsifaliin "teoksen keskuksena ja päähenkilönä" merkitsee musiikkidraaman muuntumista "uskonnolliseksi juhladraamaksi".

4.

Kun uskonnollisen juhladraaman toimintaa karakterisoi taipumus rituaaliin ja kuvaelmaan, sen kieli pyrkii kohti kerrontaa ja oraakkelimaisia puheenparsia. Graalin kuorokohtaukset, joiden malli myös musiikillisesti on peräisin liturgiasta, edustavat sanallista ja näyttämöllistä seremoniaa. Päätösnäytös huipentuu ihmeitä tekevään lauseeseen, jonka myötä ennustuksen lupaus täyttyy: "Die Wunde schliesst der Speer nur, der sie schlug." (Haavan sulkee vain keihäs, joka sen iski; *Sormuksesta* poiketen ennustus ei ole ansa vaan merkki armosta.) Ja vaikka yhtäältä Amfortaan valitukset, kärsimyksen purkaukset ensimmäisessä ja viimeisessä näytöksessä muodostavat äärimmäisimmän vastakohdan kuorojen juhlavalle vakavuudelle, niillä on toisaalta sijansa rituaalin kehyksessä; rituaalit herättävät hänen äärimmäisen kärsimyksensä aina toistuessaan, eikä tämä ole poikkeuksellinen, yksittäinen sattumus. Se on yksilöllinen, persoonallinen Amfortaalle, ja samalla edustaa häntä.

Kielen eeppisellä, rituaalisella luonteella on yhteys alkusoinnullisen riimin korvaamiseen loppusoinnullisella. (Toisin kuin joskus väitetään, Stabreim ei ole kadonnut kokonaan vaan se on muuttunut säännöstä poikkeukseksi.) Wagnerin *Oopperassa ja draamassa* kehittelemän teorian mukaan Stabreim on painotuksen ja tiivistyneen tunnelman sanallinen ilmaus, sillä kukin alkusointuinen tavu pitää sisällään merkityksen aksentin ja nuo tavut vääjäämättä seuraavat toisiaan tiiviisti. Loppusoinnulla taas on muodollistava, etäännyttävä vaikutus.

Loppusoinnun palauttaminen ei kuitenkaan merkinnyt säännöllisen jaksorakenteen palauttamista. Päinvastoin – säkeiden pituus on epäsäännöllinen ja painollisten tavujen lukumäärä niissä vaihtelee; havaittavissa on pyrkimys kohti jatkuvaa muutosta, joten *Sormuksen* tavoin kielen ulkoinen muoto on vastakkainen musiikin kaavamaiselle syntaksille sen sijaan, että tukisi sitä. "Nelivaiheinen" metriikka on liudentunut "musiikilliseksi proosaksi", ja näin *musiikin* muoto ei periydykään syntaksista vaan motiivisista assosiaatioista, jotka levittävät tiheästi kudotun verkon yli koko draaman.

Vahvan yksinkertaistetusti sanottuna musiikillisten motiivien käyttöä *Parsifalissa* hallitsee ja säätelee kromatiikan ja diatoniikan välinen kontrasti: Klingsorin valtakunnan petosta ilmaiseva kromatiikka ilmaisee myös Amfortaan tuskan, kun taas diatoniikan ilmaisumahdollisuudet ulottuvat Parsifalin motiivin naiivista yksinkertaisuudesta Graalin teemojen ylevyyteen. Musiikillisen tekniikan kategorioina myös kromatiikalla ja diatoniikalla on allegorinen merkitys: kun molemmat teemat ovat kromaattisia – yleisyytensä vuoksi sinänsä merkityksetön piirre – tämä luo niiden välille draamallisen assosiaation. Petoksen ja kärsimyksen välinen, taikapuutarhan ja Amfortaan valituksen välinen yhteys on yhtä ilmeinen kuin jännite ”puhtaan houkan” ja sen Graalin kuninkuuden välillä, joka Parsifalia hänen tiedostamisen polkunsa lopussa odottaa. Wagner siis pohjusti draamallisen asettelun eroavuudet ja seuraamukset yksinkertaisella, ilmeisellä kontrastilla, joka on aiheuttanut kärsimystä eksegeeteille, mutta joka on toisaalta todiste hänen teatterillisesta neroudestaan.

Mutta ei ole epäilystäkään siitä, että rinnakkain on asetettu äärimmäisyyksiä ilman minkäänlaista silottelua niiden välillä. Cosiman muistiinpanojen mukaan *Parsifalin* kirjoittamiseen kuluneiden kymmenen vuoden mittaan Wagner puhui useammin kuin kerran haluttomuudestaan tuoda mukaan mitään soraäänisiä efektejä, sekä siitä, miten hän aina yritti liudentaa niitä ja tehdä niistä käsitettäviä mieluummin kuin jättää tilanne äkillisyyden kontolle. Wagnerille käsitettävyys merkitsi motivoimista ja valmistelemista, jotta tilanteissa voidaan edetä kuin seurauksena ja toteutumana jollekin, joka oli aiemmin tapahtunut. *Parsifalia* hallitsee *Tristanin* tavoin Wagnerin ”siirtymän taide”, jonka on pitänyt voittaa teemojen ja motiivien ristiriitaisten luonteiden asettamat vaikeudet.

Parsifalin valitus toisessa näytöksessä sen jälkeen, kun Kundryn suudelma on saanut hänet ”kosmisesti selvänäköiseksi”, jakaantuu muodon osalta kolmeen jaksoon. Ensimmäistä ("Amfortas!") ja toista ("Nein! Nein! Nicht die Wunde ist es") hallitsevat ja karakterisoivat Valituksen ja Noituuden kromaattiset motiivit, kolmatta ("Es starrt der Blick") puolestaan Graalin motiivin sitaatit; kuitenkin kontrasti on liudennettu, ei äkillinen. Kuten Amfortaan valituksessa ensimmäisessä näytöksessä diatoniset motiivit vedetään mukaan musiikillisesti kontrastoivaan kromaattiseen ympäristöön: ensin ne kuullaan kromaattisesti vääristyneinä, Amfortaan motiivin tai Klingsoriin ja taikuuteen liittyvien motiivien tummentamina, sitten variantteina mollisävellajissa, siis muunnettuina miedommiksi, vähemmän vieraiksi. (Kun motiivi tai teema muunnetaan toonikan duurista toonikan molliin, se vaikuttaa duurin kromaattiselta tummenemiselta, ja näin Graalin ehtoollisen siteeraaminen mollissa Parsifalin valituksessa kuuluu kromatiikan piiriin.)

5.

"Olenko jo kertonut, että Graalin villin, tarumaisen sanansaattajan on oltava yksi ja sama olento kuin toisen näytöksen viettelijätär? Kun oivalsin sen, lähes kaikki on kirkastunut minulle", Wagner kirjoitti Mathilde Wesendonckille elokuun alussa 1860.

Kundry, Graalin palvelija, "helvetinruusu" ja katuva Magdalena, on kaikkein kompleksisin ja ristiriitaisin hahmo Wagnerin draamoissa, haaste psykoanalyyttiselle tulkinnalle. Hän on Wolframin runoelman Orgeluse mutta myös kristillisen legendan Herodias, Johannes Kastajan viettelijä. Hän on kuin Ahasverus, joka pilkkasi Kristuksen kärsimystä ja on tuomittu ikuisiksi ajoiksi vaeltamaan synninpäästöä etsien. Oopperan piirissä, yksinkertaisten intohimojen ilmaisun parissa Kundry on todellakin outo lintu, ja vasta epäröinnin jälkeen Wagner tarttui *Parsifalin* säveltämiseen, kuten kirje

Mathilde Wesendonckille paljastaa: "Tällä kertaa saattaisin haluta jättää sen vain runoksi."

Schopenhauerin mukaan musiikki on vuosisatojen *communis opinio*: se on lannistumattomien, puhtaiden tunteiden, affektien *in abstracto*, esittämisen taidetta, joka on syntynyt todellisuuden eriytymisen tuloksena. Jos ajatellaan musiikkia sinänsä, eikä musiikin suhdetta tekstiin, negaatio ja dialektiikka, ambivalenssi ja ristiriitaisuus ovat sille vieraita. On ymmärrettävää, että säveltäessään ylevän monimielistä Kundryn kohtausta Wagner – jolle brechtiläinen ajatus musiikin kontrastista tekstiin ja näyttämökuvaan tai ajatus musiikista protestina tai julistuksena olisi ollut kauhistus – oli varauksellinen, kunnes hän huomasi, että johtoaihetekniikka on väline päästä musiikin kautta alueelle, johon muutoin ei olisi pääsyä. Johtoaiheet ovat, mikäli ne on selkeästi esitetty, musiikillisia vertauskuvia, jotka valuvat toistensa sisään, asettuvat ristikkäin ja keskustelevat keskenään. Tämä mahdollistaa ilmaisun monitulkintaisuuden ja monitahoisuuden tavalla, johon vain musiikki kykenee.

Parsifalin torjuessa Kundryn tämän käyttämien viettely-yritysten dialektiikka on niin vaikeaa purkaa, että on lähes käsittämätöntä, miten musiikki voi olla osa sitä sen sijaan, että vain hipaisten sivuaisi sitä lyyrisin fraasein. Kundry kaipaa vapautusta synneistään, mutta etsii sitä Parsifalin sylistä, mikä nimenomaan salpaisi häneltä vapahduksen; kuten Ahasverus hän muistaa itseään vainoavan kirouksen, joka saa hänet jatkuvasti toivomaan, että hän kykenisi herättämään myötätuntoa; hän kaipaa anteeksiantoa Kristukselta, jonka kärsimyksille hän nauroi, ja kuitenkin hänen edessään näkemänsä kuva sovituksesta tummuu ja särkyy mustaksi messuksi.

Wagnerin kyky ilmaista näennäisesti musiikin mahdollisuuksien ulkopuolelle jääviä moniselitteisyyksiä osuu yksiin "päättymättömään melodiaan" perustuvan muodontakyvyn kanssa – siis taidon luoda nivellyksiä ja suhdeverkostoja; pinnallisesti kuultuna se vaikuttaa soljuvan eteenpäin amorfisena virtana. Muodon analyysia ei voi erottaa ilmaisullisen ja allegorisen sisällön analyysista. Kundryn vastaus Parsifalin torjuessa hänet ("Grausamer") jakaantuu seitsemään jaksoon. Neljä ensimmäistä ovat 17 + 13 + 20 + 22 tahtia pitkät. Niitä erottavat toisistaan tunnusomaisten orkesterimotiivien käyttö samoin kuin verbaaliset ja syntaktiset kesuurat, jotka osuvat yksiin musiikin muodon kesuuroiden kanssa. Toisaalta niitä yhdistää yhden toistuvan motiivin käyttö, Kundryn itsensä, joka nivoo ne yhteen saaden aikaan siirtymän ensimmäisestä jaksosta toiseen ja edelleen toisesta kolmanteen sekä esiintyy vielä neljännessä sivuteemana. Tällainen nivominen ei kuitenkaan ole ainoa keino linkittää jaksoja laajempaan musiikilliseen muotoon retoriikan kategorioita käyttäen. Jos jaksot on yhtäältä eroteltu toisistaan motiivien muuntelulla – erityisesti pääteeman vaihtelulla kussakin – eri jaksoissa esitellyt motiivit ovat sukua toisilleen ilman, että ne menettäisivät erityisiä ominaisuuksiaan. Ensimmäisen jakson Kaipauksen motiivi ("Bist du Erlöser"), joka on *Tristanin* ensimmäinen fraasi harmonialtaan muunnettuna, onkin käännös Kärsimyksen motiivista toisessa jaksossa ("Des Heilands"). Muodollisesti tämä käännös merkitsee sekä jälkimmäisen johtumista ensimmäisestä että niiden välistä kontrastia, sekä yhteenliittymää että erottamista.

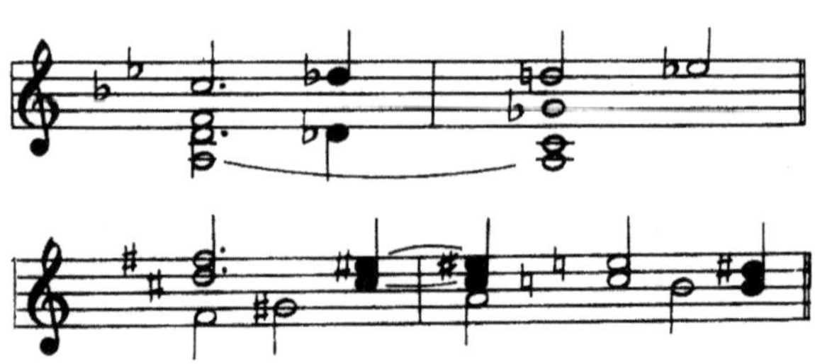

Käännöksen tunnistettavuus perustuu motiivisen liitoksen odottamiseen (siis muototajuun "päättymättömän melodian" pohdiskelemattoman kuuntelemisen asemasta) ja toisin päin, motiivinen yhteys – muodollinen linkki jaksojen välillä – on tunnistettavissa siksi, että käännös on kuultavissa. Muodonnan assosiaatioilla on myös keino selkiinnyttää tai kiinnittää huomiota motiivien ekspressiiviseen ja allegoriseen sisältöön. Kärsimyksen motiivi yhdistää Kristuksen kärsimyksen Amfortaaseen huikean paradoksaalisella musiikillisella metaforalla (yhteys selkeytyy Parsifalin valituksessa Kundryn suudelman jälkeen): sen käännöksessä Kundryn kaipauksen motiivista tulee yhdenmukaisen moniselitteisyyden kautta synninpäästön kaipuun ilmaus, joka on ratkaisemattomasti mukana omassa antiteesissään.

Kolmannen jakson päämotiivi on hybridi, jolla on kärsimyksen ja kaipauksen motiiveja välittävä muodollinen tehtävä yhtäältä ja Graalin ehtoollisen teema, neljännen jakson päämotiivin tehtävä toisaalta.

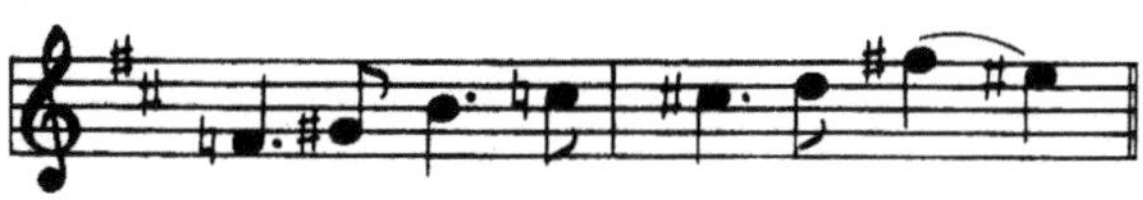

Tämä motiivi ("durch Tod und Leben"), joka samanaikaisesti ilmaisee Kundryn hurjuutta, hänen kaipuutaan synninpäästöön ja hänen ahdinkoaan, edustaa äärimmäisyyttä heterogeenisten elementtien yhdistelyssä; pedanttisesti analysoiden nuotit 1–5 paljastuvat Noituuden motiivin osaseksi, nuotit 3–8 laukkamotiivin fragmentiksi ja nuotit 3–6 Kaipauksen motiivin palaseksi. Lisäksi neljännessä jaksossa ("sein Blick" jälkeen) Noituuden ja Graalin ehtoollisen motiivit sekoittuvat toisiinsa.

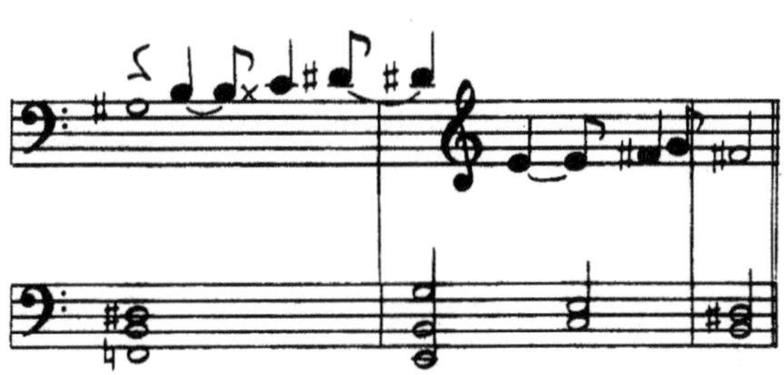

Harmonia on peräisin Noituuden motiivista, rytmi Graalin illallisesta ja melodia toimii välittäjänä näiden kahden vastakkaisen musiikillis-draamallisen todellisuuden kesken.

Toisessa kirjeessään Mathilde Wesendonckille Wagner kerskui ”siirtymän taiteella” ”hienostuneimpana ja syvällisimpänä taitonaan”. Hän olisi voinut sanoa samaa taiteestaan moniselitteisyyden ilmaisemisessa ja paradoksien yhteen liittämisessä, jotka hän toi osaksi musiikkia.

Teokset näyttämöllä

Tuskin mikään Wagnerin lause on niin karkeasti väärinymmärretty kuin *Oopperan ja draaman* kantava teesi, jonka mukaan musiikkidraamassa musiikki on "ilmaisun väline" ja draama "ilmaisun päämäärä". Jotta draamaa, jonka funktio musiikki on, voisi tehdä ymmärrettäväksi, monet ovat nähneet draaman ja tekstin rinnasteisina ja tunteneet itsensä wagneriaaneiksi voidessaan tarkastella oopperan historiaa pohtimalla, hallitseeko teosta teksti vai musiikki, sana (*Wort*) vai ääni (*Ton*).

Wagnerin musiikkidraamakäsityksessä teksti on kuitenkin, samaan tapaan kuin musiikki, vain "ilmaisun väline". Kysymys siitä, onko runous musiikille alisteista vai päinvastoin, on siis, jos ei aivan merkityksetön, ainakin toissijainen. Tästä tulkinnasta puuttuu ratkaiseva näkökulma, jonka mukaan sekä teksti että musiikki ovat draaman funktioita. Mitä siis on draama, jonka alle Wagner halusi sijoittaa kaikki taiteet? Ensisijaista on näkyvä toiminta, näyttämölliset tapahtumat, "inhimillisen luonnon" esittäminen vääristelemättömällä tavalla. "Me tiedämme", kirjoitti Wagner vuonna 1870 Beethoven-tutkielmassaan, "etteivät runoilijan säkeet, olivatpa ne sitten Goethen tai Schillerin, voi määritellä musiikkia; sen tekee vain draama, mutta ei niinkään dramaattinen runous vaan todellakin silmiemme edessä elävä draama näkyväksi tulleena musiikin hahmona: tässä sana ja puhe sulautuvat toimintaan, eivätkä ne vain edusta runollisia ajatuksia." (Wagner tarkoitti "runollisilla ajatuksilla" ennen kaikkea dramaatikon "tarkoituksia", jotka realisoituivat näkyvässä toiminnassa.) Tämän ajattelun läheisyys Verdin oopperaestetiikkaan on silmiinpistävä, vaikka Verdi usein nähdään Wagnerin vastakuvana. Myös Verdi painotti *parola scenicaa,* kielen toiminnallista luonnetta draaman osana. Säkeiden runollinen arvo oli hänelle toissijaista.

Keskeinen kategoria Wagnerin musiikkidramaattisessa estetiikassa on toteutus (*Verwirklichung*). Wagner painotti – samoin kuin Hegel, jonka vaikutuspiirissä hän oli kasvanut – että tullakseen ilmaistuksi sisäisen maailman täytyy saada hahmo, jotta se ylipäätään olisi olemassa. Ratkaisevaa ei ole runollinen tarkoitus, teokseen kätketty sisäinen merkitys, vaan intentioiden realisoituminen, aistimellisuus, joka tekee kaiken havaittavaksi. Tanssi, todellisten elävien ihmisten esitys, oli Wagnerin mielestä "kaikkein reaalisin taiteen muoto". Ja dramaattisen toiminnan Wagner tulkitsi "tanssin ideaalisen muodon" differentioitumisena siten, että lupaus realisoituvasta taiteesta – ja tämä tarkoitti Wagnerille todellista taidetta – oli välitettävä näyttämöllisten liikkeiden ja eleiden kautta. Draama, sellaisena kuin se Wagnerin mielessä kangasteli, täyttyi näyttämöllisestä toiminnasta, jossa myös puhe ja musiikki saivat esittävän, gestisen luonteen. "Tarkkaan ottaen", kirjoitti Wagner vuonna 1872 esseessään *Näyttelijöistä ja laulajista* (Über Schauspieler und Sänger), "meidän on tunnustettava, että teatteriesitysten taiteellisessa panoksessa esittäjillä on merkittävä rooli, kun taas kappaleen kirjoittaja voi vaikuttaa varsinaiseen 'taiteeseen' vain siinä määrin kuin hän on etukäteen voinut arvioida teoksensa hahmojen miimisen esittämisen mahdollisuudet." Näyttämöllepano, näyttämöllinen toteuttaminen, on siten musiikkidraaman sulkeuma tai täydellistymä, ei pelkkä teoksen esitys, jossa kielellinen ja musiikillinen teksti olisi jo "teos", itsenäinen kokonaisuus. Siten näyttämötoteutusten historia on teoshistoriaa, kertomusta jatkuvasti muuttuvasta teoksesta.

2.

Bayreuthin perinne, jonka suojelija Cosima ja myöhemmin Siegfried Wagner olivat, voidaan tulkita yritykseksi varjella *Bühnenfestspielin* ja *Bühnenweihfestspielen* historiaa ja sen muuttuvuutta. Se jähmeys, jolla Cosima Wagner omaksui uusia ajatuksia, kuten Adolphe Appian näyttämöllisiä ideoita, ei ehkä ollut niin ajatuksetonta ja motivoimatonta kuin miltä tilanne on myöhempien sukupolvien näkökulmasta vaikuttanut, varsinkin sukupolven, jonka mielessä kangasteli teatterin vallankumouksellisuus. Mikäli – 1800-luvun estetiikkaa hallinneen ruumis-sielu -jaottelun mukaisesti – näyttämöesitys nähdään vain draaman kääreenä tai ulkokuorena, esityshistoria ei tarkoita muuta kuin teoksen ilmenemismuotojen vaihtelua ilman, että se vaikuttaisi teoksen identiteettiin tai substanssiin; sielu säilyy koskemattomana. Jos taas tunnustetaan, että esitys on osa itse teosta, sen sulkeuma tai täydellistymä, silloin on joko kiinnitettävä huomiota taideteoksen historiallisen muuttuvuuden teemaan – jonka hyväksyminen ja käsittäminen voi tosin tuottaa vaikeuksia, sillä tämä vastustaa syvään juurtunutta ajatusta, jonka mukaan taideteoksen suuruus nostaa sen historian yläpuolelle – tai langeta jäykkään traditionalismiin, joka kiistää historian tai asettuu sitä vastaan ja yrittää varjella teosta muutokselta, joka voisi olla paitsi ilmenemismuotojen myös itse teoksen olemuksen muutosta. Esteettinen periaate, jonka mukaan taideteokseen ei saisi koskea eikä sen henkeä haavoittaa, oli keskeistä siinä tavassa, jolla Bayreuthin perinteessä musiikkidraaman kielellinen ja musiikillinen tekstuuri muunnettiin näyttämöteoksiksi.

Bayreuthin tyylillinen lähtökohta, joka muodostui sitkeäksi opinkappaleeksi, ei ollut niinkään vuoden 1876 ongelmalliseksi osoittautunut *Sormus*, vaan vuoden 1882 *Parsifal*, jonka toteutus oli Wagnerin ohjauksellinen testamentti. Cosima Wagnerin vaikutus alkoi näkyä jo vuoden 1886 *Tristanissa* ja vuoden 1888 *Mestarilaulajissa*, jonka näyttämöllepano perustui Wagnerin omaan tulkintaan vuodelta 1868. Bayreuthin tyyliä, siten kuin Cosima Wagner sen ymmärsi, luonnehtivat hitaat tempot, yleisöystävällinen tapa tekstin välittämisessä sekä elekieli, joka toisaalta otti viitteellisyydellään etäisyyttä perinteiseen oopperapaatokseen, toisaalta pyrki pedantisti havainnollistamaan musiikillisia motiiveja. Tyyli pyrki kanonisoimaan niitä keinoja, joita Wagner itse oli ennakoinut. Tätä voidaan joko puolustaa tai polemisoida ja nähdä joko autenttisuuden vaalimisena tai tietoisena dogmatisointina.

Kun Bayreuthin tulkinnat *Tannhäuserista* (1891), *Lohengrinista* (1894) ja *Lentävästä hollantilaisesta* (1901) valmistuivat, roihahti opillinen kiista siitä, olivatko varhaisteokset ”romanttisia oopperoita” vai ”musiikkidraamoja”. Bayreuthin näkymyksen mukaan Wagnerin teokset olivat *Lentävästä hollantilaisesta* lähtien saaneet alkunsa yhtenäisestä taidekäsityksestä, musiikkidraaman ajatuksesta. Tätä tuettiin kiistanalaisella tulkinnalla, jonka Wagner oli itse esittänyt kirjoituksessa *Tiedonanto ystävilleni.*

Tämä tulkinta on ongelmallinen, sillä sen perustelu vetoaa koko elämäntyön yhtenäisyyteen ja siten kiistää Wagnerin toiminnan sisäisen kehityksen. Toisaalta on kiistämättä mahdollista, että vuonna 1841 valmistuneesta *Lentävästä hollantilaisesta* voidaan löytää perinteisen oopperan tunnusmerkkejä, mutta samalla teoksen voi tulkita ”musiikkidraaman” ajatuksen kautta. Dalandin ja Erikin aarioiden melodiat eivät silloin enää näytäkään konvention jäänteiltä tai myönnytyksiltä cantilenaan viehättyneen yleisön maulle vaan banaalisuuden ilmauksilta, joiden kautta Dalandin ja Erikin edustama proosallinen ”ulkoinen maailma” erottuu Sentan ja Hollantilaisen edustamasta myyttisestä ”sisäisestä toiminnasta”. Samalla Sentan ja Hollantilaisen musiikillinen kieli pyrkii vapautumaan oopperan kliseistä. Teoksen tulkinta musiikkidraamana – tässä tapauksessa *Lentävän hollantilaisen* ymmärtäminen ikään kuin paremmin kuin se alun perin olikaan – edellyttää ajatusta taideteoksen historiallisesta muuttuvuudesta, siis ajatusta, jota Bayreuthin traditionalismi nimenomaisesti halusi vastustaa.

3.

Wieland Wagner asettui vuodesta 1951 lähtien vastustamaan Bayreuthin perinnettä ja synnytti kiistan näyttämötulkinnoista. Tämä kiista on lähestulkoon vaiettu, ja tulos on selvä. Kukaan ei epäile Wieland Wagnerin merkitystä, mutta toisaalta kukaan ei myöskään ole kohottanut ohjenuoraksi sitä kurinalaisuutta, jolla hän työnsä toteutti. Jäljitelmiä ei ole puuttunut, mutta ne pikemminkin vain vahvistavat lopputuloksen.

Olisi turhaa ja hyödytöntä yrittää muutamalla lausella luonnehtia Wieland Wagnerin ohjauksia, jota olivat aina ”works in progress”. Lähtökohtina olivat selkeä kuvallinen hahmottelu ja myyttien syvyyspsykologinen merkitys. Wieland Wagnerin tulkintoja kohtaan on esitetty perustavaalaatua oleva syytös siitä, että hän sysäsi kovaotteisesti syrjään kaiken, mikä partituureissa oli yksiselitteistä. Wieland Wagner oli samanaikaisesti vakuuttava ja ongelmallinen, vakuuttava siksi, että hän romutti ajatuksen ”musiikin ohjaamasta näyttämöllepanosta” menneisyyden kuolleena kirjaimena, jonka restauroinnissa ei olisi mieltä. Ongelmallinen Wieland Wagner oli siksi, että hän uskoi jääräpäisesti siihen, että musiikkiin sisältyvät ohjaukselliset viitteet olisivat kyseenalaista traditionalismia.

Kokonaistaideteoksessa teatteri yhdistyy musiikkidraamaan siten, että teatteri muodostaa osan teosta, eikä ole vain esityksen osa. Kokonaistaideteoksen ajatus on kuitenkin sokea sille tosiasialle, että kaikilla taiteilla on teosluonne. Näyttämöllinen esittäminen, gestiikka, ei ole – vaikka Wagner sävelsikin musiikkia sen oheen – teoksellinen, tai teoksen osa, samassa mielessä kuin musiikki tai puhe. Ja se, ettei näin ole, tarkoittaa, ettei se myöskään säily teoksen syntyajasta tuleville polville menettämättä substanssiaan. Kuvaavaa on eri taidemuotojen suhde kirjoituksen. Näyttämöllistä esittämistä, esimerkiksi koreografiaa, on yritetty kirjoittaa muistiin lukemattomia kertoja. Mutta erotuksena puheeseen tai musiikin kirjoittamiseen koreografinen kirjoitus ei ole teksti empaattisessa, myötäelävässä merkityksessä siten, että se taltioisi ja tallentaisi teoksen. Pikemminkin se koostuu viitteistä, jotka auttavat koreografian toteuttamisessa. Nuottikirjoitus taas on samanaikaisesti teksti ja ohjeiden järjestelmä. Vaikka näyttämölliseltä esitykseltä puuttuisikin teosluonne, ajatus "teosuskollisuudesta" raukeaa tyhjiin. Ajatus Wagnerin musiikillisesti ohjaamista ("mitkomponierte") eleistä ja näyttämöllisestä toiminnasta on tietyn, jo kuolleen ohjaustyylin kivettymä.

Jos ajatus kokonaistaideteoksesta, jossa näyttämötulkinta on teoksen osa, on estetiikaltaan hauras, voidaan toisaalta kysyä, onko Wagnerin musiikkidraamojen vaikutushistoriassa enää tarpeen erottaa toisistaan musiikkia teoksena ja ohjausta esityskäytäntönä – ristiriidasta on moitittu Wieland Wagneria aivan kuin hän olisi sen synnyttänyt – tai tunnistaako musiikillinen vastaanotto myös historiallisen muutoksen, mitä kautta kuilu musiikin ja näyttämötoteutuksen välillä voidaan ylittää.

Wagnerin musiikkia kuunneltiin aluksi ennen kaikkea johtoaiheiden kokoelmana, johtoaiheiden, jotka olivat kuin avainsanojen vertauskuvia. Tätä osoittavat niin Hans von Wolzogenin ajatus

”johtolangoista” kuin Shaw'n ja Debussyn sutkautuksetkin. Motiivien kuvittava, kommentoiva luonne korostui samalla, kun niiden syntaktis-formaalinen ulottuvuus ja motiivien rakentama ”sinfoninen kudos” jäi vähemmälle huomiolle. Kokonaisuus ymmärrettiin sumeasti musiikin virtana, ja yksityiskohdat nähtiin runollis-näyttämölliseen asuun eristettyinä. Viime vuosikymmeninä musiikin kuunteleminen on ymmärretty abstraktimmin, ja se on suuntaunut enemmän instrumentaali- kuin vokaalimusiikkiin. (Tämä muutos näkyy voimakkaasti suhtautumisessa ohjelmamusiikkiin, jonka vastaanotossa ”ohjelma” on muuttunut yhdentekeväksi ja ohjelmamusiikki on lähestynyt absoluuttista musiikkia, vaikka ohjelma alun perin on ollut teoksen osa, eikä vain kommentoiva lisä.) Samaan tapaan kuin kuunteleminen ”formalisoituu”, voi myös musiikkidraaman näyttämöllinen toteutus uhmata gestis-näyttämöllisen ”musiikillisen ohjauksen” perinnettä ilman että musiikin mieli tyhjentyisi. Tähän musiikilliseen mieleen liittyy suhde: sekä musiikillis-näyttämöllinen että musiikin sisäinen ja formaalinen suhde. Pyrkimys abstraktioon, joka oli luonteenomaista Wieland Wagnerin ohjauksille, voidaan havaita musiikillisen vastaanoton vaiheissa.

4.

Patrice Chéreaun *Sormus*-tulkinta (1976–1982) aiheutti Bayreuthissa aluksi skandaalin mutta muuttui lopulta triumfiksi. Chéreaun tulkinta tuo toisaalta esiin vaikutushistorian tyypillisiä piirteitä, toisaalta se korostaa aivan erityistä ohjaustyyliä, joka johti ristiriitaiseen vastaanottoon.

Närkästystä herättäneihin ohjauksellisiin ratkaisuihin kuului tietoinen yksityiskohta, jossa *Valkyyrian* Wotan, vaikka kantaakin keihästä mukanaan, on puettu vaatteeseen, jota 1800-luvulla kutsuttiin lievetakiksi (*Bratenrock*). Chéreaun sanoma on selvä: anakronistisen asun kautta teos siirtyy osittain tapahtuma-ajastaan hetkeen, jolloin teos syntyi; mutta vain osittain siksi, että teos muistuttaa paikoitellen Henrik Ibsenin draamaa (esimerkiksi siinä, miten Wotanin ja Frickan suhdetta kuvataan *Valkyyrian* toisessa näytöksessä), ja tämä sallii näyttämölliset viitteet.

Läheisyys Ibseniin huokuu germaanis-mytologisen kaavun alta, mutta sen havaitsi vain yleisön vähemmistö, joka piti Chéreaun ohjausta valaisevana. Tämä vähemmistö osoitti suosiotaan asialle, jonka se jo oikeastaan tiesi, samalla kun vastapuoli protestoi, koska se ei halunnut häiritä myyttiseen menneisyyteen liittyviä haaveitaan ajatuksilla 1800-luvun porvariston ongelmista, jotka eivät kuuluneet tuohon menneisyyteen. Uuden tulkinnan ensisijainen vastaanottajakunta oli kaikesta huolimatta juuri enemmistö, joka – ainakin toistaiseksi – oli närkästynyt. Myöhemmin enemmistö vakuuttui Chéreaun ohjauksen ansioista, vaikkakin epäröiden, mikä perustui muuttuneisiin käsityksiin teatterin ajallisista rakenteista.

Ohjaajan teatteria (*Regietheater*), jonka edustajana Chéreauta pidettiin, on syytetty dramaattisten teosten häikäilemättömästä päivittämisestä, aktualisoinnista. Luonteenomaisempaa kuin menneisyyden hengen altistaminen nykypäivän vaikutuksille on kuitenkin pyrkimys käsittää draaman kolme aikatasoa – tapahtuma-, synty- ja esitysaika – kokoavasti esteettis-sisällöllisesti, teoksen rakenneosien, kuten näyttämöllepanon, kautta. Syntyaikaa ei pidä ymmärtää draaman ulkoisena, näyttämöllisesti yhdentekevänä faktana vaan sen olemuksen osana, joka voi saada näyttämöllä mielekkään tulkinnan sen sijaan että se olisi läsnä vain tekstissä ja musiikissa.

Kysymys siitä, onko aikatasojen vaihtelu ohjauksen sisällä – tai jopa yksittäisen kohtauksen sisällä – adekvaattia aina, joskus tai ei koskaan, jää avoimeksi. On kuitenkin selvää, että ohjaajan teatterin edustajat ovat tavoittaneet ongelman, jota ei voi kiistää: naiivi, reflektoimaton ajatus draaman tapahtuma-ajasta ainoana merkityksellisenä aikatasona on siirtynyt historiaan.

Aikajana: elämä ja tuotanto

1813
Richard Wagner syntyy Leipzigissa 22. toukokuuta. Isä Carl Friedrich Wilhelm Wagner kuolee marraskuussa samana vuonna.

1822
Wagner aloittaa Dresdenin Kreuzschulen. Vuonna 1828 hän vaihtaa leipzigilaiseen Nicolai-Gymnasiumiin, vuonna 1830 Thomasschuleen.

1831
Syksyllä Wagner tulee Tuomaskirkon kanttorin Theodor Weinligin oppilaaksi, mikä kestää puoli vuotta. Wagnerin pianosonaatti ilmestyy alkuvuonna 1832.

1832
Marras- ja joulukuussa valmistuu libretto ja sävellysluonnos oopperaan *Häät* (Die Hochzeit), joka jää keskeneräiseksi.

1833
Wagner säveltää satuoopperan *Haltiat* (Die Feen) Carlo Gozzin *La donna serpenten* pohjalta. Partituuri valmistuu 6. tammikuuta 1834.

1834
Kesällä syntyy proosaluonnos, syksyllä libretto toiseen oopperaan *Lemmenkielto* (Das Liebesverbot) Shakespearen näytelmän *Mitta mitasta* pohjalta. Lokakuussa Wagnerista tulee Magdeburgin teatterin kapellimestari.

1835
Wagner säveltää *Lemmenkiellon.*

1836

Magdeburgin teatteri kantaesittää *Lemmenkiellon* 29. maaliskuuta (seuraava esitys koitti vasta vuonna 1983 Münchenin Valtionoopperassa). Wagner avioituu 24. marraskuuta Minna Planerin kanssa.

1837

Wagnerista tulee 1. huhtikuuta Königsbergin teatterin musiikillinen johtaja. Elokuussa hän siirtyy Riian teatteriin. Heinäkuussa valmistuu *Rienzin* tekstiluonnos Edward Bulwer Lyttonin romaanin pohjalta.

1838

Tammikuussa Wagner saa valmiiksi *Rienzin* libreton ja elokuussa hän aloittaa säveltämisen.

1839

Heinäkuussa Wagner pakenee Riiasta. Levoton merimatka tulee sittemmin tunnetuksi *Lentävän hollantilaisen* kautta. Elokuussa Wagner saapuu Lontooseen. Syyskuussa hän asettuu Pariisiin.

1840

Marraskuussa *Rienzin* partituuri valmistuu. Meyerbeer suosittelee teoksen esittämistä Dresdenissä.

1841

Toukokuussa Wagner kirjoittaa *Lentävän hollantilaisen* tekstin ja säveltää sen heinäkuun ja marraskuun välisenä aikana.

1842

Huhtikuussa Wagner jättää hyvästit Pariisille ja muuttaa Dresdeniin. *Rienzi* esitetään 20. lokakuuta Dresdenin Hoviteatterissa.

1843

Lentävä hollantilainen kantaesitetään Dresdenissä 2. tammikuuta. Helmikuun 2. päivänä Wagnerista tulee Saksin hovikapellimestari. *Tannhäuserin* libretto valmistuu maaliskuussa, ja heinäkuussa Wagner aloittaa säveltämisen.

1844

Wagner säveltää *Tannhäuseria*, jonka partituuri valmistuu huhtikuussa 1845.

1845

Heinäkuussa syntyy ensimmäinen proosaluonnos *Nürnbergin mestarilaulajiin*, johon Wagner tosin tarttuu uudelleen paljon myöhemmin. *Tannhäuser* kantaesitetään Dresdenin Hoviteatterissa 19. lokakuuta. Marraskuussa Wagner saa valmiiksi *Lohengrinin* tekstin.

1846/47
Wagner säveltää *Lohengrinin* ja saa partituurin valmiiksi huhtikuussa 1848.

1848
Siegfriedin kuoleman proosaluonnos syntyy lokakuussa ja libretto marraskuussa. *Siegfriedin kuolema* oli *Jumalten tuhon* esimuoto.

1849
Toukokuussa Wagner osallistuu Dresdenin kansannousuun, jonka kukistuttua hän joutuu pakenemaan Saksasta. Hän yrittää päästä Pariisiin, mutta asettuu lopulta Zürichiin. Marraskuussa Wagner saa valmiiksi reformikirjoituksensa *Tulevaisuuden taideteos* (Das Kunstwerk der Zukunft).

1850
Lohengrin saa ensiesityksensä Weimarissa 28. elokuuta.

1851
Tammikuussa Wagner saa valmiiksi tutkielmansa *Ooppera ja draama* (Oper und Drama). Touko-kesäkuussa valmistuu teksti *Nuoreen Siegfriediin*, joka oli *Siegfriedin* esimuoto. Heinä-elokuussa syntyy omaelämäkerrallinen kirjoitus *Tiedonanto ystävilleni* (Eine Mitteilung an meine Freunde), marraskuussa ensimmäinen proosaluonnos *Reininkultaan* ja *Valkyyriaan.*

1852
Helmikuussa Wagner tutustuu Otto ja Mathilde Wesendonckiin. Toukokuussa valmistuu *Valkyyrian* toinen proosaluonnos, kesä-heinäkuussa koko teksti ja syys-marraskuussa vielä *Reininkullan* teksti.

1853
Syyskuussa Wagner hahmottelee La Speziassa *Reininkullan* alkusoiton.

1854
Toukokuussa Wagner saa valmiiksi *Reininkullan* partituurin ja aloittaa kesäkuussa *Valkyyrian* säveltämisen. Syksyllä hän lukee Herweghin kannustamana Schopenhauerin teoksen *Maailma tahtona ja mielteenä* (Die Welt als Wille und Vorstellung).

1855
Wagner työskentelee *Valkyyrian* parissa ja viimeistelee partituurin maaliskuussa 1856.

1856
Syyskuussa Wagner aloittaa *Siegfriedin* säveltämisen.

1857
Elokuussa Wagner keskeyttää *Siegfriedin* säveltämisen kesken toisen näytöksen ja luonnostelee *Tristanin ja Isolden* lähtökohdat. Syyskuussa hän kirjoittaa *Tristanin* tekstin ja aloittaa lokakuussa säveltämisen.

1858
Tunnemyrskyn tuloksena Wagner jättää Mathilde Wesendonckin, Minna Wagnerin ja Zürichin ja matkustaa Venetsiaan, jossa *Tristanin* toinen näytös valmistuu.

1859
Maaliskuussa Wagner muuttaa Luzerniin. Elokuussa valmistuu *Tristanin ja Isolden* partituuri. Syyskuussa hän matkustaa Pariisiin, jossa valmistaudutaan *Tannhäuserin* esitykseen.

1860
Syyskuussa valmistuvat *Tannhäuserin* Pariisin-version uudelleensävelletyt osuudet.

1861
Tannhäuserin ensi-ilta Grand opérassa 13. maaliskuuta osoittautuu skandaaliksi. Marraskuun aikana Pariisissa valmistuu *Mestarilaulajien* toinen proosaluonnos.

1862
Tammikuussa Wagner kirjoittaa *Mestarilaulajien* libreton ja aloittaa maaliskuussa sävellystyön. Helmikuussa hän asettuu Biebrichiin.

1863
Taloudellisten vaikeuksien vuoksi Wagner viettää liikkuvaa elämää.

1864
Toukokuussa Baijerin kuningas Ludwig II kutsuu Wagnerin Müncheniin.

1865
Tristan ja Isolde saa kantaesityksensä Münchenissä 10. kesäkuuta. Elokuussa valmistuu *Parsifalin* ensimmäinen proosaluonnos. Joulukuussa Wagner joutuu jättämään Münchenin.

1866
Minna Wagner kuolee tammikuussa. Huhtikuussa Wagner asettuu asumaan Tribscheniin Luzerniin.

1867
Lokakuussa Wagner saa valmiiksi *Mestarilaulajien* partituurin.

1868
Nürnbergin mestarilaulajat kantaesitetään Münchenissä 21. kesäkuuta. Marraskuussa Wagner tutustuu Nietzscheen.

1869
Maaliskuussa Wagner tarttuu kahdentoista vuoden tauon jälkeen *Siegfriedin* sävellystyöhön. *Reininkulta* saa ensiesityksensä Münchenissä 22. syyskuuta. Syksyllä Wagner viimeistelee *Siegfriedin* partituurin. Lokakuussa hän ryhtyy *Jumalten tuhon* säveltämiseen.

1870
Valkyyria esitetään Münchenissä 26. kesäkuuta ensi kerran. Elokuussa Wagner avioituu Cosima von Bülowin kanssa. Cosima oli eronnut Hans von Bülowista heinäkuussa.

1872
Huhtikuussa Wagner muuttaa Tribschenistä Bayreuthiin, ja 22. toukokuuta Bayreuthin Festspielhausin peruskivi muurataan.

1874
Huhtikuussa Wagner muuttaa Bayreuthissa sijaitsevaan Villa Wahnfriediin. *Jumalten tuhon* partituuri valmistuu 21. marraskuuta.

1876
Sormus-tetralogian neljä osaa esitetään 13., 14., 16. ja 17. elokuuta ensimmäisillä Bayreuthin juhlilla.

1877
Parsifalin toinen proosaluonnos valmistuu helmikuussa ja lopullinen teksti maalis-huhtikuussa. Syyskuussa Wagner aloittaa säveltämisen.

1882
Tammikuussa Wagner saa *Parsifalin* partituurin päätökseen. Bayreuthin *Bühnenweihfestspiel* toteutuu 26. heinäkuuta. Syyskuussa Wagner matkustaa Venetsiaan.

1883
Wagner kuolee Palazzo Vendraminissa Venetsiassa 13. helmikuuta.